领导治要58讲

杨子江 杨宝藏◎著

中国财富出版社

图书在版编目(CIP)数据

领导治要58讲 / 杨子江，杨宝藏著. —北京：中国财富出版社，2018.9

ISBN 978-7-5047-6655-7

Ⅰ.①领… Ⅱ.①杨… ②杨… Ⅲ.①领导学—通俗读物 Ⅳ.①C933-49

中国版本图书馆 CIP 数据核字（2018）第 218787 号

策划编辑 宋宪玲　　**责任编辑** 齐惠民　郭逸亭

责任印制 梁　凡　　**责任校对** 孙会香　张营营　　**责任发行** 张红燕

出版发行 中国财富出版社

社　　址 北京市丰台区南四环西路 188 号 5 区 20 楼　**邮政编码** 100070

电　　话 010-52227588 转 2048/2028（发行部）　010-52227588 转 321（总编室）

010-68589540（读者服务部）　010-52227588 转 305（质检部）

网　　址 http://www.cfpress.com.cn

经　　销 新华书店

印　　刷 北京京都六环印刷厂

书　　号 ISBN 978-7-5047-6655-7/C・0220

开　　本 710mm×1000mm　1/16　　**版　　次** 2018 年 11 月第 1 版

印　　张 17.75　　**印　　次** 2018 年 11 月第 1 次印刷

字　　数 264 千字　　**定　　价** 48.00 元

前言
PREFACE

问题管理是四大管理模式之一。它是以解决问题为导向，以挖掘问题、表达问题、归结问题、处理问题为线索和切入点的一套管理理论和管理方法。也可以说，问题管理就是借助问题进行的管理。

管理就是要解决现在和将来的问题，因为有问题就需要管理，为预防出现问题也需要管理。一个机关、企业、单位、部门，就是一个微型社会，人际恩怨、工作矛盾、性格冲突、素质差异、认识不同，在所难免。具体来说，有因领导素质不高、领导方法不当、作风不过硬、不敢担当等出现的问题；有因上级对下级不信任而产生的问题；有因下级对上级不服从、不配合、不尊重而产生的问题；有因下级性格、脾气或心态等原因而出现的问题；有因管理团队成员之间分工、分权不均或不当竞争而产生的问题；有因下级之间工作量分配不均衡、不公平而产生的问题；有因团队内部风气不正、士气不高、凝聚力不强、员工积极性低而产生的问题；也有因不同的个体之间存在性格差异而产生的问题，等等。这些问题如果不能及时化解、消除，日积月累，就会影响单位的工作氛围和工作环境，影响单位的工作效率和工作质量，使单位无法凝聚人心，从而影响单位的长远发展。因此，如何处理单位内部的各种显性、隐性问题，考验着领导的领导艺术和领导智慧，急需各级领导关注和重视。

即使人们在组织中的根本目标是一致的，也不意味着组织内部各部门之间、各成员之间具体的目标和利益是一致的，所以，矛盾、冲突和问题在任何组织、任何团体内部都是不可避免的。领导难当，但难当也要当。有一首《老板难当》的歌词很好："不想喝的酒啊，先干为敬；不想见的人啊，笑脸相迎。别说我太虚伪，别说我假惺惺。人在江湖，身不由已。

忙不完的事啊，一拼再拼；还不够的情啊，精疲力尽。天上没有馅饼，地下却有陷阱，战战兢兢，如履薄冰。都说是老板最风光，谁知道老板也难当，所有的问题只能一个人扛，心里的话不知该对谁讲。都说是老板最风光，谁知道老板最难当，时间永远不够，整天就像打仗，丢了健康却陷入了迷茫。”古人云：“为官避事平生耻。”领导居其位，就要谋其政、尽其责，就要善于发现问题、研究问题、解决问题，就要不断增强问题意识、坚持问题导向。

在传统观念中，领导常常把矛盾、问题和冲突视为劲敌，视为千里之堤上的“蚁穴”。所以，往往都重视和致力于对其严防死守，对于发生了的矛盾、问题和冲突，能压制就压制，能消除就消除，最好让整个组织团队保持“一团和气”。然而，正是这种“以和为贵”的管理理念，让许多领导走入了管理的误区。结果往往使组织人员思想僵化、组织活力和突发性事件处理能力下降，危机随时降临。其实，真正的管理应该是大范围的“和谐”和小范围的“各执己见”。矛盾、问题和冲突虽然无处不在，但并不可怕。

其实辩证地说，领导就是解决矛盾、问题和冲突的，这些矛盾、问题和冲突对组织来说并非完全是坏事，有的也会产生建设性和推动性作用。它们往往能暴露出组织存在的问题，促进问题的公开讨论，增强组织的活力，刺激良性的竞争。解决问题的过程，往往是理顺关系、增进了解、促进团结的过程，也是提升领导发现问题、解决问题能力的过程。新的冲突管理理论认为，融洽、安宁、和平、合作的组织容易对变革和创新的需要表现得冷漠和迟钝。所以，管理者甚至要鼓励有益的冲突和矛盾。一定水平的有益冲突会使组织保持旺盛的生命力，使组织不断革新。所以，面对矛盾、问题和冲突，领导切莫一味地畏惧、躲避，而应冷静看待，对积极性质的冲突给予充分展开和有效利用，对消极性质的冲突予以有效的抑制、消除和排解，这样才能有效化解矛盾、消除隔阂、理顺关系。

办法总比问题多。本书从领导最常遇到、最感头痛的“疑难杂症”入手，紧贴当代职场实际，分为领导自己的问题、下属的问题、上下级关系问题三个方面，多角度、多方位、多层次、多视角地详细分析每个问题的症状、产生原因，并尽力为读者列出解决问题的措施、方法与技巧，从理论和实践两方面进行多方论证、解释和研究。

我们知道依靠任何一本书都不可能解决管理中的所有问题，本书也只是力求提高领导的问题意识，努力为领导提供一套发现问题、面对问题、分析问题、解决问题的方法论，为领导提供一个启发引导的平台，帮助领导在解决问题中成长，在处理问题中学习。

目录
CONTENTS

一　直面领导自己的问题

二　直面下属的问题

三 直面上下级关系问题

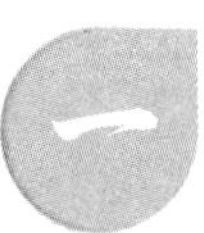

直面领导自己的问题

领导是什么？它是群体的焦点，是现代文明社会的支柱之一，是一种影响力的运用，是一种说服的形式，是一种权力关系，是一种达到目标的工具；领导是展现出来的相互影响力，是一种结构的创造，是一门促使其成员充满信心完成他们任务的艺术，是行使权威与决策，是影响人们自动地为达成群体目标而努力的一种行为；领导是凭借权力、特权或外在形式而说服和指挥他人的，是一种说服他人热心于一定目标的能力，是影响人们跟着去达成一个共同的目标……总之，领导的意义，在于影响下属，使其往一个方向努力，达成群体的共同目标。科学的领导可以出高效率，也可以出高速度。

“一将无能，累死三军。”任何一个团体、集体、组织、单位，都离不开一个好的领导。有好的领导才有好的发展、好的效益、好的面貌和好的形象，让人做起事来有信心，工作起来有精神，这样单位才会有希望。

领导力大师沃伦·班尼斯说：“领导力就像美，它难于定义，但当你看到时，你就知道。”有人总结道：“领导水平在于授权和示范，讲话水平在于到位和精辟，思想水平在于看透和慎言，阅历水平在于体验和总揽，交友水平在于知心和无仇，办事水平在于稳妥和完美，开会水平在于协商和定夺，操作水平在于精准和实效，学习水平在于理解和升华，生活水平在于健康和快乐。”还有人总结了为人为官的十悟，似可思之用之：信仰、信念、信心，乃安身立命的“压舱石”；能力、动力、定力，乃站稳走好的“支撑点”；能干、能处、能忍，乃进步前行的“大法宝”；想法、说法、办法，乃能力高低的“三级跳”；事业、职业、副业，乃干好干坏的“分水岭”；学识、见识、胆识，乃成大器者的“台阶梯”；眼力、魄力、毅力，乃实现梦想的“隐翅膀”；平和、平静、平淡，乃快乐幸福的“主题歌”；自重、自醒、自省，乃健康平安的“预警器”；知足、知不足、不知足，乃人生航程的“校正仪”。

可以说，只有不好的领导，没有不好的员工。领导不是谁都能当的，当个好领导就更难了。解决自身的问题，解决工作中出现的问题，归根结底，要靠领导自身能力、水平的提高，一味怨天尤人是不对的。

第1讲
感到在职场身不由己怎么办

德薄而位尊，智小而谋大，力小而任重，鲜不及矣。

——《论语》

面对纷繁复杂的政务活动、喧嚣鼎沸的人情世界，很多领导抱怨“时间饥荒”。他们疲于奔命、穷于应对，整天参加会议，忙于各种应酬，实在是“不亦乐乎”，并由此发出“人在职场，身不由己”的感叹。这句话也成为流行于职场的一句口头禅，而且多出于那些重权在握、公务缠身的领导之口。那么，对这一问题怎么看，当自己真有这种感受时又怎么办呢?

对此认真咀嚼，仔细品味，可以发现，其中不乏对职场风险的沉思，也有对喧嚣生活的怨艾，但更多的是对“随波逐流”行为的心理默认和自我开解。在社会管理的舞台上，一个人走上领导岗位，角色身份就发生了变化。“百忙之中”似乎成为很多领导的“真实写照”。

人们平时所看到的其实仅仅是领导们风光的一面，威风凛凛、趾高气扬、颐指气使、居高临下、来去自由、前呼后拥、令行禁止、呼风唤雨等这些老百姓望尘莫及的荣耀和尊贵，都在领导身上体现得很充分。然而我们却很少看到和体会到他们的难处。一名称职的领导必须面对很多选择和压力，比如忠孝难两全、履职如履薄冰、竞争的压力和决策的风险、思考年度工作和创新、迎接上级的考核和考察、解决内部的管理问题、应对各种突发事件、预防糖衣炮弹的攻击、承受家庭的抱怨、接受党内和全社会的监督等，所以领导往往一刻也不能放松，更何谈自由自在？有好多领导回家闭门痛哭，出门还得笑脸相迎，装作若无其事。因为领导毕竟还是血肉之躯，他们一样有七情六欲，一样具有常人的内心世界，并不是坚不可摧、刀枪不入的。

现在不光是领导感到身不由己，就连一些普通的职员，也有相同的感受。所谓“当差不自由，自由不当差”，大抵也有这个意思吧。单位汇集着不少本行业的精英分子，整天和领导一起工作，不说“伴君如伴虎”也差不多；能人与能人在一起，不生是非也难办到。故此，说话办事便须相当谨慎。天天忙忙碌碌，“两眼一睁，忙到熄灯”，又如何获得自由之身？成天小心翼翼、如履薄冰、如临深渊，即便获得自由之身，又如何获得自由之心？

笔者认为，一个成熟而合格的领导应该主动地应对环境，理性地驾驭情感，积极地主宰自我。我们经常可以看到，许多地位较高的成功人士，面对同样的情况甚至是更复杂的局面，都能够适度把控言行，坦然面对生活，做到处纷繁而不乱，出淤泥而不染，超脱淡定、指挥自如、拨冗去繁、举重若轻。归根结底，由己不由己，关键在自己，面对方方面面的压力，面对不如意的环境，是随波逐流、任意而为、自怨自艾，还是淡定自如、从容应对、洁身自好，全在自己。

1. 要管住自己的时间

对于领导而言，时间已不再是“自然人”状态的私有财产，而是“公私合营”的共有财富。这就要求领导必须对时间这块定量的“蛋糕”进行合理“分割”、统筹“使用”，最大限度地发挥使用效益。一要打好时间管理的“小九九”。在工作实践中，必须确立“时间就是财富”的理念，学会运用管理有形财富的方法管理自己的时间，合理配置，科学调度。二要掌握配置权力的“分身术”。必须把握轻重缓急，善于分工授权，把那些应该由下属完成的任务分解下去，使自己从繁杂的事务中解脱出来，从而集中时间去办自己该办的事，做自己必须做的事。三要争做调度时间的

“明白人”。领导应该成为时间的积极拥有者和理性消费者，不要轻易让渡自己对时间的支配权，被别人牵着鼻子走。

2. 要管住自己的情感

研究表明，一个领导，80%的成功因素来自情感方面，只有20%的因素来自智力方面。无论其结论是否准确，都足以说明情感因素的重要性。领导生活在社会群体中，总要与其他人建立一种复杂而稳定的社会关系，如亲属、朋友、同乡、同事等。如何面对和处理这些关系，既考量领导的道德素养，也考量领导的管理智慧。一个成功的领导还要驾驭好感情。要重公情而远私情，养正情而去邪情，动真情而弃虚情，把重情义与讲道义结合起来。在原则问题的处理上，要按规矩出牌，绝不能感情用事。另外，良好的情绪是加速人与人、心与心之间融合反应的催化剂。在领导活动中，领导要始终保持良好的精神状态，注意把积极乐观的情感传导给团队成员，营造积极向上的工作氛围。

3. 要管住自己的权欲

某正厅级干部日常就很骄横，被“双规”之后，省纪检委一名正科级干部代表组织找他谈话，这个老兄竟气势汹汹地责问：“为什么要抓我、关我？有问题的又不只我一个，为什么不抓他们？”但这位科长没有被他的气势吓倒，对他冷峻地说：“你吼什么吼！给我坐下。大街上苍蝇多着呢，你这只苍蝇飞到了我屋子里，我就抓你。你告诉我，还有哪些人有问题，我马上就去抓！”几句话就把这个正厅级干部镇住了。这位科长事后谈起这件事，不无感慨地说：“有些大官成了阶下囚了，还那么飞扬跋扈，真不知道天高地厚！”正是这种不知天高地厚之人，最终往往曝光出丑、丢掉乌纱。

人生而有欲，正常的欲望可以使人有进取精神。一个人之所以能努力奋斗，正是因为有生存欲望和发展欲望。但欲望必须有度，一定要给自己的欲望安上一个“节制阀门”。作为一个有所作为的领导，也必须用高尚的价值观去净化心灵空间。在日常工作和生活中，必须始终保持清醒、理性和自觉。同时，必须始终保持如临深渊的警醒和如履薄冰的谨慎，不要让不健康的欲望侵占和玷污了自己的心灵家园，要“稳得住心神，管得住手脚，抗得住诱惑，耐得住寂寞”，使欲望之舟始终在规范的航道上运行。

做人、做事是不少人需要经常面对和正确把握的大问题，处理好了，则健康成长，反之则裹足不前，甚至掉入人生的一个个“陷阱”，这其中有规律可循，有人总结的“十悟”可资借鉴。

1. 信仰、信念、信心，是安身立命的“压舱石”

人无信仰没有精神，人无信念没有力量。信仰和信念好比人体中的钙，缺钙就会得“软骨病”，就站不稳、立不住、走不动。对自己心中的信仰、信念，要像做“大拜”一样虔诚、执着，让信仰、信念成为自己始终不变的人生追求。信心源自内心的一种自信，信心十足的人有一种坚强的意志力，能够咬定目标、咬紧牙关，始终不分心、不走神，排除万难去赢得成功。

2. 能力、动力、定力，是站稳走好的“支撑点”

能力是干事的基础，决定你“能做什么”；动力是干事的条件，决定你“想做什么”；定力是干事的保证，决定你“敢或不敢做什么”，三者具备则决定你“做成什么”。本领不强会被笑死，办法不多会被急死，劲头不足会被骂死，品行不正会被搞死。当下，最为可贵的是定力，能够挡得住诱惑、耐得住寂寞、守得住清贫、坐得住“冷板凳”，不被忽悠、不被糊弄、不被捧杀和棒杀，能够任凭风浪起稳坐钓鱼船。有能力没动力，能力打折扣；有能力有动力而没有定力，一切全白费。这三者好比“三足”可以鼎立，让人站得稳、干得好、走得远。

3. 能干、能处、能忍，是进步前行的“阶梯”

一个人能干是一种素质，能相处、善团结是一种境界，而能忍得住一时的委屈、不公和苦痛则是一种修炼。能干在于学习和实践，不断地学习，不断地实践，学中干、干中学，逐渐就会能干起来；能处在于能否宽容、包容、理解和信任。世界再大，大不过包容的心，宽容、包容才能融合、融洽、融入，理解、信任人是一种境界，被理解被信任则是一种幸福；能忍在于能否看长远、想大局，站得高、看得远，唯“风物长宜放眼量”，才沉得住气、吃得了亏、受得了罪，“事不三思总有败，人能百忍自无忧”。能干、能处、能忍好比三个大的阶梯、三道大的门槛，跨过去、迈过去了，便能顺利地往前走。

4. 想法、说法、办法，是能力高低的“三级跳”

一个人的能力水平，可以说有两次飞跃，一次是把心里的想法变成说法的时候，另一次是把说法变成实际办法的时候。人人皆有想法，只不过分为成熟和不成熟而已，然而要把想法说出来，而且“说清楚、讲明白”，让人“听得进、记得住、用得上”，不至于一只耳朵进一只耳朵出，则大不一样。能说得到人心坎上去，打动人、温暖人、感染人，让人信服、佩服那才叫真本事、真智慧；如果说再能够把这些想法、说法变成一个个具体的行动和办法，付之于行、见之于效，那便是大本事、大智慧了。而每个人的能力高低就在于其中的差别，到底处于哪一级跳上。

5. 事业、职业、副业，是干好干坏的“分水岭”

如何对待工作？有的人把它当事业，甚至生命，有一种很强的责任感、使命感；有的人只是把它作为一种职业，上班是为了养家糊口，为了“稻粱谋”，是谋生的手段和方式；更有甚者把它当作是副业，成了第二职业，打自己的“小九九”，忙自己的“小生意”，种自己的“自留地”。态度反映境界，态度决定状态。三种不同的态度，决定了不同的人生观、价值观和事业观，也决定了一个人到底干多干少、干好干坏。

6. 学识、见识、胆识，是成大器者的“法宝”

有学识没见识，容易孤芳自赏、刚愎自用，会坐井观天，乃至夜郎自大。而胆识就是胆略和气魄，有胆识便是有勇有谋，胆识是学识和见识的体现。什么是文化？“三识”俱佳、“三识”兼备就是一个真正有文化的人，就具备了创大业、成大器的法宝。

7. 知足、知不足、不知足，是人生航程的“校正仪”

做人做事关键在于人生的价值取向，要知足、知不足、不知足，这样才会不折腾、不陶醉、不停步，才会真正拿到了人生价值的“金钥匙”。知足者乐，知不足者勇，不知足者进，处理好了三者的关系，就走出了自我的小天地，走进人生大天地，就会找到准确的人生定位。

8. 眼力、魄力、毅力，是实现梦想的“翅膀”

眼力，是一个人分析、观察、思考问题的眼光和视角。然而，看到了事物本质及其规律，还得有果敢的魄力和坚韧的毅力去努力，有了魄力就能牢牢捉住稍纵即逝的机遇，抢占制高点；有了毅力就能坚持、坚持、再坚持，就能走出人生的沼泽地，锲而不舍地一直向前走。

9. 平和、平静、平淡，是快乐幸福的“主打歌”

如何让平和、平静、平淡成为一种常态，需要沉淀和修炼。淡泊以明志，宁静以致远，对人平和、对名平静、对利平淡，始终保持着平和之状、平静之态和平淡之心，始终对身外之物“看得透、想得通、放得下、忘得了”，就会心平气和、幸福快乐。

10. 自醒、自警、自省，是健康平安的“预警器”

自醒、自警、自省是一种自我敲打，好比自己在那“照镜子”“洗洗澡”“正衣冠”。“三自”是一种灵魂的拷问、人性的拷问，只有经常反省、检讨自己，才会不断校正自己、修正自己，才会不走偏、不走歪、不走邪，始终走在正道上。

第 2 讲
在单位内人气不足时怎么办

吏不畏吾严而畏吾廉，民不服吾能而服吾公。公则民不敢慢，廉则吏不敢欺。公生明，廉生威。

——《官箴》

所谓“人气”，是人缘、人脉的集合体，标志着一个人在特定的社会群体中所享有的亲和力、信任度和支持率。领导的人气，是领导受到下属关注、认可、信任、欢迎和拥戴程度的直接反映，是领导的形象气质、才华学识、品行操守和管理能力在人们情感认同方面的综合体现。领导在下属中有人气，大家都会心甘情愿地和你干，和你一起工作感觉特别有士气。既感觉到接受你的领导特别服气，认为你有领导的能力，有资格“管”他们，又能感觉到跟你干放心、开心、舒心、暖心，有心情、有动力、有奔头，下属都打心眼儿里支持你。领导没有人气就会成为孤家寡人，那将是非常难堪和痛苦的局面。

人气旺盛，才会带来强大的正能量。无数实践证明，有人气才能事半功倍，左右逢源，深得人心。相反，则会形成一种同级不亲、下级不敬的尴尬局面。领导无论级别高低或权力大小，其实质都是权威的象征，应该具有受人钦敬和令行禁止的影响力，也即具有旺盛的人气。日常工作中，有些领导虽然职位不高，却很有人气，不论工作事务的处理，还是人情世故，都处理得十分妥帖，但也有一些领导的人气很不理想，上级不爱、同级不服、下级不敬，虽有领导的身份，却发挥不了领导的作用。领导当成这样，不仅于工作有害、于单位有害、于事业有害，而且对自己也是一种折磨。

造成领导人气不足的原因多种多样，自己的领导方法不当、形象气质不佳、能力水平不高、德行修养不足、管理绩效不好等都有可能降低人气指数。孟子说："行有不得者皆反求诸己，其身正而天下归之。"所以，自己人气不足时，先要反省自己，多从主观上找原因，再从客观及环境、人员素质等方面考虑。

提高领导的人气，建议从以下几个方面着手。

1. 人品修养要过硬

"德足慕而威可立，行堪仰则人必从。"领导在修炼品格上要做到：

一是有骨气而不要傲气。傲骨之气，许多人都有，但有的人表现为傲气，有的人则表现为骨气。一个领导有傲骨无傲气，那当然好，但也不容易做到。傲骨是内在的品质，它总要通过一定的傲气来表现。但这种表现一定要有度，绝不能傲气十足，而应多点骨气，坚持原则，少些傲气。

二是有豁达之气而不要小气。要有宽阔的胸襟，能够容能容长、容嫌容仇、容过容短，做到求大同，存小异，顾大局，识大体。要每临大事有静气，每临难事有担当，临危不乱，处变不惊，果断刚毅，坚韧沉着，能给下属及团队成员一种信赖感和安全感。同时要有淡定的心态，不以物喜，不以己悲，志存高远，淡泊名利，不为钱色所诱，不为名位所惑，守心如磐，惜节如玉，具有一种超然脱俗的心理定力。

三是有公平正气而不要有邪气。要善于调适心理"天平"，驾驭情感"烈马"，始终保持一颗"公平心"。对下属和团队成员要"一碗水端平""一把尺衡量"，不以感情亲疏定高下，不以关系远近评优劣，待人公平，处事公正。

四是有心气和胆气，而不要有口气和脾气。如果一个领导没有心气和胆气，口气和脾气却很大，就不会有人气。心气要高，但不能太高；胆气要足，但不能太足。心气太高，胆气太足，就会把一般人不放在眼里，一般事不放在心上。心气太高的人，往往有心气没力气，心有余而力不足。胆气太足的人，往往有胆气少灵气，有勇无谋。心气太高，胆气太足，本身就是缺乏智慧、谋略的表现。所以，要有心气，但不能太高；要有胆气，但不能太足。反之，如果一个领导没有心气、没有胆气，亦为下等之人，不可与之为伍。

2. 各方关系要理顺

人际关系是人气之基，往往决定人气之高低。处理好人际关系，不是说一味地当老好人，一味地讨好人。有四个问题一定要把握好：

一是对上不媚。尊重和服从上级是应该的，但如果面对上级领导时经常口出阿谀之词、面溢谄媚之容，卑躬屈膝，曲意讨领导的欢心，一味迎合取悦于上级，这样很容易遭到同级和下属的鄙薄。

二是对同级待之以诚。要把竞争的着眼点放在机会的公平上，不能总盯着结果而不择手段。如果居心叵测、存心拆台，也许能在竞争中一时占上风，但你给别人留下的人格上的污点却永难抹掉。

三是对下级不虚伪、不偏私。下级对上级最不能忍受的除了平庸无能之外，恐怕就是伪善了。上下级关系是一种比较持久的关系，领导对下属任何的欺哄行为都可能被看穿，并招致下属的唾弃。因此，领导对下属要摒弃笼络和虚言买好等行为，把真诚的关心体现在实际行动上。

四是要有自知之明。一方面要设身处地为他人着想，注意关心人和尊重人；另一方面不可以小人之心度君子之腹，自设假想敌。尤其重要的一点是，不可私心太重，逢利必争，且势在必得。否则，既然你去争，自然就有人去抢，这必然有损领导形象、有失领导风度。

3. 上下沟通要顺畅

沟通协调是领导工作成功的必要条件，是提高人气的重要措施，是领导工作中最关键、最应投入的环节。把下属协调好了，手下的人才会拥护你、服从你，一心一意地跟着你；把上级协调好了，令上级满意，上级才会重视你、认可你，从而重用你、提拔你；把平级部门协调好了，形成和谐融洽的工作氛围，才会在平级部门中赢得良好的口碑。领导的协调艺术，归根结底就是要因时、因地、因人正确地“摆平”工作中出现的矛盾和冲突，积极引导组织内部、组织之间、人员之间建立良好的互动、协调和合作的关系。

4. 思维作风要严谨

领导没有好的作风，单位内就不可能有好的风气，没有好的风气，领导就不可能有高的人气，所以，作风问题至关重要。领导工作复杂而敏感，既有必须坚持的原则和程序，又要求具有高度的灵活性和周密性，任何必须坚持的原则、程序的疏漏都会造成重大失误。因而，工作要有计划性，行动前要考虑周详，注意前后衔接和横向部门的协调。对关键环节和重要事项要及时检查、及时督导、及时排除。对上级所作的保证、对下级所作的承诺、对同级所作的约定等，必须克服困难加以兑现。此外，凡事既要有全局意识，敢于定高目标、提严要求、立军令状，也要特别注意解决制约因素，防范意外因素和危机因素，以免遇事措手不及。在布置工作时，既要考虑工作目标和完成的质量标准，也要考虑到下属的心理和情绪状态，防止剃头挑子一头热、孤掌难鸣。平时不仅要遵守单位的各项规章制度，对于一些约定俗成的惯例甚至群体的心理习惯，除非是陈规陋习，不要轻易打破，免得招致非议，以致是非缠身。

5. 形象风度要得体

仪表风度是一个人生活习惯、气质修养和审美观念的外在表现。一个人的人气与其外在形象常常成正相关。领导整洁的服饰、优雅的风度、脱俗的气质、优美的语言、和善的动作表情等，能给下属留下良好的“第一印象”，进而催生“一好百好”的“首因效应”。领导要做到外表有形、语言有度、行为有谱，一方面，应该注意自己角色身份与外在形象的匹配性，切不可因为自己的“不介意”“不讲究”，给下属留下“不修边幅”“不在状态”“不上层次”的第一印象；另一方面，领导对自己外在形象的整饰和打理，要把握分寸、注意场合、恰合身份，做到“注意”而不“刻意”。

6. 学识底蕴要深厚

“学高为师，身正为范。”任何时候，学识渊博的领导本身所具有的禀赋和特质，都能使下属产生一种由衷的信赖和敬重。一方面，领导的学识魅力可以从心理上征服下属，不仅能提升下属对领导的依从度，而且能强化下属对组织的归属感，使领导成为单位的“精神领袖”和“气场核心”。另一方面，领导的学识魅力具有一种潜移默化的导向作用和同化效应，可以从行为上引领下属。在一定程度上说，一个好领导就是一位好老师。学识渊博的领导在实践中表现出的执着、诚信、理性和睿智等优良品质，能使下属产生一种“师从意识”。

7. 个人气质要亲和

拥有良好的人脉关系，一定是得益于领导给人的亲切感。一个人尽管职场表现优秀，职位越来越高，但周围的人在与你交往时并没有很大的心理包袱，这就是亲和力的作用。亲和力让领导被更多人接受，从而使自己的人气不断上升。

第3讲
被下属认为缺乏担当精神时怎么办

士之仕也，有其任斯有其责，有其责斯有其忧。

——张养浩《权力忠告》

什么是担当？字典解释为：承担并负起责任。“船的价值在于承载，人的价值在于担当”。在人类社会里，每个人都有自己的角色，每个角色也都有自己的担当。“天下兴亡，匹夫有责”，是一种担当；“先天下之忧而忧，后天下之乐而乐”，也是一种担当；赡养老人、抚养子女，还是一种担当。这些担当，或从情感出发，或从责任出发；或因政治所需，或因民生所望，但都是一副“重担子”，要靠认真、严谨、积极的态度去落实。担当对领导来说，就是一种责任、一种境界、一种能力，就是敢于碰硬、敢于担责、敢于作为。无数事实证明：你能担多少责，就能做多大事，就决定你能走多远。

古人说：“大事难事看担当，逆境顺境看襟度，临喜临怒看涵养，群行群止看识见。”时下有些领导不知道“尽责的乐趣”，不愿担当，不会担当，不能担当，更不敢担当。其本质上还是一种庸俗哲学在作怪，其主要表现有以下几点。

（1）怕冒风险。不求有功，但求无过，对职责范围内该定的事因怕担责而不敢拍板，该出面解决的事因怕冒风险而畏首畏尾、推诿拖延，贻误工作。

（2）怕得罪人。只计个人得失，得罪人的事不干，讨人嫌的话不说，关键时刻站不出来。遇到矛盾绕着走，碰到问题不敢抓。

（3）怕影响自己前途。有的一旦出现问题，就习惯于“推”，使小问题酿成大问题。还有的善于“耍太极”，面对问题时“怕”字当头，谈问题色变，互相推诿扯皮，把新问题推成了“老大难”，使简单问题复杂化，在处理棘手问题时，往往“头痛医头，脚痛医脚”，甚至“慌不择路”，最终没把问题解决好。

有人说，领导的最高境界是敢于负责。这句话不无道理。领导有三种境界：初级境界就是让下属感到安全舒服；中级境界就是包容，不但要包容下属的缺点，更要包容下属的优点，做到忠言逆耳也能容；高级境界就是责任，责任不仅是对企业，而且对个人、对团队。在其位就要谋其政，为自己所负责的团队、集体中的每个人负责，包括他们的事业发展、职业规划、生活冷暖你都要负责。面对矛盾，领导必须勇于直面、敢于碰硬、勇于负责、敢抓敢管。如果明哲保身、患得患失，不但会使矛盾越积越多，而且还会使一些本来可以解决的矛盾得不到解决，使一些本来可以缓解的矛盾激化。出色的领导人从来不怕承担责任、履行义务，并永远不推卸所负的任何责任。

如果被下属认为缺乏担当，领导就要认真反思一下自己了，这可不是一个小问题。矛盾往往出在领导的不敢担当、不敢负责任上。领导不敢负责任，怕这怕那，还能指望下属放开手脚去干吗？大家都不敢担责、不敢干事，那你这个领导还怎么干呢？

要知道，敢于担当是领导的职责要求。领导就要担当，有多大的担当，才能干多大的事业；尽多大的责任，才会有多大的成就。担当精神体现着领导的品性和觉悟，体现着领导的胸襟和勇气，也决定着领导职责的履行、作用的发挥和贡献的大小。对领导来说，责任无处不在，担当义不容辞。

领导是一个特殊的岗位，使命在肩。一是做决策需要担当。抓机遇，做决策，既要贯彻上级精神，又要结合本地实际。照抄照搬，看似省力，没有麻烦，其实是不敢担当。二是抓落实需要担当。知之非艰，行之维艰。一分部署，九分落实。抓决策落实，促工作推进，方方面面，考验的是执行力，检验的是持久力，呈现的是担当负责。三是破难题需要担当。一个地方、一个单位的发展，一定会有坡坎和沟壑，一定会碰到困难和问题，还有不期而遇的挑战和风险。爬坡过坎，坚韧前行，担当尤为重要。四是化解矛盾需要担当。社会转型期，矛盾凸显期，矛盾层出不穷，各色各样，艰难繁巨，绕不开、躲不掉。勇于直面矛盾，善于解决矛盾，是领导职责所系。

“大事难事看担当，逆境顺境看襟度。”“担当”是责任的彰显，更是领导智慧与品德所绽放的人格魅力。它沉淀于优秀领导的骨子里，体现在日常的工作与生活中。担难不畏，担险不惧，担屈不戚。担当应成为一种生活习惯，内化在领导的血液中，成为一种自觉的行动。担当应成为一种人格修养，潜入到领导的灵魂深处，成为一种自觉意识。担当的背后是品格、是境界、是能力，为此，要注意以下几点。

1. 培养过硬本领敢担当

勇于担当需要勇气，善于担当则需要能力。没有较强的能力作保障，敢于担当只能是空话、大话。能力是支撑自身完成使命、正确履职的条件，是担当的底气和根基。没有能力的担当，可能会事与愿违，好心办坏事，甚至酿成大错。这就要求领导要下大力气苦练内功，不但要注重政策的学习、制度的掌握、业务的提升，还要在工作过程中注意工作方式的总结与提升，不断提高履职尽责的能力，使自己在工作过程中能从容履职、正确履职。

2. 丢掉私心真担当

各级领导担负着管理与发展的重任，不论在什么岗位，都要把自己人生的坐标定在为社会、为单位、为员工多做贡献上。具有强烈责任心的领导，应在其位、尽其责，把困难当成动力，把问题看成磨砺。只有敢于担当，将问题和困难视为履职生涯中的一个既定环节，一道必须跨越的沟坎，困难和问题才能被意志所碾压。如果在日常工作中不敢担当，任何工作可能都会成为拦路虎。遇到问题讲客观，解决问题讲条件，回避问题找借口，工作就无法推动。

3. 要有涵养底气勇担当

管理人员承担着更大的责任，仅仅敢于担当还不够，还要勇于担当，不当评论员、不当旁观者，强化责任意识，面对超出自身职责的危机与风险，有挺身而出的勇气，能够主动履职，不拖延、不敷衍、不推诿，体现出团队成员之间的互补与协作。

4. 锤炼智慧善担当

在工作和生活中要善于思考、开动脑筋，做到“脑中有全局、心中有大局、手中有布局”，并努力拓展知识面，成为多面手，逐步培养、锻炼和提高综合素质。要容人、容事、容话。所谓容人，就是要在班子中相互尊重、相互理解、相互学习，不在背后评头论足；所谓容事，就是要大事讲原则，小事讲风格，不因自己的意见被否定而有怨恨之心，遇事应平心静气去处理；所谓容话，就是要有耐心听的修养，特别是在民主生活会上听到批评意见，要有“有则改之，无则加勉”的良好心态。

第4讲
过于强势甚至被人认为霸道时怎么办

高智商有时反而会成为领导的一个障碍，因为他们对工作过于投入，从而很难容忍自己身边的人。

——迪克·科瓦塞维奇

势，是领导实施领导步骤、实现领导目标的先决条件，强势则是其优势条件。可以说，唯有强势“二字”方能体现一个领导的真正魄力。但强势领导并不是绝对领导。某些领导往往把自己看得过高，自以为自己能力高、作风硬、魄力强，下属对自己言听计从，自己为组织作出了巨大贡献，因而飘飘然忘乎所以，却最终导致员工和下属对自己敬而远之，导致管理绩效的下降和事业的失败。对此，一些自认为或被认为强势的领导必须注意。

我国自古没有民主传统，人们有着浓厚的“英雄崇拜”心结。一般并不反感强势领导，也不反对强势作风，只要有道理，会产生积极结果就能被理解和接受。一个企业，一个单位，一个地方，甚至一个国家，往往需要的是高明而强势的领导，往往只有他们，才能坚定方向、拨乱反正、克服困难，才能转危为安、转败为胜。有这样的领导，可以说是单位的福分、员工的福分。

一般强势领导有以下一种或几种表现：任职于要害部门，掌握的社会资源多，受到社会热捧和别人高看；掌握人财物调配权，主管核心业务，对重大决策有发言权和决定权；能力强，富有激情，工作能驾轻就熟，游刃有余，威望较高；发展潜质好，素质较高，年富力强、思维活跃，具有较强的个人魅力和良好的职务晋升预期；处世圆满、能办事、吃得开，个性强悍，表现为强烈的事业心，或者权力欲望强烈，一般同事不愿与其争锋，等等。强势领导，由于权力本身所具有的强者通吃的惯性，极易集权力、荣誉、赞誉及虚化的“美德”于一身，造成自我认知上的心理膨胀和权威泡沫，以致自我评价失真，不可一世，由飘飘然而昏昏然。

一个强势的领导人往往天生具有“领导相”，这种领导气质可以使他在逆境中奋进，创造属于自己的事业。他或者善于制定并描绘愿景，并能够把愿景传达给团队，由此打造一个卓越的团队；或者具有很强的鼓动性和个人魅力，能够团结一批人向一个目标奋进；或者具有领袖气质，善于用政治手腕掌控人心。这种领导既能让下属不感觉疏远，也不会让下属过于接近自己，以保持一种神秘的掌控力；或行事果断，有威信，大家心甘情愿执行，办事效率极高。

但是，任何事情都要有个度。一个领导越强势，他手中所掌握的权力往往就越大，但如果权力的使用超出了一定的边界，就很容易出问题。作为强势领导，要清醒地认识到，强势作为一种有利条件，同时也会具有负面的影响。正是因为其强势，其领导行为就自然拥有一种自动强化的机制和惯性，既增加了成功的动力，又容易放大某种素质、行为和领导过程的缺陷，如果对强势运用不当，其破坏性将超乎想象，主要有以下几方面表现。

一是容易固执己见，并难以改变。有的强势领导特别向往和享受所谓一言九鼎的“霸气”，一旦自己有权做决定时，往往刻意显示自己的“高瞻远瞩”，对重大决定往往独断包揽，不容别人置喙，这就是所谓的“偏执”。如果这种偏执的方向正确，那么组织会获得巨大的成功；如果这种偏执的方向错误，就会给组织带来巨大的灾难。

二是容易剥夺下属的思考力，难以培养接班人。他个人的崇高威望，对自己超群能力的信心，往往不会去鼓励独立思考和不同意见。久而久之，他的周围只会形成一群忠心耿耿、执行力强但缺乏主动思维意识、依赖性强的下属。在这样的组织内部，要不是有意识地早早培养，很难挑选出能取而代之的接班人。

三是容易造成权力失控。集体一般对强势领导缺乏约束力，如果本人不自持自重，个性过于张扬骄狂，不适当地运用手中的权力，特别容易判断失误，产生严重后果。

四是容易高估自身实力。所谓强势，都是有限度的，如果领导为一时的强、局部的强冲昏了头脑，坐井观天、夜郎自大，就容易好大喜功，制订高不可攀的业绩指标，实施难以操作的发展规划，致使目标超过资源支撑力、下属承受力和自身驾驭力，极易造成重大损失甚至全局的失败。

强势领导时代已经过去，人性化领导正在成长。我们需要学会激励、鼓舞、引导人，创造人尽其才的环境，这将是新时代领导所面临的挑战。强势领导只有在一定的条件下，才会发挥其最大的作用。强势领导必须具备以下几个条件：一是个人能力远远超出下属；二是个人掌握着他人尚未掌握的信息；三是个人掌握着绝对的权力或不容置疑的权威；四是下属没有自主意识，接受强制；五是下属知识匮乏，没有主见，没有前进的意愿，惰性强；六是情况紧急，必须当机立断。

一个领导人，无论内向还是外向，无论强势还是中庸，因为身居高位，往往会被自己的心以及自己的下属蒙蔽。只有那些能够真正反躬自省、不断自我更新的领导人，才是成功的领导人。作为强势领导人，一定要注意以下几点。

1. 既要有永不动摇的勇气，又要有如履薄冰的谨慎

强势的表现多种多样，但其核心永远不变，即内心坚定、决策果断、行动坚决。所以，要成功，你就得在众人面前保持永不动摇的勇气和胜券在握的气概，无论是在一帆风顺时，还是在波涛汹涌时，你都必须镇定自若，充满必胜的信心和决心。你要相信，没有人会跟着一个没有前途的将军。

虽然要有必胜的信心和决心，但也要树立一种危机感，如履薄冰，小心谨慎。即使你确实素质较高、能力较强、政绩较突出、社会评价较好，也不能志得意满、故步自封，甚至恃才傲物、居功自傲，因为你的强势是你不懈努力的结果，如果放弃了努力，滋生了懈怠之心，强势就不复存在了。再者，根据辩证的原理和事物发展变化的趋势，月满则亏、水满则溢，强势往往是由盛转衰的转折点。正如老子所言："飘风不终朝，骤雨不终日。""物壮则老""兵强则灭，木强则折。""强梁者不得其死。"因此，强势的领导要时刻警惕溢美之词，保持如临深渊、如履薄冰的心态，把自己的强势保持好、运用好，切不可因强而骄。要注意体察人情世故，防止恃强而骄，轻慢上级，侵凌同僚，冷待下属，而要自觉地抑制过强的权势，处心善，处事公，处世谦，令上级安、同级和、下属亲，确保和谐共赢。

2. 既要解决自己的内在修为问题，也要注意引导和影响员工

强势一般来自领导的内在修为。当领导能够带领下属获得一个又一个的胜利，当领导能够体察下属的困惑和问题并且给予清晰有效的帮助，能够站在更高更广的角度为下属指引方向时，那就有了"强势"的基础。就像诸葛亮提出的"贤而能下，刚而能忍"，作为领导一定要注意自己素养。

同时，作为一个"强势领导"，还要注意不要前怕狼后怕虎、瞻前顾后，什么方面都想顾到。要知道，一个优秀的领导，在员工心目中应当是高远而又现实的。所谓高远，就是要让下属觉得跟你有距离，既有眼光和境界上的差距，又有适当的距离，让他们不能对你无所顾忌。所谓现实，就是下属与你都要面对现实、解决问题。一个领导的职责所在就是要解决问题，从而保证组织的正常发展，而不是忙于揣测员工的心理，下属自然就可以被管理好、被引导好。

3. 既要树立威信，又要主动沟通

为保障政令畅通，树立自己的威信是必要的。但是，在树立威信的同时，绝不能高高在上。一是不要好为人师，自以为是，妄自尊大。谁的意见正确，谁的办法好，就照谁的办法去做。当下属反对或提出刺耳的意见时，要耐心倾听，允许人家把话说完，然后加以分析，修正自己的意见。即使下属的意见不正确，也要谦和地听下去，然后给予必要的解释、说服和帮助，绝不充耳不闻或横加指责。二是要敢于解剖自己、反省自己，这样做不仅不会损害领导的威望，反而会使下属感到亲近和被信任。三是在明知对方的意见不对时，既不能为了和气而放弃正确的东西，但也不能以势压人、以权压人，而要循循善诱，说服和帮助对方。四是要善解人意，主动沟通。在与下属相处时，下属会感到紧张、拘谨，领导应善解人意，以平等的姿态、真诚的态度、风趣的言谈，主动创造和谐轻松的气氛，消除对方的紧张心理，缩短彼此的心理距离。这样既能建立起领导平易近人的形象，又能使下级受到鼓舞，把领导视为知己，从而敞开思想，以心交心。

4. 既要审慎确定领导目标，又要精心谋划领导方法

从经验和现实来看，重要的社会变革和历史进步以及单位内重大成绩的取得，一般都是由强势领导推动和促成的，强势是领导干事创业的珍稀资源。但是，强势既是干大事、成伟业的有利条件，也是犯大错、造罪孽的促成因素。因此，对于强势领导来说，在确定具有战略意义的目标时，一定要克服虚骄之气，不能把自己的发言权与自己意见的正确程度等同起来，不能把自己地位的重要性与自己看法的重要性挂起钩来。

特别是那些性格比较强势的领导一定要明白，管理的最佳境界绝不是让大家感到畏惧，也不是让下属绝对服从，而应该是在一种内心喜悦的基础上，所达到的对共同目标诚心诚意的主动服从。也可以说领导别人的最佳境界，乃是让别人自己领导自己。之所以这么说，是因为领导活动过程其实就是先知先觉的人领导后知后觉的人，再开发不知不觉的人。服从的意义不单单是指人们跟着你走。服从是“从”，更是“服”，只有内心的信服、佩服，才能转化成为行动上的自觉遵从。有一个成语，似乎可以形容管理的最佳境界，那就是“心悦诚服”。

第 5 讲
感到自己被边缘化时怎么办

有效的领导并非必须依赖非凡的魄力。

——彼得·德鲁克

所谓领导被边缘化，指领导缺乏实际职位应拥有的权威，支配力、号召力、影响力低于职务赋予的水平和社会心理达成的某种共识，表现为在领导过程中作用被边缘化，个人主张和意见包括正确主张和意见也得不到应有的重视，以及在下属和群众中被尊重和服从的程度比较低。弱势领导不等于无德的领导和无能的领导，这类领导，或被排斥，或主动游离于单位的焦点之外，很少甚至基本不参与单位的中心工作，也很难受到单位领导特别是主要领导的关注，当然，他们被提拔重用的希望也很渺茫，所以往往工作积极性不高，工作效率也不高。如果领导自己遇到这种情况，该怎么应对呢？

我们经常看到，面对被边缘化，个别领导不是去认真查找原因，制定有效的应对策略，努力去提高自己，寻求“崛起”，而是通过一些不合理的方式去“表现”自己，有的怨天尤人、满腹牢骚，每天生活在苦闷与抱怨之中；有的破罐子破摔，放纵自己，走向颓废；有的放弃本职工作，“移情别恋”；有的专心发展自己的爱好；有的把心思都用来搞自己的副业，身在曹营心在汉。

其实，身在职场，每个人都有被边缘化的可能。每个单位每个部门都有自己的文化，都有自己默而不宣的潜规则，甚至每个老板每个领导都会形成自己的气场。如果一个员工或管理人员的特质与本单位本组织的特质不相融、不契合，如果他的语言、行为、个性等打破了团队的平衡，影响了他人，就必然会遭到他人的排斥，成为边缘人。

被边缘化领导的形成具有重要的社会、心理背景和权力配置的体制、机制原因，但对于弱势领导本人来讲，如果不能选择离开的话，那就只有适应再适应，不要试图去改变别人、改变组织、改变自己的领导，那都不管用。关键在于冷静分析自身的素质现状和履职环境，努力提升能力、寻求对策、等待时机、创造条件，早日摆脱弱势的尴尬地位，赢得应有的职责权威和社会、心理尊严，发挥与职权和自身素质相应的积极作用。

1. 对因上级领导的不信任造成的被边缘化，要改善处世态度

领导特别是单位的主要领导，由于自身成长环境、工作经历、上升途径等因素的影响，对单位的某些部门或某一类干部始终怀有偏见，先入为主地认为某些部门的工作无足轻重，或者认为某类干部的能力素质较低等，这些认识上的偏见使得一些部门的干部或某一类干部在一段时间内得不到重用，人为地造成了他们的被边缘化。

面对此种情况，领导先要深刻地反省自己并探询原因，看是因为自己在能力素质和履职方法上有欠缺，还是因为自己的处世态度存在不足，导致了领导对自己的误解或留下不良印象。如果确实是由于自己存在不足，就要以切实的行动努力改正，并在适当的时机和以恰当的方式向领导坦陈自己的想法，实事求是地分析自己的不足，表明自己不断提高的决心，真诚地请领导对自己加以指导和帮助。如果领导不喜欢、不接受自己的为人处世风格，自己就要有意识地收敛一些，行为不要过于张扬。

2. 职责分工造成的被边缘化，以尽责充实权力

有些领导的弱势是由于职责分工虚化造成的，分管的只是例行的程序性、环节性、协调性工作，与单位的中心工作和任务联系得不是很紧密，只出力不管事，或者有责无权，只能奉命行事，很多事只能上传下达，对大事缺少决定权和支配权，在单位的实际地位处于弱势。

对此，被边缘化领导应注意做到两点：一是恪尽职守，不敷衍应付。树立“为官避事平身耻”的刚健心态，做好分内的工作，同时准备好迎接应急性的工作和协作性的工作。二是不妄自菲薄，做到淡定从容。毋庸讳言，世俗生活是非常势利的，实权领导总是巴结的人多，关心的人多，赞誉的人多，走到哪里都如众星捧月，备受拥戴，而职权虚的领导往往会被投之以悲悯或者不屑的目光，甚至吝于给予礼仪上的尊重。对此，权力虚的领导要看得开，泰然处之，不要因此看轻自己，落魄失态。三是注意平衡自己的心态，不必感叹世态的炎凉，要将这种冰火两重天的处境当作净化自己心灵、磨砺为官品节的修养净室。

3. 对因性格、能力与岗位不匹配造成的被边缘化，要知进知退

有些领导被边缘化是由于性格、素质、能力与岗位不匹配造成的。有些领导个性偏弱，缺少雄心，凡事明哲保身，尽管人缘很好，得到的评价也不错，但自身的领导职权容易被上级截留、被同级蚕食、被下级挪借，导致职权流失，造成实际领导地位的弱势。这些领导因为缺少履行领导职责的相应能力，或者不能随着新的岗位要求提高自己，工作不能独当一面，或者心余力绌，难以推动工作的开展，长此以往，领导不敢委之以实际职责，同级不愿与其成为合作伙伴，下级不愿真心追随，威信低，地位不高，成为摆设，表现出比较明显的弱势。

对于处于此种窘境的领导来说，除了发奋自励、提高素质和能力外，还要注重将“柔”的亲和力与“刚”的执行力结合起来，刚柔相济，培育过硬作风，遇事不一味忍让、一味退却，该争取的要争取，毫不留情地抛弃那些不利于成长进步的不良性格和习惯。实在不行，走专家型研究业务之路也是一个好的选择。

此外，要特别注意以分权来降低风险，化解自身弱势的消极影响。有些工作自己干不好，有些责任自己承担不起来，但又不能因自己的不尽责而耽误工作、影响大局，那么就要事先冷静地分析每一项工作任务所需要的素质和能力，自己只做那些经过努力较有把握做好的工作，而对其他部分工作则可恳请别的同事代劳，或者挑选得力的下属分担，自己负责做好服务和督促、验收的工作。只要工作大局顾全了，各项任务如期按标准完成了，尽管不是自己亲手做的，也算尽了自己的职责。当然，责任转移出去了，自己也要自觉、慷慨地让机、让誉、让利，包括相应的表现机会和发展机会、利益实惠和精神荣誉，并同时真诚周到地表达对替代自己尽责之人的感谢和激励，而不可坐享其成。

4. 对因班子内利益博弈造成的被边缘化，要韬光养晦、待机而动

有些领导被边缘化是由于领导班子内的微妙因素和利益博弈而受到压制与排挤造成的。领导班子内的赋权是有许多隐性台阶和微妙因素的，如阅历、年龄、资历、届期、能力、潜力、个性、阶段性任务、利益和发展竞争、人际关系等都可能突出或抑制某位领导的实际地位与作用。即使是一位非常优秀的领导，在特定的背景下也可能被置于英雄无用武之地的弱势处境。

对此，被边缘化的领导既要坚定信念，努力奋争，争取正当的权益和发挥作用的机会，又要有能接受既定现实的心态，有“板凳要坐十年冷”的韧劲，韬光养晦，等待时机，不强行出头，以免激化矛盾，在实力悬殊和时机不成熟的情况下，不要断送未来发展和可能发挥作用的机会。这不是懦弱和屈服，而是面对挫折和逆境的一种坚忍和智慧。俗话说：“风水轮流转”，只要自己确实有能力，有真知灼见，随着客观条件的变化和自己的主观努力，一般都能迎来大显身手的时机。

第6讲 有苛求完美的倾向怎么办

没有尽善尽美的战略决策。人们总要付出代价。对相互矛盾的目标、相互矛盾的观点及相互矛盾的重点，人们总要进行平衡。最佳的战略决策只能是近似合理的，而且总是带有风险的。

——彼得·德鲁克

有些人经常说“我是一个要求完美的人”。这个说法让人觉得要求完美的领导，在各个方面一定是高标准、严要求，一定能够把事情做得很漂亮，一定能够达成完美的结果。有时候，这个说法会让人肃然起敬，因为在一般人看来，坚持完美主义，境界应该不低，能力应该不错。那事实真的是这样吗？领导如果自己是这一类型的人怎么办呢？

现实中，那些时时处处追求完美的人，最后留给人们的印象却往往与其初衷相反，他不但不完美，而且还不及那些没有这种想法的人。这是因为苛求完美的领导的最大特点是追求完美，然而其最大的局限却也正是追求完美本身。世上没有绝对的完美，极力要求完美的人必然会带给自己和别人带来压力，极有可能破坏身边的平衡与和谐，其结果将会是不完美的。更何况，苛求完美的领导的这种欲望是建立在认为事事都不满意、不完美的基础之上的，且具有一种强迫观念：“不论周围的人，还是自己，都不完美。”为了避免不完美，苛求完美的领导会不惜多花时间、气力去做事情，结果降低了自己的工作效率。很显然，背负着如此沉重的精神包袱，不仅在事业上难以成功，而且在家庭和人际关系等方面，也不可能取得满意的效果。

苛求完美的领导会对下属过分挑剔，对自己要求过高过严，经常过分追求自己达不到的目标，过分追求形式上的东西；也常对别人求全责备，容易让人觉得太过严厉与苛刻。他们往往具有以下几种表现。

（1）太过固执，易走极端。苛求完美的领导看问题一般都只有两面，任何事情要么就是对，要么就是错；要么就是黑，要么就是白，没有中间状态，因此他们往往有走极端的倾向。一旦他们认定了一个事实或是下定了决心，就会对他人的相反意见变得神经质。

（2）坚持标准，不善变通。社会有道德标准，国家有法律法规，组织有规章制度，苛求完美的领导常常把这些标准都内化为自己的标准，来时刻检查自己和他人的行为。他们往往一味坚持标准，绝不变通，绝不妥协，原则性非常强。

（3）谨小慎微，优柔寡断。苛求完美的领导总想把自己所做的每一件事情都做到正确无误。所以他们在做每一件事情的时候，往往考虑得很多，有想法很多，甚至显得谨小慎微、优柔寡断。

（4）太过严谨，太重细节。有些领导总想把事情做得很完美，各方面关系处理得很妥当。甚至每一个文件的遣词造句、标点符号都要准确无误。稍有差错则心理压力很大，甚至愧疚感强烈。其实，这种所谓的完美主要是“追求”的完美，并不是、也不可能是“结果”的完美。

（5）明察秋毫，苛求于人。苛求完美的领导往往目光精准，明察秋毫，能够一眼挑出需要改进的地方，但在别人眼中，他们往往是争强好胜的，也是不可理解的，给人“鸡蛋里挑骨头”的感觉。在这个过程中，面对领导对工作的不断挑剔、指责，员工很容易产生挫败、自卑、愤怒等消极情绪，并进而转化为对领导的抵制或反抗，从而增加管理的难度。

（6）事必躬亲，工作失衡。很多苛求完美的领导对下属的工作会提出极高的要求，因而往往会陷入担忧：他们能做好吗？万一出错怎么办？由此不得不事必躬亲。对工作的过多投入，以及工作与生活的严重失衡，往往会让苛求完美的领导面对来自自身健康、家人指责等的各种压力。

（7）内心矛盾，容易自责。苛求完美的领导容易自责，他们对自己也经常地苛刻要求，并在过分谨慎和突如其来的鲁莽轻率中摇摆不定，不可避免地会陷入极端的紧张和焦虑之中，并且伴随着一次又一次强烈的自怜自艾。

领导因为追求完美，事情还没开始干就变得压力重重、顾虑多多，怕做不好、怕出乱子，这就容易形成焦虑情绪；因为追求完美，怕出现错误，怕上级批评和下级不满意，就会变得小心谨慎和过于紧张，由此带来身体上的不适，心理上会感到烦躁不安；因为追求完美，事情做完了还在反复考虑，唯恐哪里出现纰漏，一旦出现一点小的问题，就很容易产生对自身的负面评价，带来内心的痛苦和不安，带来抑郁情绪。追求完美的领导还会把这种追求完美泛化到其家人和下属身上，结果对周围的人和事总是感到不满意，这种不满意也会使自己陷入曲高和寡的境界，会带来敌对情绪和人际关系敏感。由此，完美型领导不但自己活得很累，也会使其周围的人活得很累、很压抑、很无奈。

诸葛亮是很多领导的偶像，他集智慧、忠诚、正直、廉洁于一身，辅佐刘备借荆州、占益州、入巴蜀、联东吴，三分天下，但诸葛亮自蜀汉确立以来，长期身兼中央、地方两职，大到方针决策，小到政令下达，都是由自己一人来担纲，朝中之事，无分巨细，事必躬亲。之所以这样，一个重要的原因是诸葛亮的完美主义人格，一方面让他自己承担了过多的责任和压力，导致他夙夜忧叹、身心疲惫、英年早逝，过早地退出了历史舞台；另一方面也让蜀国后期缺明主、乏能将、国力衰微，真是可悲可叹。

实践证明，最受人欢迎的并不是能力出众而且不犯错误的人，而往往是那些能力出众也同时犯错误的人。要知道，与那些“完人”比起来，偶尔犯点小错误的领导更受员工欢迎，因为其让员工感到一种真实性，这种真实性往往可以使人产生心理上的认同感和安全感，这种认同感和安全感本身就是对员工和下属的一种激励，过于追求完美反而是一种障碍。

说到底，谁也不可能十全十美，与人类现有的博大的知识、经验、能力的总和相比，任何伟大的天才都不及格。即使有的人真的达到了完人的境界，因为直觉的选择性，别人对他也会有不同的评价，别人也不认为是完美的，反而觉得这是一个不真实的人。我们只有放弃完美，才能树立起自信自爱的意识，才能真正地认识和确立自己的价值、选择和追求。

可以说，完美主义是一把“双刃剑”，有利也有弊。一个领导能否准确地运用完美主义思维，会带来两种截然不同的结果——要么成为前进的动力，要么成为束缚脚步的阻力。苛求完美的领导要想从陷阱中解放出来，应该懂得什么叫成长，认识到即使现在还不“完美”，但人是由过去迈向未来，不断成长，并且逐渐接近完美的。只要接受这种具有建设性且宽容的观念，就可以发挥自己的长处，善待自己，不带任何偏见地与人交往，亦可认识到自己的长处和短处，不走极端，从而取得平衡。

那么，如何克服职场的完美主义情结呢？怎样才能让完美重新回到适度的水平上来呢？下面是几点建议。

1. 变追求完美为追求卓越

领导在工作和事业中认真细致、追求卓越，这是正确的。但追求卓越并不等于追求完美。追求卓越是指志存高远、扬长避短，培育、发挥自己的优势，允许自己有某些短板，挖掘个人的潜力，成为最好的自己。要承认“谋事在人，成事在天”，承认世界上每个人都有可能犯错误，要学会原谅自己，学会给自己去除心灵的枷锁，学会与生活和解。

2. 敢于思维创新

完美型领导容易被标准、规范所捆绑，所以往往显得创新意识不强。下属很多好的想法、好的提案往往都被他否决。领导的这种性格，必定会影响整个团队的创新意识、创新力。完美型领导一定要意识到，创新力是领导最重要的能力，也是要不断提高的一个能力，必须敢于打破条条框框的限制，勇敢地创新。

3. 给自己一个合理的定位

正确评估自己的能力，合理地定位。肯定自己的优点，承认自己的缺点，摆正心态，不自傲也不自卑。要制订合乎情理的短期目标和长期目标，不眼高手低，脚踏实地地工作，这样不仅能提升自信，更能缓解紧张的情绪。

4. 改变认知，消除焦虑

对于苛求完美的领导来说，对细节的掌控程度、对失败的担忧以及对自我的高要求都会让他们陷入焦虑、恐惧的情绪中。而要摆脱这些消极情绪，就要尝试放松对自己、对下属、对工作的控制。没有人会完美无瑕，与其把自己放在完美的神坛上，时时担心把不完美的一面暴露出来，不如接受自己的不完美。不妨偶尔犯点错，这样，紧绷的神经就会放松下来，疲惫的身心也才有机会和时间休整。另外，对于来自他人或外部环境的影响，在我们无法改变它们的情况下，不妨尝试一下“谋人事，听天命”，接纳最终的结果。而不总是陷入对他人或外界的指责，以及由于未能控制局面而产生的严重挫败感中。还有，赞美的力量非常大，有句话讲得好：“赞美敌人，敌人会成为朋友；鼓励朋友，朋友会成为手足。”多赞美，下属才会有积极性。

5. 调整标准，改变管理方式

对于下属，领导应该清楚一点：一个组织需要两种人，一种是能力强、表现卓越的人；另一种是不断努力、锲而不舍的人。前者往往是领导，员工则多为后者。因此，在对下属提要求的时候，你可以提出一个完美的方向，但应该接受大部分员工的正常状态，而不是想当然地用“我能做到，你也必须做到”的标准去要求他们。不妨想想过去的自己：曾经，当你也还只是一个小职员时，你是什么样的水平？你能到什么样的程度？因为，当我们发展到一定高度后，往往会忘记自己是怎么成长起来的。也许，如果你能时时提醒自己“想当年，我有时也会犯错”，就可以理解下属们偶尔的失误和不成熟了。

第7讲
有爱骂下属的毛病时怎么办

人人都会发怒，这很容易。但是，要在正确的时间，为正确的目的，对正确的人表达愤怒，就不是容易的事了，不是谁都能做到的。

——亚里士多德

骂，指口出恶言，是发脾气的一种极端形式和暴烈态度的表达方式。骂人，每一个人都会，只是骂的对象、程度不同而已。虽说平易近人已成为越来越多官员的“性格”，虽说多数情况下骂人的初衷是为了抓好工作，但正常人还是不喜欢挨骂，尤其是不喜欢挨领导的骂。骂人既失态又失和，容易使下属对领导产生抵触、逆反、怨恨等对立情绪，因此领导一般不宜骂人。如果领导自己有这种爱训人、骂人的习惯该怎么办呢？

现实生活中，有些领导从不骂人，有些领导却经常骂人。笔者认为，对领导骂人还真的不能全盘否定。领导骂人或不骂人，并不是对或错的分水岭，也不是好或坏的试金石。如果自己有爱骂人的毛病，也不必过于自责和不安，可不可以骂，该不该骂，关键是要看骂的动机，是为什么事而骂，骂的目的是什么，骂的效果如何，千万莫随口臭骂、谩骂、辱骂。当不得不骂、憋不住要骂时也要讲方式、讲场合、讲克制、讲对象，真正使骂发挥正能量。

如果自己真有爱骂人的毛病，也无须为此而过度不安，而应从自己骂人的动机和有效性上反思自己。

先说骂的动机。俗话说："打是亲，骂是爱，不打不骂才是害。"一个领导，如果总怕得罪人，怕丢了选票，怕被打击报复，从不敢骂人训人，搞一团和气，做老好人，那么反倒让人感到担心。如果骂人是以下几种情况，也属情有可原，骂就骂了，不必计较。

（1）警示性的骂。骂是为了鞭挞假丑恶、歪风邪气、违法违纪现象或行为，有益于工作和事业，那么就应该理直气壮地骂、旗帜鲜明地骂、痛快淋漓地骂。唯有如此，才会起到振聋发聩、强化印象的警示作用。

（2）关爱式的骂。如果骂人是出于对下属的疼爱、关心，是用心良苦的，那么这样的骂不仅没有损害领导的良好形象，而且还会为其增光添彩。

（3）解气式的骂。有的领导因为下属工作生活中出现了差错、失误，或工作毫无起色、完不成任务，肚里的窝囊气涨得难受，难免骂人，不骂不足以解气，不骂不足以引以为鉴，这样的骂可以称为"出气骂"，也属可以谅解。

（4）敲打式的骂。"骂人出效率"是一些官员坚守的一个管人之道。出现这种现象，也是有原因的。因为往往领导一着急，一骂人，下属的精神就立马高度集中，工作质量和效率都会在短时间内得到一个飞跃。这一效应给人的直观印象，就是领导一骂，没做好的事做好了，做不到的事做到了，似乎骂人确实非常管用。有的领导自己也感到，如果不对下属要求严格一点，不经常敲打敲打，时间一长下属就会疲沓、散漫，甚至吊儿郎当，耽误工作。所以，他们就会把"骂人"当作工作的一个重要方法。

（5）恨铁不成钢的骂。领导对自己身边的人，对亲近自己的心腹之士的骂，即使在形式和内容上是真骂，但在本质上是假骂，是恨铁不成钢的骂，是爱中有恨的骂。这样的骂，是领导对下属的疼爱、保护。下属面对领导这样的骂，不但不会心生怨恨，还要在内心中感谢领导把你当成了"自己人"。

但那些习惯性的谩骂、撒威式的大骂、发泄式的臭骂、泼妇性的辱骂、攻击性的对骂是无论如何都不应该的。以上这些极端的骂最伤人自尊，也最毁领导自身形象。作为领导，任何的人身攻击和人格侮辱都必须避免。这不但关系到下属的承受力问题，也关系到领导的自身问题。我们不能说随意骂人的领导就不是好领导，不骂人的领导才是好领导。尽管古今中外有不少喜欢骂人的领导成就了大业，但是笔者认为，随意骂人的领导一定不是合格的领导。

领导随意骂人有很多危害。一是有损领导个人形象。随意骂人，只能说明你不沉着冷静，缺乏正确而又适当的工作方法，没有领导的风范。二是影响上下级关系。领导骂人，挨骂者有的会接受，有的却不会接受，不能接受的人会认为你这是对他泄私愤、打击报复，会认为你不尊重他的人格，伤了他的自尊心，会认为你要权威、摆派头，仗势欺人，从而与你离心离德，产生抵触和对抗情绪。脾气温和的也许表面不吭声，任你怒骂，但心底里却怨恨你；脾气暴躁的会当场与你顶撞或对骂起来，从而导致你们之间矛盾越来越深，关系越来越僵。三是影响工作。当挨骂的人对你产生抵触和对抗情绪时，他们就会将这种情绪带到工作中去，要么消极怠工，做一天和尚撞一天钟，要么不服从指挥，不服从安排，该做的工作不做，本可以干好的事干不好，甚至背后给你添乱子、捅娄子，从而给部门和单位带来损失。

既然如此，那么为什么有些领导还是爱骂人呢？一般有客观和主观两方面的原因。从客观上讲，有的下属确实做了不应该做的事，实在令人气愤，领导不骂不足以平息心头之火，不骂不足以使下属悔悟。从主观上讲，则有多种多样，比如，有的为追求个性，把骂人看作是直率和敢作敢为的个性体现，是独特的工作方法和工作作风的展现：你看我敢爱敢恨多直率，有话当面说，要骂当面骂，不在背后搞小动作，这就是我，我就是这种脾气，我就是这种风格；有的为树立权威，认为领导骂人，这是天经地义的事情，是权力的象征，是威望的展现，有权的骂无权的，权大的骂权小的，骂人者威风八面，挨骂者颜面扫地；有的为推动工作，认为玉不琢不成器，人不骂不听话，只有通过骂才能使下属服从自己、依附自己，才能推动工作、完成任务，你不骂他，他不会听你的；有的为关心爱护，认为打是亲，骂是爱：我信得过你，你是我身边的人，我才骂你，我骂你，是看得起你，是对你的关心和厚爱，我不信任你，我是不会骂你的；有的为一时痛快，把骂人当作一种享受，骂起来眉飞色舞，酣畅淋漓，骂完后再津津乐道，扬扬得意，等等。

可以说，凡是太爱骂人的领导，都是讲究人治的领导。凡事全凭他自己的个人爱好，什么好、什么不好，并没有统一的标准。真正懂管理的领导，虽然可能也常骂人，但同时更关注制度的建设，关注自己的表率作用，骂人是骂人，但该拼命的时候自己绝对冲在前头。如果一个组织的领导只会骂人，而忽视了最重要的一面，那肯定带不出真正过硬的队伍。

“待人处事，在一收一放之间，必须拿捏得恰到好处。”日本经营之神松下幸之助骂人的理论是：该生气就要生气，该责骂就要责骂，千万不可矫揉造作，因为责骂是进步的原动力。国外心理学有所谓“斯德哥尔摩综合征”，即“受虐快感”心理。领导的骂也是一种“语言施虐”，在一种特定的情景和氛围下，久而久之，下属承受的“骂”与骂后得到的关爱连接起来，会逐渐产生某种亲切感和心理依赖，有一种受关注和被寄予厚望的感觉。

无论如何，在崇尚民主、自由、平等、权利、法治的现代社会条件下，领导的骂适用范围越来越小、适用的对象越来越少，而运用的艺术要求则越来越高。责骂下属，每一位老板都会，难就难在收尾：非但要让下属知道你是爱之深，所以责之切，而且还要搬来一个大楼梯，让两个人一块儿走下来。憋不住又必须骂人时，要提高骂人的有效性，一定要注意以下几点。

1. 注意事由

一方面要看事大事小，凡事关全局、事关原则、性质严重的大事，如果实在憋不住了可以骂几句；凡微不足道的小事、一时疏忽的细节、无关大局的过错，能不骂则尽量不骂，切不可大事小事想骂就骂；另一方面要看原因，一件事情的过错，有主观原因，也有客观原因，领导在骂人之前一定要调查清楚，如果是下属主观原因造成的，且屡教不改，损失巨大，那就该骂，以让他警醒，认识到后果的严重性；如果是客观原因造成的，就不能骂。切不可不问原因乱骂一气。

2. 注意场合

领导一般不要在人多的场合特别是人多且气氛热烈的场合骂人，尤其不要当着被骂者的下属或亲朋好友的面骂。要骂也要在小范围内、人少的时候甚至与之单独交流的时候骂。

3. 注意时段

不是随时想骂就骂，选择适当时机责骂才有效。以下三种就是不适合责骂的时机：一是做错事的下属主动承认错误，并提出改善之道时；二是下属发现自已犯错，心情沮丧，正力图补救时；三是下属因私人问题或健康因素，无法集中精神，导致失误时。此外，从时间上讲，已经过去了的陈芝麻烂谷子的事不要翻出来骂，也不要将你已经骂过多次、他已经多次检讨且已改正的事拿出来再骂。

4. 注意对象

骂人必须分清对象，一般而言，上级不宜骂（恐怕都不敢骂），那样会吃罪不起；一般群众不能骂，那样会担待不起；同僚不宜骂，那样会内耗不起；媒体不能骂，那样会承受不起；陌生者和关系疏远者不宜骂，那样别人会记在心上，裂痕弥合不起；下属的下属不宜骂，那样会失身份，丢人不起；那些年龄较大、资格较老，又是偶尔出一次错的下属不宜骂，那样会容易弄僵。领导骂的对象主要是那些需要进行激励或规范的下属。

但要注意，即使骂下属，也必须要理直、身正、情切、事明，避免被人把骂理解成打击报复和故意给“小鞋”穿。

5. 注意分寸

领导骂人也得有理、有节、有尺度，讲究方式方法，讲究文明，使挨骂者心服口服。如果你大发雷霆，气势汹汹，摔杯子，砸凳子，看似起到了震慑作用，也许他口服心不服；如果你脏话连篇，痞话成章，长篇大论，乱翻旧账，用诸如笨蛋、浑蛋之类的字眼，似泼妇骂街，伤其人格和尊严，伤及其家人和亲戚，那样更会适得其反。

特别要注意不能形成对骂的情况，即使你作为领导，而且道理全对，他作为下级，而且完全是无理取闹，也不能与他争吵、对骂。你不跟他吵，并不说明你不占理，也不表明你惧怕他，关键是没有必要非要通过争吵对骂来解决问题。因为一旦争吵起来，就不仅仅是你与这个下级之间的矛盾了，而是矛盾扩大升级，所有的人可能对你的印象都要降低一个层次，甚至大打折扣，下属表面上可能不说什么，但会从心理上小看你——因为你被某个下级骂得狗血淋头。所以，骂人一定要注意分寸，不能过度激怒对方，不可把话说得过硬，不可把话讲绝。要知道，在下属看来，领导讲话的分量极重，他们对领导的话非常在意。

6. 注意骂后安抚

责骂与怒骂是两个截然不同的行为，责骂是提出问题、找出对方成长的可能性，陪伴他一起成长，而怒骂只是随意发泄情绪而已。因此，在骂人时应透露出“我认同你，希望你进步，正因为你有潜力，所以才说你”的想法，将责骂变成良药苦口。另外，很多情况之下，领导“骂人”并不是一种有意识的行为。在外部激烈的竞争环境中，领导往往要比其他人承受更大的精神压力，这种情况下，他们很难完全控制好自己的情绪，不自觉地骂人也就在所难免。事情过去之后，他们也有“后悔”的感觉，但为了维护自身的“光辉”形象，一般不会当面认错，只能寻找适当的机会来弥补。所以，一气之下骂了人，不可一骂了之，待心情平静之后，要主动对挨骂者进行安慰，讲清骂的理由，使挨骂者理解，心服口服。会发火的领导必须同时学会救火、熄火。所以，不怕领导发火，只怕一发不可收拾，造成两败俱伤的局面。

第8讲
爱对下属发脾气怎么办

以力服人者，非心服也，力不赡也；以德服人者，中心悦而诚服也。

——《孟子》

由于脾气性格的原因，有些领导特别容易发脾气，经常对下属严厉训斥和批评。有的人认为，这是领导对工作负责任的表现；也有的人认为，现在是民主社会，领导不能发脾气，而应和风细雨。那到底领导能不能发脾气呢？如果自己有这种倾向，又该怎么克服呢？

在现实生活中，我们经常看到，有些领导在下属面前盛气凌人，动不动就训人，稍不如意就火冒三丈，看谁不顺眼就吹胡子瞪眼，使人望而生畏。对他们来讲，似乎不训人就表明自己没有魄力，在下属面前就没有威信，不摆点架子就不像领导。但有的训人训不到点子上，让同事和下属小瞧了自己；有的训人时把话说得过死，把事做绝，等等。这种乱训人、瞎训人最让下属不齿，是一种缺乏涵养、缺乏民主、缺乏理智、心理素质欠佳的表现。领导自己必须对此有充分的认识，不能认为这只是单纯的性格、脾气问题，而是事关自身形象和下属积极性的大问题。

还有的人在被提拔前随和谦逊、彬彬有礼，可一旦职务提升，脾气就不断见长，颐指气使、百般挑剔、动辄训人，让下属无所适从。表面看来，好发脾气、好吹胡子瞪眼地训人，似乎只是一个人的性格问题，不必大惊小怪，但深究起来，却未必如此简单。“官升脾气长”的表现各异，或忘乎所以、趾高气扬，或摆官架子、威风十足，或自以为是、以权压人，或大弄权位、呵斥下属，但有一点是共同的，那就是平等意识在丧失，平常心在淡化，高人一等、高高在上的思想在滋长。这显然不是单纯的个性问题，归根结底是思想上出了问题，是涵养和理智缺乏的问题，是事业心和责任感不足的问题。

但有些训人在合理之列，不能一概否定。因为几乎每个单位，总有那么几个落后的分子，或者屡教不改，或者我行我素，或者谋取私利，或者不听指挥，或者挑拨离间，或者无事生非，对这些人，不发脾气不足以表明领导的态度，不发脾气就不能震慑对方，所以该发的脾气一定要发，该厉害的时候必须厉害，否则，必然影响自己的威信。

所以，对待领导的爱发脾气，也要客观看待。人都是有脾气的，领导也不例外。不能说爱发脾气的领导就不是好领导，不发脾气的领导才是好领导。其实，“会发脾气”的领导才是好领导。好领导与坏领导是不能单以脾气好坏来衡量的。

领导科学告诉我们：领导是属于容易发脾气，但又是最不该发脾气的人。人在职场，只有善于控制自己的脾气，学会适度忍让，才能体现一名领导的风度与涵养。领导乱发脾气，一是有失风度。脾气一上来，怒发冲冠，面红耳赤，语无伦次，如好斗公鸡，长此以往，威信日下，何以驭下。二是易办蠢事。脾气是情绪化的极端表现，情绪走向极端之时也是理智趋于最低点的时候。三是伤身体。怒则伤肝，气血上冲易引发病症。可见要当好领导，首先要管好自己的脾气，普通人有时发发脾气不失为一种情绪的自然流露和宣泄，发完了大有一吐为快的感觉。可是当领导的，实在不该逞一时之快。

但是，不乱发脾气不是说不可以发脾气。作为主要领导厉害点不要紧。从普遍规律看，主要领导脾气厉害的，带出的班子大多队伍纪律严、作风强。所以主要领导厉害，爱发脾气，不是什么大毛病，有时还是必须的。但是，厉害的领导一定要把厉害用在正道上，用在工作上，千万别用在打击报复人上。只要自己一身正气，对人对事要求严，尽管大家有时吃不消，甚至有怨言，发牢骚，但都能理解甚至还会从心底里佩服这样的领导。

往往可以发现一个十分有趣的现象，有些脾气很凶的领导不仅会给组织带来良好的业绩，而且会培养出优秀的人才。杰克·韦尔奇曾被《财富》杂志评选为“美国十大最强硬的老板”之首。有人称他使用提问题的方式“批评”“贬损”“取笑”“嘲弄”他的下属，但通用电气却被称为“人才机器”。有人估计，在世界500强企业里，大约有170多位CEO是从通用电气中出来的，这与他的培养是分不开的。

美国前总统理查德·尼克松对待下属更是粗暴无礼，他经常会用诸如“品性不端的私生子”“懦弱”“傻瓜”“哑巴”等词语谩骂自己的下属，但他却为美国政府培养了众多的领导人才，这当中包括后来的总统、五位政府国务卿、五位国防部部长、一位参谋长联席会议主席等。所以，爱发脾气的领导不一定就是坏领导——爱发脾气的领导有其好的一面。

多数领导是属于那种有本事也有脾气的人，都存在一个通过加强修养以驾驭自己脾气的问题。一个出色的、有大本事的领导一定是能够驾驭自己脾气的人。他们轻易不发脾气，但一旦发起脾气来，会令下属内心震动，心服口服。从一定意义上讲，这样的领导才是真正的领导，是干大事的领导。

学会管理愤怒这位职场大敌，与提高工作效率一样重要。要想把事情办好，不但要讲究办事的技巧和方法，心理素质也是一个关键。一个人的情绪反应，往往反映出自己的心理素质。心理素质过硬的人，胜不骄，败不馁，能够控制自己的情绪，能够帮助自己走向成功；而被自己情绪控制的人常常难于自处，在喜怒哀乐之中来回转化，失去自我，最后一败涂地。做自己情绪的主人，方能为人所不能。一个不会愤怒的人是庸人，一个只会愤怒的人是蠢人，一个能够控制自己情绪、做到尽量不发怒的人才是聪明人。控制好脾气要做到以下几点。

1. 清楚自己的性格

必须十分了解自己的性格弱点，明白什么人、什么事、什么话、什么场合会让你的情绪不好。特别是一些领导，他们的经历、身份、地位、家庭、权力、义务和责任等内外环境所造成的压力与困惑时常会影响情绪，所以要想控制情绪就要抹去职务的光环，在喧嚣的赞美颂扬声中冷静下来，在遇到矛盾、问题甚至挫折时保持清醒。要怀有一颗平常心，多一些理智，少一些冲动。别把自己看得太重，也别把自己看得太高。此外，还要养成反思的习惯，每天对自己的工作进行反思，这种反思不是让自己陷入一种难缠的人际关系怪圈，而是为了让自己了解情绪产生变化的原因，从而更好地调整控制自己的不良情绪。

2. 提高自我情绪管理能力

俗话说："一急三分疵。"成功的最大敌人乃是缺乏对自己情绪的控制。愤怒时，不能遏制怒火，就会使周围的合作者望而却步；消沉时，放纵自己的萎靡，就会把许多稍纵即逝的机会白白浪费。消极情绪若不适时疏导，轻则败坏情致，重则使人走向崩溃；而积极的情绪则会激发人们工作的热情和潜力——各种情绪不同程度地影响着员工的工作和生活。情绪管理，就是用对的方法，用正确的方式，探索自己的情绪，然后调整自己的情绪，理解自己的情绪，放松自己的情绪。情绪管理要求我们要辨认情绪、分析情绪和管理情绪。工作并快乐着，这是情绪管理的目标。

3. 理义之怒不可无

"气血之怒不可有，理义之怒不可无"。领导并不是必须永远保持端庄稳重、平易和蔼。为个人意气发火是不对的，但为真理、为正义而动怒却是理所当然、必不可少的。对吃硬不吃软的下属，对有过错的人，必须以发脾气压住对方。在原则问题上，在事关重大的问题上，在下属失职、渎职等问题上，领导发怒对当事人具有制约性和震撼力，对旁观者也有警诫作用，有利于问题的解决。这类动怒是领导忠于职守的表现，只要不搞人身攻击和谩骂，也不能算是失控。

4. 有发火还要有善后

上下级之间的感情交流，不怕波动起伏，最忌平淡无味。有发火有善后，有批评有交心，这正是一种雨过天晴、刚柔相济的领导方法。有经验的领导在这个问题上，既敢于发火震怒，又能留点补偿的余地；既能狂风暴雨，又能和风细雨，做到大事认真、小事随和，不轻易发火，发火就得叫人服气，能“拿住人”，足显领导的威严。在大是大非问题上，在生死攸关的经济问题上，适当发怒，可以起到震慑人心的作用，不发火反而不能显出领导的威力。另外，发火要与热诚的关怀帮助联系在一起，在下属中形成“自己虽然脾气不好，但心肠热”的形象，从而使发火得到人们的理解和赞同。

5. 真正地关爱员工

依赖于自身职位职权的领导是所有领导类型中最弱势的。在这种领导手下的员工或许很强势、雄心勃勃、富于创造性，也很有斗志，但他们很难保持这种状态。员工情愿付出努力的程度与领导对他们的关爱程度往往呈正相关。当他们跟随领导是因为他们不得不这样做的时候，他们只会做那些他们不得不去做的工作，而不会为他们最不喜欢的领导付出最大的努力，他们付出的往往只是不情愿的服从，而非勤恳奉献；他们或许会伸出援手，但那绝不会是真心的。他们往往付出刚刚好的努力，正好确保自己通过检查，获得报酬并保住工作。所以，更多地给予员工关注、关爱、关心吧！少发点脾气，不要以自我为中心，否则，员工心会慢慢地变凉。

第9讲
掌握不好授权的尺度怎么办

你如果想做一个成功的领导，就必须懂得授权。因为人才潜能的发挥程度取决于领导的授权能力。

——西奥多·罗斯福

授权是领导通过为下属提供更多的自主权，以达到组织目标的过程。授权过程是领导智慧和能力的扩展和延伸，是领导工作科学化和艺术化的过程。“帅才善点将，将才善点兵”，领导作为挂帅的人物，必须掌握“分身术”，即把一定的权力授予下属，实行分而治之，这就需要学会授权。

从某种意义上说，授权是领导最核心的问题，也是简单管理的要义。但是，授权又是一门艺术，掌握不好尺度，授权不足或过度授权，极易出现各种问题。许多领导常常因为掌握不好授权的尺度而大伤脑筋。导致领导授权失败的因素主要有如下几个方面。

（1）不情愿的授权。有的领导能力很强，但却只相信自己的能力，不信任下属，因而不愿授权。有的领导能力不强，担心授权后局面失去控制、被架空，也不愿授权，从而陷入事必躬亲的误区。

（2）武大郎式的授权。有的领导畏惧下属的潜力，不愿接受或不能接受下属能力比自己强的事实。有的领导气量狭小，担心“让下属干得越多、越出色，就越显得我无能”。这种嫉贤妒能严重阻碍了授权艺术的运用。

（3）含糊其词式的授权。在向下属授权时总是不明不白的，使得下属不得不揣摩授权人的真正意图，工作放不开，畏首畏尾地开展工作。

（4）三心二意式的授权。有的领导口头讲信任，实际不放心；上午把权力委托给下属，下午又借故把权力收回去，弄得下属无所适从。久而久之，下级就会对上级产生一种不信任感。

（5）截留式的授权。领导担心他授出的权力会被滥用，或者认为完成某项工作不需要那么多的权力。因此在授权时，只授其应授权力的一部分，使得下属无法正常完成交给的工作。

（6）空头支票式的授权。这类授权人名义上将权力授予下属，但实际上却千方百计阻挠下属运用他"已授予"的权力，无形中化解了他授给下属的权力。

（7）放任式的授权。领导给下属授权之后，好像工作就算完成了，只等下属来向自己汇报工作成果，对下属工作的进展情况不闻不问。

（8）遥控式的授权。领导对授权人不放心，因而不断地检查工作，处处插手，使下属畏首畏脚，不得不完全按照领导意思办事。

以上授权方式无疑会造成更大的混乱。因此，领导在给下属授权的过程中一定要掌握行之有效的方法。一般而言，授权的方法分为：充分授权、不充分授权、弹性授权和制约授权。

（1）充分授权，也叫一般授权。指领导在下达任务时，允许下级决定行动的方案。领导将完成任务所需的人、财、物等权力完全交给下属，并且允许他们自己创造条件，克服困难，完成任务。充分授权能极大地发挥下属的积极性、主动性和创造性，并能减轻领导不必要的工作负担。

（2）不充分授权，也称为特定授权。指领导对于下属的工作范围、内容、应达成的目标和完成工作的具体途径等都有详细规定，下级必须严格执行。

（3）弹性授权，又称动态授权。当领导面对复杂的工作任务或对下属的能力、水平无充分把握，或环境条件多变时，常采用弹性授权法。当下属有了一定工作经验，但技能还比较欠缺的时候，也可以采取弹性授权，即不定时地交给他们一些具有挑战性的工作，同时给予他们相应的工作支持，领导这时扮演的是教练员的角色，把下属扶上马，言传身教，让下属尽快成长起来。

（4）制约授权。指领导将某项极为重要或繁重的任务职权分解以后，授给两个或多个下属，使下属之间产生互相制约的作用，以免出现疏漏。

（5）逐渐授权。当领导对下属不完全了解或者没有十足把握的时候，可以考虑从易到难、逐步授权的方法，先进行简单的、小部分的授权。经过一段时间的考察和评估后，逐步过渡到复杂的、完整的工作授权。如先以“代理”职务等非授权形式试用一段时间，以便对下级进行深入考察。当下属符合授权的条件时，才授予他们必要的权力。

授权并不是领导的一时兴起，授权的内容也不仅仅由需要完成的任务来决定。授权要做到以下几个方面。

1. 合理授权是基础

合理授权应注意六个方面，一是要选择合适的授权对象。被授权对象应该在品行方面值得信任，有积极热情的态度，敢于付出，敢于承担责任，同时具备真才实学，不然就可能导致马谡失街亭的悲剧。二是授权内容要合理。不要授予下属不该授予的权力，不要授予超越下属能力的权力，大的权力还是要独揽的，否则会使局面失控。三是授权要明确。该做什么，不该做什么，在什么时限内完成，要明明白白、清清楚楚。四是要分步骤地授权。必须给下属一个成长的过程，随着下属工作能力和经验增长，在合适的时机授权。五是不要重复授权。重复授权的恶果就是没人承担责任，也无从追究责任。六是对于有挑战性的工作要多授权。如果将授权范围限定于例行性工作，就意义不大。

2. 权力的收放要掌握一个度

领导的履职能力，从根本上讲是用权的能力，用权的核心是握权与授权。握权注意适度，授权恰到好处，用权把握分寸，这就是我们经常说的大权独揽，小权分散。一个领导如果过于超脱，缺乏脚踏实地的工作精神，一味地当“甩手掌柜”，把权力完全放下去，时间长了，不但本职工作疏忽了，对组织内部的情况更是一知半解，下级也容易各自为政，只考虑局部不考虑整体，组织的工作效率就会降低；而如果把权力完全集中起来，决策的速度快了，力量更集中了，但是不能调动下级的积极性，而且没有了集体智慧的支持，决策就容易出现偏差。所以要在收放之间掌握一个度。对于例行的、风险小的、结构化好的、重要程度低的、有定论的事情，就可以放一放；对于例外的、风险大的、不确定性强的重大事件，就要收一收。

3. 授权中也要有提防之心

领导授予下属的只是权力的使用权，而非所有权。领导如果对人完全不信任，就会无人可用；而有些人，你一信任他，他就开始骗你。凡是骗你的人，都是你曾经信任的人。你不信任的人，也骗不了你。而且，人是最复杂、最善变的，其忠诚度是会变的，他昨天对你忠心，今天对你忠心，并不表明他明天继续对你忠心。

更何况，有些人一旦把权力交给他，其野心就会随着权力的增加而逐渐膨胀，权力一大，野心也就大了。翻开历史来看，所有的奸臣几乎都是从忠臣变过来的。所以，领导授权后，要保留指导权、检查权、监督权、修改权，防止下属因得到授权而争权、弄权和滥权，既使自己安心、放心，又使被授权者专心、尽心。

4. 掌握授权的例外原则

忙于日常事务，对什么事都不放心、什么机会都要出头露面、什么事都要过问、用人老是疑心的领导，不是一个好领导，而可能只是一个守摊子的庸才，充其量不过是个将才、干才，绝难当帅才，更难给本单位带来根本的变化。领导用权原则之一是例外原则，即领导只管条例、规章制度中没有规定的例外的事情，把一般日常事务处理权授权给下级，自己只保留对例外事项，即重要事项的决策与监督权。这样，既能保证正常管理工作的稳定，又能应付特殊性的例外管理工作。

5. 有效控权

授权与控权是矛盾的两个方面，既相互联系又相互制约。授而不控，就是弃权；控而不授，就是专断。领导在依据下属职权范围充分授权的同时，必须对所授之权实施有效的控制和监督。有人总结了授权三要害，一是要会“画圈”，即授权时，要给下属讲清楚行使权力的范围、时效和调动资源的多少；二是要学会“画饼”，就是告诉下属，做好了有什么好处，完不成会有什么后果，指明方向；三是要会“画叉”，这是最要紧的，就是在授权之后，还要随时监督，关键环节要有否定权。

第 10 讲 魄力不足怎么办

夫水行不避蛟龙者，渔夫之勇也……知穷之有命，知通之有时，临大难而不惧者，圣人之勇也。

——《庄子》

魄力，指工作和处事所具有的胆识和果敢的作风，魄力虽然是外在的，但却是一个人能力素质、性格特征、个人魅力的综合体现。对领导来说，魄力是一种必不可少的、极为重要的内在素质，果断决策的领导往往比那些做事犹豫的领导有更多的成功机会。

古人云："难得而易失者时也，时至而不旋踵者机也。"优柔寡断容易错失机遇，遇事不决常会降低效率，谨小慎微导致裹足不前。有些领导因为没有魄力，而难以克服各种困难，在单位中打不开局面；因为没有魄力，而难以冲破旧条条、旧框框的限制和束缚，不能冲破保守、落后和因循守旧的心理障碍；因为没有魄力，而难以顶住来自各方面的压力和攻击；因为没有魄力，而难以在下属中树立起自己的高大形象，难以形成强大的合力；因为没有魄力，而一次次贻误时机，错过发展的机会。许多领导因为自己缺乏魄力而陷入深深的苦恼和自卑之中。

魄力从哪里来？魄力是上级给的吗？不是。上级组织只能给你职位和权力。魄力与权力虽相伴一生，但两者有着本质的区别。魄力是一个人处理和对待问题时，能发挥自身能动性，忽略不重要细节对整体的影响而做出的正确决定或选择，关键是他能够显示自身才干、自身思维、自身特点，从不拖泥带水。他从容干练，有一定的鼓动性或带动性，有一种人格魅力。魄力既不是自己喊来的，也不是自己要来的。喊得越多，只能证明其人无能却显威。如果只一味地喊下去，不仅喊不来魄力，恐怕连手中的权力也终将被“喊掉”。魄力的获得途径应该说只有一条，就是通过自己的实践去树立、去助长、去提升、去增强。

权力和“拳力”是不会自动产生魄力的，有权力的人并不意味着他就一定有魄力。魄力的养成需要广博的知识、敏锐的观察、缜密的思维，需要洞明世事的经验与置生死于度外的胆气豪情。有魄力的优秀领导，也许会很严厉，但他们严厉是因为他们知道为了组织的整体利益必须这么做。而无能和蠢笨的人，只知以暴政代替领导。两者之间的差别在于，真正的领导能看到现实，尊重别人，而且会竭力解释他的行动，帮助人们理解残酷与魄力之间的区别。在许多组织里，有魄力的领导不但受上级领导的器重，而且受下属的爱戴，因为魄力是人们需要他们的领导显示的东西。

另外魄力不一定体现在作风硬、胆子大、敢想敢干上。对领导来说，魄力更多地体现在决策的胆略和果断力上，体现为一针见血地切中问题的要害，相信自己，力排众议，做出大胆和及时的决定，体现为在关键时刻的大智大勇，体现为智慧与坚毅的结合，体现为在不确定的复杂局面中敢于冒险并承担巨大的压力和责任，同时还包括承认失败和错误的勇气。对领导来说，在关键时刻能经常作出英明、果断的决策，其效果往往会强于自己平日长时间的外在表现。

有时候，柔中有刚也是一种魄力。庄子将“勇”，即魄力，分为好几个层次：“夫水行不避蛟龙者，渔夫之勇也……知穷之有命，知通之有时，临大难而不惧者，圣人之勇也。”其实，真正的魄力在于深思熟虑后的一言九鼎。魄力，要靠百折不挠的强大“内力”，靠精华内蕴的“底气”，靠绵里藏针的“灵机”，是智慧与坚毅的结合。最高境界的魄力是“圣人之勇”，即通晓自然和社会发展规律，善于把握时机、通达权变、临危不惧、刚柔相济，在抉择的时候能清醒地剔除武断，在权衡时自觉地避免霸道，在开拓中有效地克服鲁莽。

在对魄力的认识问题上，一定要避免以下几个认识误区。

（1）把鲁莽当魄力。有的人锋芒毕露、咄咄逼人，办事风风火火却错误连连。有的人遇事不做调查研究，也未经慎重思考就乱下结论、盲目拍板，不可谓胆子不大，但这并不是有魄力。纵观古今成大事者，在其披荆斩棘的开拓进取中，恰恰与谨慎处事分不开。谨慎并非优柔寡断的代名词，而是深思熟虑使然。

（2）把武断当魄力。刚愎自用，遇事不分析、不论证、不计后果，只要脑子一发热，不管同道者意见如何，不管符不符合客观实际，总要一锤定音。刚愎自用，会使人在自以为是的迷雾中丧失理智，作出错误的决断，给事业带来惨重损失。

（3）把霸道当魄力。嫉贤妒能，明知别人的意见是对的，可偏要指鹿为马、排斥异己，以显示自己的权力和“高明”。魄力，并非要锋芒毕露，咄咄逼人。魄力的产生不是凭“形于色”的张力，而要靠精华内蕴的“底气”与绵里藏针的“灵机”。

（4）把狂傲当魄力。“井底之蛙，断言无小”，是目光短浅的愚见。无论是什么人，若自居其功，自恃其才，往往会在自以为是的感觉之中步步陷于主观臆断的泥潭。

（5）把义气当魄力。办事无原则，不管事情该不该办、能不能办，只要别人求到自己了，看得起自己了，就大包大揽，拍胸脯，打包票，讲所谓的哥儿们义气。

（6）把吹牛当魄力。有的领导做工作只是为了应付和讨好上级，干工作时，用喊口号来体现落实指示的坚决，用大场面来体现开展工作的扎实；汇报工作时，把准备做的说成是已经做的，把一项工作好说成是全部好。特别值得注意的是，极少数人还不以为耻、反以为荣，把自己敢于和善于弄虚作假而不脸红当成是有能力、有魄力。

（7）把脾气大当魄力。有的领导听不进不同意见，下属说的和自己想的不一样，就要训斥指责；下属做的和自己要求的不一样，就要臭骂一顿，以此显示自己能力高、水平高、要求高、标准高，显示自己抓工作有力度、有魄力。

当领导就必须有一种魄力，像乐队的指挥一样，有一种使下属跟随自己的凝聚力。这种能力不是与生俱来的，而是在社会生活中学习、磨炼出来的。怎样才能成为一名有魄力的领导呢?

1. 以品德树魄力

品德是人的灵魂，是人生的基础课，人人都要有高尚的品德，并且地位越高越要有高尚的品德。领导要以品德树魄力，既要注重修心立德，力求品德高尚，做到平民化；又要“仰以畏天，俯以畏民”，相信因果报应，起心动念都要以人民的利益为重，克己奉公，报效国家，报效社会，为民谋利。

2. 以才能生魄力

能力是魄力之基。没有能力作内核，魄力就会表现为有胆无识、鲁莽行事，武断而不是果断；没有能力作翅膀，魄力就只能在地面跛行，根本无法飞上蓝天；没有能力作骨骼，魄力就是一尊泥塑，经不起狂风暴雨和时间的冲刷。其实，魄力是把“双刃剑”，必须有能力作剑柄，这把剑才能为我们披荆斩棘，开辟道路；否则，就可能伤着自己，危害他人，影响工作。对大多数领导来说，他们所缺的不是魄力，而是能力，魄力不够也主要是因为能力不够。一旦能力强了，说话的底气就足了，办事的效率就高了，决策的思路就清了，魄力自然就大了。比较而言，提高能力显得更为紧迫，更为重要。

3. 以干练展魄力

当断不断，必受其乱。干练不仅是领导的一种作风，也是其对事业的一种态度。一个拖泥带水的领导必将带出一支散漫无序的队伍。领导树立身先士卒、立说立行、敢为敢当的干练形象，不仅会提升自己的威信，而且会形成一种无声的魄力。在千头万绪的纷繁工作中保持那种干练的魄力，就能在处理各种急、难、险、重的任务和突发性事件中处变不惊、掌握主动、应对自如、化难为易。

4. 以公心助魄力

这里所说的“公心”，是指在领导实践活动中，一定要敢讲真话，不讲假话，做到公开、公平、公正、公道。只有事事出乎公心，内心才会有底气，有了底气才能有魄力。否则如果私心太重，就会心里发虚，则难有魄力。领导工作的实践表明：领导能公道处事，就能聚人、聚心、聚财、聚威；倘若领导办事不公，就会导致离心、消极、涣散、丧威。

5. 以诚实显魄力

历史事实说明：人无诚信不立，家无诚信不和，业无诚信不兴，国无诚信不宁。一个诚实守信的民族，才能跻身世界民族之林；一个诚实守信的国家，才能为国际所信赖；一个诚实守信的领导，才能尽显魄力。缺乏了诚实则缺乏自信、缺乏底气、缺乏员工支持，还何谈魄力？

6. 以实干塑魄力

这里所说的以实干塑魄力，绝非提倡领导大事小事，事必躬亲，而是指一定要抓住影响全局的大事，找准工作的突破口，在工作中敢与强的比，敢同勇的争，敢向高的攀，敢与快的赛，带头谋创新、谋发展、谋作为，率领员工苦干实干，不达目的绝不罢休。

7. 以个性彰魄力

政治上是非不明、言谈上含糊其词、行动上不温不火、处事上左右逢源、关键处缄口沉默等个性是领导之大忌。那种老谋深算、“卖关子”、故弄玄虚的领导必将在员工中“卡壳”，不可能有什么魄力。事实上，员工是喜欢与那些“直肠子”“看得顺眼”的领导打交道的，其魄力就自然得以彰显。

第11讲
有越级指挥的毛病怎么办

最好的主管懂得找到人才来做好计划中的工作，而且又能克制自己，在过程中不横加干涉。

——西奥多·罗斯福

如果要问，作为一级领导最怕上级的什么行为，是观点相左还是意见不一？是独断专行还是优柔寡断？是事必躬亲还是撒手不管？也许都不是。大家最怕的往往是自己的上级管得太多，尤其是直接管到自己的手下。明明自己已经吩咐下级往东，而上级却直接指示他往西；明明自己火烧眉毛似地要下级赶紧完成这项工作，上级却偏偏凑热闹般地要派他先完成另一项工作，弄得下级无所适从、焦头烂额，由此工作渐渐消极起来。所以，如果自己是领导，特别是一把手，就一定要认识到越级管理、越级指挥的危害性。不能认为，我官大，我是管全面的，我就有权管理一切，越级也没什么不可的。

笔者认为，上级虽然是管全面的，但并不一定意味着什么事情都可以直接插手。对自己直接下级分管的事情，不是不可以管，但是应该讲求方法，根据权限、职责管事，不能想当然。“一竿子插到底”的做法不仅有伤下属积极性，还会诱发其他不少问题，人为造成工作的被动局面，甚至最后沦为孤家寡人。可以说，越级指挥是不合格领导的一大表现，必须引起高度重视。

班子是单位的领导核心，班子成员之间的团结协作状况如何，直接影响一个班子的凝聚力和战斗力。上级帮助直接下级、为其树威，是一个非常关键的因素。这其中的一个关键之处就是不越级下指令。越级下指令其实也是一种越权。不同层级的领导，应该只决策本层级工作中的问题，如果决定了其他层级的问题，就是越权，无论是上对下，还是下对下，还是下对上，其性质是相同的。一个领导相对于其上级来讲是配角，是决策的参与者，但作为分管一个方面的领导来讲，“夹层领导”又是主角，是决策的执行者。上级如果越过直接下级给非直接下级指令，做出一些应由直接下级做出的决定，就很容易造成混乱。

一是责任对象混乱。责任有一个定量，一方承担多了，另一方承担的就会相应减少；上级越级管理，其所管理内容的责任，自然由越级领导承担，将本来应属其直接下级的责任，变成了领导的责任，致使责任混乱。

二是岗位职能混乱。越级管理等于领导履行了下级的职能，并产生了越权与越位，必然使下级人员陷入职能迷茫，其工作方向和内容就会失去目标，产生岗位职能混乱。

三是管理程序混乱。越级管理之后，直接负责人就会失去对其下属的指挥权威性，这些下属便会自然而然地越级汇报，等待越级指挥，遂变成由“司令”直接向士兵下令，管理必然混乱。

四是管理心态混乱。越级管理，是上级管了下级的事，每一次越级与越位都是对下级负责人的否定，就容易使其失去信心与热情，产生消极情绪，并影响着上下级正常的管理关系，造成管理心态的混乱。

五是组织风气混乱。无论是越级指挥还是越级报告，如果纵容其存在，久而久之就会在组织内部形成越级怪圈，下级期望通过越级报告来获得晋升，上级习惯用越级指挥来显示权威，从而破坏良好的工作秩序和协作氛围。

层级结构、逐级管理是组织管理的一个重要特征。按照“统一指挥原则”，一个下级只能接受一个上级的指挥，即上级不能越级指挥下级，下级不能越级请示汇报，否则就会出现混乱的局面。而且，隶属关系的确定实际就是正式信息渠道的确定。只能逐级管理而不能越级管理，实际就是保持信息渠道的完整性，而信息交流体系的畅通与否，直接影响着组织权威的有效性。

有人总结了上下级关系的六项原则："上级为下级服务，下级对上级负责；下级出现错误，上级承担责任；下级可越级申诉上级，上级不允许越级指挥；上级可越级检查，下级不可越级请示；上级关心下级，下级服从上级；上级考评下级，下级评议上级。"这其中就包含了管理上的一个著名原则："上级只能越级检查，不能越级指挥；下级只能越级投诉，不能越级请示。"意思是说，上级可以随时随地对下级的工作情况进行监督、检查，对发现的问题，只要不是特别紧急，不马上解决有可能酿成巨大损失，上级一般都不应越级向下发号施令，而是找到与此事有关的自己的直接下级，调查了解，弄清真相，双向沟通，寻找办法，然后向其下达解决问题的指示。至于你的指示是否需要向下传达，向谁传达，传达些什么内容，则完全由他自己来决定，作为上级领导你只要定期关注这个问题的改善情况就可以了，这才是真正的解决问题之道。

对此，有越级指挥与越级管理毛病的领导一定要注意以下几个方面。

1. 树立"逐级管理"意识

领导晋升之后，原有的管理思维惯性往往很难改变。更为关键的是，这种管理方式又很容易被下级领导效仿。所以，上级应发挥带头表率作用，破除"土皇帝"意识、家长制意识，规避越级管理，并把这种意识向自己的管理团队传达，以点到线再到面，逐步引导，促使组织中的每位领导都建立起逐级管理思维模式，并落实到日常行为规范中。

2. 让"逐级管理"有章可循

全员上下必须建立一致的管理原则，即不允许越级指挥、汇报，但可以越级投诉。并组织开展宣传活动，让这种理念根植于全员心中，在工作过程中谁都有监督指正权利。领导特别是一把手，要严格约束自己的行为。尤其自己存在严重越级指挥现象时，更有必要建立逐级管理制度并自觉遵守。关键一点就是，职位越高，越要自觉，越要管得住自己，这样一来，时间久了，养成了习惯，管理秩序自然就有条理了。

3. 明确越级管理事项

越级管理是一种不得已而为之的管理方式，各级各类组织应明确越级管理事项，例如，规定下级对上级可以越级沟通，当直接上级“违规”时还可越级投诉，但不可以越级请示汇报；上级可以对下级越级了解情况，但不是指挥，除非是遇上紧急情况，或是直接下级工作能力存在问题但还未来得及撤换时；平级之间可以进行跨部门的协调，而不是指手画脚。应制订权力运行的程序和规范，做到有据可依，克服权力行使中的随意性，保证组织运行的有序性和规范化。

4. 从自身做起

一是要统揽但不包揽。统揽全局，方可全面发展。统揽是一种能力，更是一种胸怀。包揽乃“保姆式”发展，缺乏持久动力。上面越是包揽，下面就越来越“懒”。实践证明，包揽过度的地方，缺乏长久的生机和活力。二是领导要做自己的事。其实，领导特别是一把手，是一个单位的顶梁柱，有许多重大的、迫切的、别人替代不了的事要办，像对上一级别领导、职能部门汇报、沟通工作等事，只有一把手有资格出面，别人出面也不管用，人家也不认。因此，要干好自己该干的事，不能“种了别人的地，荒了自己的田”。三是一把手要管全盘，但不全盘管。一把手对本单位的工作负总责，管全盘，对每项工作都有监督权。但是对监督中发现的问题，并不是说你非要当场予以纠正。应该是发现问题后，及时与分管副职沟通，弄清情况后，由副职予以安排、纠正。

5. 必要时也可越级指挥

值得注意的是，并不是在任何情况下都必须逐级开展管理工作，有些情况就应该排除在外，比如，组织出现火灾或重大生产事故等紧急事件时，为了能顺利处理突发问题，避免造成重大危机或使事件恶化，领导可以临时越级指挥管理；当组织开展大型活动项目，需要大量跨部门人员参与时，也可以打破原来的组织层级，临时统筹安排一个项目主管来统一指挥。但这种越级指挥仅仅体现在这个项目的管理上，其他正常业务仍然要保持逐级指挥的状态，绝对不可以凭借自己一时“位高权重”的优势，有意无意地干涉组织正常的内部管理秩序。

第12讲
有优柔寡断的缺点怎么办

人君唯优与不敏为不可。优则亡众，不敏不及事。

——《管子》

一般领导人都多少会有点强势，或至少是非常有决断力的，真正缺乏主见的领导并不多，但这样的领导的确会让下属很痛苦。领导对待下属的进言或意见，有着不同的态度。有的人表面非常愿意听下属的，显得非常开放而且从善如流，但其实骨子里有自己的判断和主见，只是不愿意打击下属进言的积极性而已；有的表扬下属的进言态度，但只会将下属的建议当作一种意见加以观照；有的领导则是充分肯定下属的态度和热情，同时也明确回应下属的建议，也会有选择性地给出一两个点，让下属知道领导自己的真实想法，也就是说领导会和提建议的人有现场的思想交流互动；大多数领导则是不置可否，表示自己已经听清楚并且会考虑下属的意见，之后领导自己个人去决策；也有极少数的领导不愿意别人进言，态度冷淡，让进言人因无趣而止。但说到底，作为领导，骨子里一般都是有主见的。即使一时对某事拿不定主意，也不会左右摇摆。那些听公说公有理，听婆说婆有理，耳朵根子太软，谁说啥都觉得对、觉得有理，然后错了再改，反反复复的领导，会让下属无所适从。在这一点上说，没有主见、优柔寡断的领导，是很难拢住人心、取得成功的。

在班子生活中，最让班子成员有意见的问题之一是没有主见。因为判断、决断、决策、决定，这是领导的首要任务，是整个领导链条中最关键的环节。正确的决断是成功之本，没有决断，任何任务都无法展开，一切都无从谈起。在一个领导团队中，一把手是主心骨，是最后拍板定案的人。一个杰出的领导，应当具备果断而无畏的天性，而优柔寡断则是领导的致命弱点。在一个领导班子里，如果一把手优柔寡断、思路不对、能力不强、人品不端，其他领导成员再好再有才能，也会是一个软班子、烂班子。

一把手缺乏主见的具体表现和情况相当多，其中最常见的情况有以下几种：

一是被动的事务主义。通常的表现是一事一议，来一个问题，做一个决议；来两个问题，就做一双决议。既不会分类、规范化处理，也不会提前加以预先系统地解决，未能从根本上看问题，不能在力求一劳永逸地解决问题上表现出更大的领导力。

二是低质量、不健康的民主形式。在研究问题的过程中，在讨论问题的会议上，缺乏是非优劣的分辨能力、把握能力和坚持能力；只要有人提出某种意见，就都加以肯定和采纳，而不顾这些意见是否是真知灼见、是否务实客观、是否高明可行，结果是别人说什么是就都是，说什么不是就都不是；刚刚达成了某种共识，又被胡乱的质疑和发难给否了，使班子运作陷入无穷无尽的颠倒混乱和时间浪费的状态之中，把班子的锐气、积极性都磨灭殆尽了。

三是领导原本就是软骨头、老好人。为了把班子“团结”好，明知正确也不敢坚持，结果随风倒、四处去讨好。其实，有时就是看不清问题的实质和走势，把握不住方向和目标，才迷迷糊糊、不会考虑大局。

四是偏顾利害得失的权衡，不惜耍滑头、弃原则，搞“超级平衡”或“势大者为上”。面对单位内不同利益群体、利益行为和利益关系构成的复杂的领导生态环境，不少领导往往都会只从当前的利害得失出发，而不会从原则、是非、好坏等黑白分明的逻辑主见出发，只要对目前局面有利、对自身生涯有利，就顺势而为，广泛进行权谋运作；权谋需要什么主张，就产生并采纳什么主张，与此不相符者一概不予支持，而不在乎意见是否正确、是否更有利于大局，对于坚持正确意见者，或装傻充愣、和稀泥，或用权威去压服。于是，正气就受到压制，民主就遭到排斥，歪风邪气就慢慢产生了。

五是缺乏自信。表现为办事迟疑，遇到问题常常拿不定主意，犹豫不决，反复不定，经常反悔；会上已表态决定的事，会后听了一些人的汇报，觉得有理，又反过来否定决议，既无主见又不民主，搞得下属左右为难。长此以往，必然使下属烦躁，进而引起对工作的反感。

春秋时期，齐桓公与管仲曾围绕君王的必备素质的问题进行过一次坦诚的对话。齐桓公承认自己有贪玩、贪杯、贪色等缺点，问管仲这会不会影响自己成就霸业。管仲回答他：作为君王这些毛病并不是致命的问题，“人君唯优与不敏为不可。优则亡众，不敏不及事。”意思就是说，君王最要紧的问题，一是不能优柔寡断，否则，部下就会离心离德；二是遇事不可愚钝、不敏锐，如果见事迟、抓事慢，就会贻误大事。

三国时期，袁绍曾经是最有实力的一方诸侯，他雄霸河北，地广粮丰、兵多将广，又广揽人才，收养了大批名士，加之又出身名门，做过朝廷重臣，长得一表人才，许多人都认为他或许是最有希望成就统一大业的英雄。然而，袁绍不过是披着虎皮的羊，外强中干，色厉内荏，一事临头，顾虑重重，分不清大事小事及是非利害。在官渡之战的相持阶段，谋士许攸曾向袁绍献一良计，但袁绍却顾虑曹操诡计多端，犹犹豫豫，最后错失良机，未采纳许攸的建议，结果败于曹操之手，不得不退出角逐天下的行列。所以，当断不断看起来似乎稳妥，实际上却潜伏着更大的危险。对于一名领导来说，优柔寡断是致命的弱点。

权力具有向心性的特点。组织当中权力不是平均分配的，而是掌握在部分核心成员手里的，而且在这些核心成员的内部，权力也不是平均分配的，总是有一个人作为核心来做决策、主持大局。再民主的过程，最后也需要集中；再民主的团队，最终也要有一个人出来拍板。善争者争于未争之际，能断者断于两可之间。

没有决断力的人是当不好领导的。古人云："当断不断，反受其乱。""难得而易失者时也，时至而不旋踵者机也。"无论说话、办事、决策都干脆、利落，不犹豫不决，不拖泥带水，不朝令夕改，这些是一个领导才能、魄力最直观的表现。没有人会尊敬或跟随一位胆小怕事的领导。

之所以这么说，一是因为领导工作不是一种完全靠理性完成的工作，在特定情况下，需要的反而不是智慧、谋略、远见、经验等理性的因素，而是胆气、豪情、意志、决心等非理性的因素。又因为人的理性都是有限的，即使是出类拔萃的领导也会存在一些无法预料和无法把握的理性盲区。越是面临生死存亡和成败兴废的重大转折关头，越是难以做到算无遗策。此时敢做的胆气和魄力就比是否能做出正确的判断更重要。二是因为领导活动凡事不可能都做到胸有成竹、照章而行，而需要在不断的尝试和摸索中进行总结和完善，具有典型的试错行为特征。这决定了先冒风险者就会先取得经验，多尝试就可能会积累更多的智慧。敢于冒失败的风险，屡败屡战，需要的就是过人的胆气，这是败中取胜、一战成功的先决条件。三是因为领导活动还是一种高度组织化的活动，领导敢作敢为是赢得组织群体拥戴的重要品格。有胆量、有魄力的领导才会有作为，才可能有担当，才会有统御力，下属才可能对其产生信赖感、敬畏感，才会义无反顾地追随和拥护。如果领导首鼠两端、畏首畏尾，即使有再高的才华和再好的品行，下属也会因为其缺少决断的勇气而觉得靠不住，从而滋生离心和轻慢心理。

决断力不是简单显示领导的权力和勇敢的，而是反映了领导的一种综合能力，包括洞察力、分析力、判断力、学习力、创新力，以及直觉和经验、意志和责任感。决断的过程，不是"眉头一皱，计上心来"，更不是心血来潮，贸然行事，而是需要一套完整的工作程序。增强自己的实力和底气，采取正确的领导方法，不断提高自己的能力，拓宽自己的视野，都是增强决断力的途径。笔者认为，具体应从以下几个方面入手。

1. 大主意一定要自己有

权威的建立和维护要靠自己的所作所为，靠自己的有效操作。克服优柔寡断的缺点，要做到言必行、行必果。说出来的话要掷地有声、毫不含糊，做出来的决策要算数，一锤定音。如果下属说这个不对，那个错误，除非你的决定60%是错误的，也就是主体上都是错的，那是要改正。但如果不是这样，哪怕40%是错的，你也要义无反顾，照做下去。为什么这么说呢？一是因为世界上没有一个决定是完美无缺的，你今天改了，明天可能还会有缺点，还会有其他问题。二是决策的出台是一个系统工程，如果一有人说你的决定不对，你就改变，往往牵一发而动全身，到最后，这个决策会面目全非。三是如果下面一提点意见，领导就马上改变决定，朝令夕改，这样的领导还有什么威信可言？偶尔一回也许无妨，但如果经常这样，这个领导的命令和指示出来，下面就没人行动了。所以，对待下属的意见，不是不能听，但大主意一定要自己有，尽量不改，这样做两次，他们就会明白只要执行就行了，就不会再跟你争来争去了。这样，领导的权威也就树立起来了。

2. 既要多谋，更要善断

足智方能多谋，多谋方能善断。领导的高明不在于他有决策权，而在于他能够集思广益，择善而从。面对不同意见的分歧和不同方案的选择时，作为领导必须有主见，有正确的是非观念和稳定的价值标准，善于对各种意见和方案进行分析、比较和权衡，吸取其中合理的成分，选取其中最有希望的方案，不能人云亦云，六神无主，被纷繁的声音冲昏了头脑。

在实际工作中，最后的拍板定案往往是极其艰难的，它不仅要求领导有丰富的资讯和经验知识，还需要领导具备拍板的气魄。同时，还要求领导具备一定的决策技巧。多谋与善断是一个整体，足智多谋才能拍板，这是领导最重要的特质。谋与断，是对领导工作能力的一个全面要求，两者不可分离。领导是否有能力、有智慧，就看他在关键时候怎么拍板。

3. 决断贵在不苛求完美

领导决策是一项非常复杂的工作，有时如步入茫茫森林，稍不注意就会误入歧途。常见的一种现象是，有些领导往往把决策目标过分理想化，不切实际地追求一种完美的结果，而现实工作中的缺陷和不足，以及决策所带来的某种代价，又使得他们左顾右盼、踯躅不前。还有些领导在关键时刻不敢拍板，前怕狼后怕虎。其实，完全正确、完美无缺的决策在实际中是不存在的，即使犯了什么错误，只要及时发现、改正，就不会造成不可挽回的损失。而过分自我苛求就像一个紧箍咒，往往束缚着领导的想象力和行动力。

4. 拥有敢于担当的精神

没事不惹事，有事不怕事。也就是说，遇到担责任的事要敢于拍板，出了问题要敢于承担责任。自己既然拥有一定的权力，就必须认真履行职责，敢于担当责任，解决问题，推进工作。如果在其位却不谋其政，怕这怕那，畏首畏尾，满足于当“传声筒”“收发员”，遇到问题绕道走，那就是最大的失职。

5. 领导切忌听风就是雨

领导面对的情况较复杂，什么人都可能遇到，什么声音都会听到。面对来自四面八方的各种声音和情况反映，要做到不上当受骗，不被别人牵着鼻子走，最有效的办法就是听归听，但不轻易表态，不贸然下结论。如果仅听一面之词，就轻易表态，是最容易受蒙蔽，最容易被人摸着底细，是最容易被人操纵利用的，也是一个政治成熟、经验丰富的领导最忌讳的。

第13讲
有事必躬亲的习惯怎么办

公司经营最主要的是分层负责。一个人想把所有的事情都揽在手里亲自处理，只能达到一个人的力量范围，无法成就大事。

——松下幸之助

在一些单位，许多领导喜欢事必躬亲，处处身先士卒，工作起来殚精竭虑，夙兴夜寐，兢兢业业，废寝忘食，其敬业精神实在可敬。这种管理方法在创业之初或中小企业单位值得推崇，但如果企业做大了，人多事杂，还沿用这种方法，则往往顾此失彼，事倍功半，管理往往走向失败。如果自己有这方面的倾向时该怎么办呢？

事必躬亲与身体力行、亲自动手不同。我们不提倡事必躬亲，并不是说领导就不能亲自动手。亲自动手是抓大不放小，以小见大，见微知著，它往往是领导严于律己和充满工作热情的体现，通过亲自动手，容易形成同甘共苦、同心同德的局面，领导也易于摸透实情、独辟蹊径。但亲自动手不是事事动手，不是越俎代庖，不是去随意干涉下属的事情，不是不得要领的事必躬亲。

当人们咨询一位著名企业家最成功的做法时，他在黑板上画了一个圈，只是并没有画圆满，留下一个缺口。他反问道：“这是什么？”“零”“圈”“未完成的事业”“成功”……台下的听众七嘴八舌地答道。他对这些回答不置可否：“其实，这只是一个未画完整的句号。你们问我为什么会取得辉煌的业绩，道理很简单，我不会把事情做得很圆满，就像画个句号，一定要留个缺口，让我的下属去填满它。”

是的，事必躬亲，时时处处来凸显自己，并不是优秀领导的作为。为员工画好蓝图，自己在幕后观察和监督，给员工留下空间，发挥他们的智慧，他们会画得更好。赋予员工更多的责任和权利，他们会取得让你意想不到的成绩。美国学者明茨伯格提出的隐性领导理论认为，要减少直接领导，达到“无为而治”的领导境界。领导要强化非职位权力，弱化职位权力，主动“退”到领导情境的边缘，让工作以下属为中心，并为他们提供更能自由发挥的舞台。

作为领导，有事必躬亲并不是个小问题。“吃饭有人找，睡觉有人喊，走路有人拦”，这种“管家婆”式的事必躬亲是领导的大忌。那样只会招来埋怨和不满，吃力不讨好。

可以说，事必躬亲是小生产领导的美德，却是现代大生产领导的大忌。领导要坚持干领导的事，不能凡事都要“亲自”做。有学者指出：“一个累坏了的领导，是一个最差劲的领导。”实践已经告诉人们，一个领导如果事无巨细都要亲自去抓，即使再有水平，也难免一失。如果硬要“亲自”做，必然忙得汗流浃背，弄得焦头烂额，结果力不从心，漏洞百出，辛苦颇有，实绩甚微。而且这种“亲自”的弊处有很多，表现在以下几个方面。

（1）影响下属工作的积极性。“忙坏了一个人，闲坏了一班人”，事必躬亲使下属的智慧、潜力和积极性得不到充分的发挥，因为本来属于下属分内的事由领导代劳了，下属就不用花什么心思了，而且他们还失去了采用新方法来实践的机会，这就不利于下属创新意识的培养。

（2）不利于锻炼和培养人才。事必躬亲的领导尽管尽心尽力、任劳任怨，到头来却难免落得个吃力不讨好的下场，同时其所作所为对组织、对下属的发展也有害无利。因为他的大包大揽助长了下属的懒惰之风，他的包打天下则容易顾此失彼，使组织陷入危机之中。

（3）使自己陷于事务堆中。领导往往每天都面临着大量的急繁细杂的工作。工农商学兵、东西南北中，宏观的、微观的，上来的、下往的，无所不有，无所不包，哪一样也要点到，哪一样也耽误不起，一不小心就出纰漏，搞不好还要得罪人、受埋怨、挨批评。工作中如果不分主次，面面俱到，事必躬亲，必然使自己陷于事务堆中，占用自己的大量时间与精力，不利于集中力量对组织的全局性工作做深思熟虑的思考，变成一个离不开办公室的“事务篓子”，年复一年，回头看看，往往什么大事也没办成。

（4）使自己陷于焦虑之中。事必躬亲的领导，大多心中装着太多事情，什么事都要考虑，什么事都放不下，只有自己亲手做才觉得踏实。他们的焦虑往往不是来自别人，而是源于自己。虽然有时候他们也能意识到自己应该多信任别人，多让别人自主地完成工作，也好让自己的包袱轻一些，但是，事必躬亲早已经成了他们的行为方式和生活习惯，如果脱离了这种方式就浑身不自在，如果不能亲手照顾到每一个细节，他们就满心焦虑，总在想是不是哪里会出问题，手下是不是又出什么差错了？久而久之，身心疲惫，身体严重虚弱，往往还伴有多种慢性疾病。

一个领导要想真正抓好那些事关全局的大事，必须放弃那些鸡毛蒜皮的小事。领导在组织中应该是发挥“脑”的作用，而不是“手”的作用。有人说，聪明而懒惰的人可以做将军，聪明而勤奋的人可以做参谋，又笨又懒的人可以做士兵，又笨又勤奋的人只会添乱，这句话不无道理。将军之所以懒惰，是因为他很聪明，这种聪明在很大程度上是因为他懂得放眼全局，懂得选拔利用人才，而不去亲手做下属应该做的事。所以聪明的领导不必事必躬亲，但一定要博采众长，懂得宽容，能够接受别人的缺点，也勇于承担责任。

下等领导，要尽己之能；中等领导，要尽人之力；上等领导，要尽他之智；高等领导，要尽众之有。要克服事必躬亲的毛病，领导必须从自身做起，做到志向远大、善于授权、抓大放小、以小见大，尽人之力、尽人之智、尽人之有，这样就犹如长了“三头六臂”，或等于有了“分身术”。

1. 实现有效管理

现代管理大师彼得·德鲁克提出的实现有效管理的五个要素值得领导借鉴，以此努力克服自己事必躬亲的倾向，提高自己管理的效率。一是领导不是从接受任务开始工作，而是从研究如何利用时间着手的，知道自己的时间花在什么地方最有价值。二是重视外部作用，不是为工作而工作，而是为成果而工作。三是把工作建立在优势上，善于发现自身、他人和客观环境的潜在优势，充分释放“能量”，发挥优势。四是要集中精力于少数领域，抓住重点，突破重要领域，然后带动其他方面的工作，多出成果。五是不凭经验办事，而是靠科学的决策，靠团体的智慧来解决现在面临的或未来潜在的各种难题。

2. 领导要懂得用人

对于领导来说，要懂得“劳于用人，逸于治事”的辩证法，在自己的职能范围内作出科学、合理的决策后，其他的事就交给执行部门，由他们去实施。领导只要监督实施、保证效果便可以了。此外，领导应该下功夫做的事情是协调团队，让下属各尽其能，把决策执行好。所以，领导不能事必躬亲，必须要懂得用人、懂得监督。记住，善于调动天下人才的积极性为己而用的，这才是王者的大道，多想多看、少说少干，这才是管理的真谛。

3. 要明辨大小事

俗话说：“小事闭眼，大事睁眼；将军赶路，不追小兔。”能把大小事分清的人，才是一个明白人，也才是一个“拎得清”的人，也才能成大事。但何为大事，何为小事，并没有明确的界限，有的事看起来小，实际上大，而有的事看起来大，实际上小。对于领导来说，所谓“大事”，一般指的是上级组织和员工密切关注的、决定人心向背的、急切需要解决的“热点”“难点”“焦点”问题；所谓“小事”，指的是那些对本单位发展方向影响不大的事。而提高明辨大小事的能力，必须在“吃透上情，明确下情”上下功夫。

4. 学会授权和置身事外

管理的本质是通过别人完成任务，因此，一定要调动别人去干，让别人主动干事、自愿干事、愿意干事，这才是领导的本事和能耐。所以，领导必须学会授权，学会置身事外。你管得过多，到处指手画脚，也许你确实出于好意，但下属们可能不会领情，反而会觉得是你对他们不信任，更有甚者，他们会认为你是在瞎指挥。

做一把手的，有时不妨尝试一下离开单位一段时间。这有三个好处，一是远离繁忙的工作，才能想清楚工作的正确方向，而且越是感到离不开的领导，就越有离开的必要。二是领导离开单位和日常工作，就是给自己的同事和下属空间，使他们能在一段时间内不被打扰地做一些事情。三是能减少员工对自己的依赖。其实很多员工是有能力的，只是因为领导总在决定，所以他们就不好做决定了，也就显示不出他们的才华。

5. 不妨做一个闲人领导

做一个闲人领导，不但是一种能力的考验，更是一种对个人境界和心胸的考验。下属当中能做得跟领导一样，能让领导完全满意的一般都不多。有些人是因能力不行而做不好，有些人是因态度不端而做不好，有些人是因思路不同而不让领导称心。这个时候，挑战就来了，许多下属看着不顺眼，领导怎么办？不能临阵换将，也不能自己上阵。因此，就要尽量接受这个不满意的结果，而且在下属完成任务后，还要给下属奖励和表扬，这时候最考验一个人心胸。说到底，每一个领导都应学会接受一个不满意的结果，学会安排不完全满意的下属，去做可能让自己不完全满意的事情，这是领导无奈而又必须承受的一种结果。也只有这样，下属才会不断成熟起来，领导也才能免于事必躬亲，才能真正洒脱起来。

第14讲
有爱挑剔的毛病怎么办

君子贤而能容罢，知而能容愚，博而能容浅，粹而能容杂。

——《荀子》

领导爱挑剔一般表现为领导经常以指责、抱怨、批评的口吻讲话。有些领导不考虑他人之感受，而是凡事皆以自己为中心，对下级求全责备、冷嘲热讽，久而久之就罹患了“挑剔成癖”的疾症。这种心理疾病轻则使上下级之间难堪别扭、较劲怄气，重则使彼此如隔城墙、形同路人，既破坏团结、涣散人心，形成严重的内耗，又导致政令不通，影响工作的正常开展。但有些领导却认为，我对下属挑剔一点是对工作负责，也是好心好意。有的领导即使认识到了自己有爱挑剔的毛病，但工作中总是不由自主地看这个不合适，那个也不太好，不仅使自己陷入苦恼之中，也使下属陷入苦恼之中。如果领导意识到自己有这种缺陷，那该怎么办呢？恐怕要从心理上来探源了。

追根溯源，挑剔心理的形成有着诸多深层次的原因，认识不到这些，就很难从挑剔心理的泥坑中跳出来。

(1) 期望心理。期望工作顺利进行是每一个领导的心理共性，这种共性在领导身上通常表现为两种性质：一为自我期望，即领导对自身人格的期望，二为对下属的期望，即领导希望下级在内要熟悉本职工作，成为精通业务的行家里手，能够为自己出谋划策、分忧解难，在外则可独当一面，处事缜密周全。这两种特质使领导对一些下属寄予厚望。但期望值越高，心理负荷就越重，一旦下级稍有闪失，领导就极易表现出一种近乎苛刻的严厉。

（2）权威心理。这是“挑剔心理”形成的诱因。下属在完成任务时，如果受到领导的肯定，人生价值得到实现，对领导也就会日渐萌生服从、敬重之感。这种服从、敬重既是对领导权威的认可，也是领导艺术在群体中的实现。但是如果领导着眼于表面现象，过分追求权威效应，一方面，这种心理的流露无异于在上下级之间竖起了一道屏障，隔断领导和下属的接触和交往，引起下属对领导的反感和背离，致使领导在下属中的信任度急剧下降；另一方面，自视德高望重的领导对这突如其来的情感变化缺乏必要的心理准备，对下属的冷漠感到莫名其妙，从而形成强烈的心理反差，这种反差诱使领导不自觉地运用其在群体中的角色优势对下属吹毛求疵，以期寻回失去的权威。

（3）高明心理。一些领导把“挑毛病”作为表现自己高明的方式。常有这样的情况：一个领导下去检查工作，本来方方面面都不错，但他非要在鸡蛋里面挑骨头，在一些细枝末节上找点毛病，以显示自己善于发现问题、具有过人之识。这样一来，常常会弄巧成拙，并引起下属的反感，把上下级关系搞得不正常，甚至会影响工作。

（4）代位心理。这是挑剔心理形成的导火线。代位心理是领导以其本身为参照系，每遇一事，领导都下意识地以其自身拥有的优势和素质能力、心理定式、处置方法同其下属相对照，从而显得自己高明而下属能力低或不努力、不合意。而其下属通常由于工作范围的局限，对全局工作没有深入把握，免不了要出差错、捅娄子。这种工作中的失误就恰恰成为挑剔心理从隐伏状态到公开状态的载体，成为挑剔心理集中爆发的导火线。

（5）焦虑心理。不少领导感叹：“大事小情都得亲自盯着，不管交代得多仔细，稍有疏忽下属就会犯错。”队伍不好带，需要人的时候总是无人可用；员工不够优秀、没有责任心；团队太散漫……这似乎是领导们的共同心声。难道真的全怪员工吗？未必，领导本身也有一定的责任。首先，领导承担的责任和风险更多，因而更容易着急、焦虑，害怕出错。在这种心态的影响下，工作只要有一点偏差，影响就容易被放大，甚至与下属的性格、工作作风等联系起来。其次，领导习惯抱着“以防万一”的怀疑态度，喜欢用挑剔的眼光看待下属。因此，再优秀的员工，也能挑出点毛病来。最后，在交代一件任务之前，领导已经考虑了很长时间，他们迫切希望看到结果，做出进一步安排。因而无论下属怎么快马加鞭，离领导的标准都可能有差距。

过于挑剔的人往往片面追求所谓的“认真”而不顾忌他人的感受。因为过于较真，过于追求完美，就容易钻牛角尖，只知道片面地抓住某些事物的表面相似之处，缺乏变通。又因为缺乏变通，表现得过度认真，以为真理在握而不让人，从而显得拘泥和执拗，缺少与人正常沟通的灵活性；也由于过度关注自我，而显得刻板，难于有悠闲和洒脱的心境，缺乏随遇而安的潇洒，精神上长期处于一种焦虑状态，严重者还会发展成强迫症，从而损害身心健康。我们常常看到，一些能力非常强的人却往往因为过于追求完美，对下属过于挑剔，认为下属什么方面都不如自己，最后导致上下级关系的紧张。

在这种心理的支配下，下属不经意的行为都可能被理解为对自己权威的忽视甚至挑战，下属感觉无所谓的事，却经常引起领导的强烈不满，从而导致不良情绪出现。如一位年轻领导早晨去上班，路遇一位年老下属，他热情招呼，但对方有急事，只“嗯”了一声就擦肩而过。这位领导却以为老员工是有意冷落自己，蔑视自己的领导权威，越想越气，于是对这位老员工产生了看法。这种挑剔行为的产生，无疑是权威心理在作怪。

即使是严要求，也要把握好度，比如在现实中，常常有这样的领导，他们高风亮节、严于律己、只讲奉献、不讲索取，而且也以此来要求下属，其实这种做法不大妥当。作为领导，可以用高标准严格要求自己，可是不能如此要求自己的下属，尤其不能长期要求下属这样做。因为刚开始时，下属可能被你的人格魅力所感动，他们会跟着你做。但人不是生活在真空中的，人都是现实的，特别是面对如今物欲横流的社会现实，时间一长，下属的想法就会发生改变，认为总是只讲奉献，就算做出成绩和贡献也没回报，他就会感到不公平、不平衡，对工作就会渐渐怠慢下来。所以领导高风亮节可以，但不能以此来严格要求下属，一旦下属出现不同认识，不能因此而对下属不满。

其实，作为领导，抱怨下属不行是一大忌讳。因为抱怨下属不行，无非有两个原因，一是下属不听指挥，你领导不了他。如果是这样，很有可能是因为你的能力不行或管理方法有问题。二是下属没有长进，工作不称职，如果是这样，你不能放弃他们，有可能是他自己的问题，也有可能是因为你的能力不行或在管理方面有问题。所以，对下属一味挑剔、抱怨也是自己无能的表现。

综上所述，一个领导除了雷厉风行的作风、统揽大局的权威、果敢善断的作风外，还必须具备与其匹配的领导气质和用人胸襟。只有博采众长，广纳善议，才能给决策以民主，用人以亲善，办事以公道。这样就能无往而不胜。当然，要做到这些，我们认为至少应对以下几个方面引起重视。

1. 真心诚意，尊重下属

尊重下属是现代管理的又一大变革和创新。下属同样有自尊心，渴望得到别人尤其是领导的理解和尊重，因此，领导必须考虑下属的这种心理需要，真心诚意、不掺杂虚伪地尊重他们。

一是尊重下属的人格。这表现为运用权力的时候要将慎重与理智相结合，当下属对你布置的工作不上心时，不下达强制性命令，而是耐心开导；当下属的工作业绩提不上去时，不是埋怨，而是多给予帮助；当下属工作有过失时，不是当众训斥，而是主动承揽责任；当下属对你有意见时，不记恨，注重感化，真正在上下级之间创造一种亲切、融洽、无拘无束的和谐气氛。这样，下属就会感到你是真诚可亲、值得信赖和依靠的。

二是尊重下属的意见。工作中，对下属的正确意见要尽量采纳；下属意见正误参半时，要充分肯定其正确的成分，下属意见只在有非常明显的错误时，才予以否定，但也要平心静气地说明道理，特别是下属对自己提出意见时，要有一种闻过则喜、从谏如流的态度，切不可耿耿于怀，以言治罪。

三是尊重下属的权限。这样不仅仅控制了下属整体的工作进度，而且还发挥了他们的主动性。

四是尊重下属的创造精神。尊重下属应主要体现为鼓励下属发挥其主动性和创造性，这种爱护表现在为下属提供一个良好的工作环境和外部条件，使其聪明才智得以充分发挥，特别是要注意支持和保护那些思想解放、锐意进取的闯将，做到不为谗言所动，不以好恶分彼此，不因小过裁大将，而应甘当人梯，表现出伯乐风范。

五是尊重下属的劳动。一件工作、一项任务完成以后，领导要充分肯定下属为此付出的努力，把成绩讲足，客观分析他们的失误，把问题讲透。这样其工作得到承认，不足得到指点，就会在今后的工作中扬长避短，提高自己。

2. 多表扬、赞美、关爱下属

克服挑剔心理的关键在于了解这一点：每个人都需要别人的关爱。若没有得到足够的正面关爱，就会激起他们的反叛意识。如孩子会故意做点坏事，以引起父母的注意，迫使父母打他、骂他和贬低他，就是不想父母不理他。职场上也是一样，有人会故意表现得不好，犯点过错，使自己受伤等。有研究表明，如果一个工作环境缺乏情感的反应，将会降低工作质量，引起内部冲突、上下级关系不协调等。作为一个领导，如果常常称赞下属“你的计划清晰简要，正合需要”“你把这份报告写完，真是帮了我一个忙”等，相信下属接下来的工作会更卖力、更令你满意。

3. 了解人性，多宽容下属

领导克服挑剔心理的另一个重要方面就是学会宽容，而了解人性是宽容的基础。每个领导都应该学会用赞赏、激励、客观的眼光来对待下属、对待他人，建立起良好的上下级关系。因为每一个人的人性中都既有善的成分，也有恶的因子，既包含利他的天性，也包含自利的天性，只是不同的人其比例不同而已。那么，这些普遍的人性是什么呢？比如：每一个人都对自己目前的社会地位不满意，地位再显赫的人也是如此；每一个人都想自己比别人强，比别人更优秀、更成功、更富有、更幸福；每一个人都想得到别人的认可、看重、尊敬，如果感觉到别人看不起自己，会伤心、会愤怒；每一个人都觉得自己没有得到社会完全公正的对待，从社会中没有得到自己应该享有的待遇；每一个人都觉得自己的钱不够用，拥有的钱总是不能够支撑满足自己的欲望；每一个人都有嫉妒心，尤其是对身边人，对与自己人际关系较近的人的成就和成功会产生较大的嫉妒情感；每一个人都有虚荣心，常常会向他人夸大自己的优势；每一个人都是既自卑又自傲，在自认为比自己强的人面前显得自卑，在自认为比自己差的人面前显得自傲。可以说，只要明白了以上这些，挑剔心理应该就会减弱许多。

4. 转变思维，培养新情感

遇事不较真、不挑剔，这就需要在平时有意识地转换自己的思维方式，对同一件事情，要学会从各种角度去看待，学会与同事、下属换位思考。同时，要注意培养情感。凡人皆有情，人类的情感最容易自私、执着。尤其是过于挑剔的人，凡是与他有关的、他爱的，都是好的，都是对的；与他无关的、他所不爱的，就不关心。而情感上的执着最容易让人犯错，因为情感是一片遮板，遮住了眼睛，看不到他人，看不到世界。如果过于执着于自己的情感，那么，私爱、溺爱、错爱就会发生。如果能把爱的偏执放下，眼界就会放宽，心胸就会广大，那么遇事就不会过于较真了。当我们明确哪些事情可以不较真，可以敷衍一下，我们就能腾出时间和精力，全力以赴地去做该做的事，我们成功的机会就会大增。同时，由于我们变得宽容大度，他人就会乐于同我们交往，我们的朋友就会越来越多。

第 15 讲

决策失误较多时怎么办

决策的艺术在于，对现在还不适当的问题不做决策，时机不成熟时不做决策，对不能有效实行的事不做决策，对应该由别人来决定的事不做决策。

——切斯特·巴纳德

决策作为一种领导行为，是领导确立管理思想、实施管理措施和完成管理任务的重要前提，也是领导水平、领导能力和工作业绩的具体体现。决策正确，事半功倍；决策失误，事倍功半，或者一事无成。不管什么样的组织，领导在关键时刻的决策拍板能力都是至关重要的。一个领导是否有能力、有智慧，人们主要看他在关键时刻怎么决策拍板。许多领导为决策拍板屡屡失误造成事业失败、人心涣散、领导的权威尽失而苦恼不已。那么，遇到这种情况该怎么办呢？

决策对领导的综合素质有着很高的要求。决策不是简单的拍板，而是一个复杂的系统工程。决策过程既包括决策方案，还包括发现问题、选择目标、收集信息、制订方案、评估选择方案、做出决断、组织实施、决策追踪等活动。笔者认为，决策失误的原因有多种，但其根本原因是良好的愿望与客观现实的脱离。主要表现有以下几点。

一是偏离目标。决策有悖于大的方针和政策，局部利益与整体利益关系错位，以创造性开展工作为名，行“上有政策，下有对策”之实，决策目标相互冲突，相互抵消。

二是违反程序。不按决策方法、步骤行事，先入为主，仅仅凭借领导个人的知识、经验、智慧等进行决策，在实施决策的过程中不组织必要的追踪检查和目标修正，使决策目标残缺，难以操作。

三是信息不畅。对各方面的情况缺乏深入的了解，对纷繁复杂、瞬息万变的客观情况知之不多或不闻不问，反应迟缓，自我禁锢，依靠定式思维闭门造车、盲目决断。

四是授权紊乱。分层决策或是委让下属权力不当，或是参与本应由下属负责的决策，或是把自己的决策职责无原则地推给上级组织和上级领导，上下决策渠道混乱，职责不清。

五是缺乏自信。受自身知识、能力和工作阅历等因素的局限，决策时瞻前顾后、优柔寡断、久拖不决、当断不断，有时甚至束手无策，人云亦云，任决策的最佳时机付诸东流。

六是感情失控。用个人的喜怒哀乐取代组织原则，对上级唯唯诺诺，趋炎附势，盲目迎合领导意图；对员工居高临下，颐指气使，缺乏人文关怀；对工作仅凭头脑发热，急于求成。

七是自视甚高。总认为自己的水平比谁都高，他人的意见不如自己的意见正确，即使在自己的意见被实践否定之后，仍一味强调客观因素，固执己见，自我感觉良好。

八是自我表现。当工作调任到一个新的地方或升任新的职务时，不是深入调查研究，而是上任伊始，急于烧“三把火”，盲目拍板表态，或是信口否认前任工作，标新立异，追求“政绩”，邀功请赏，沽名钓誉。

九是权欲膨胀。为了达到个人目的，依恃自己的资历或“一把手”的特殊地位，主观武断，一意孤行，将自己的主观臆断强加于整个领导班子或他人，使集体研究决定重大问题流于形式。

十是监督乏力。决策机制滞后于形式发展需要，决策制度不够健全，决策实施发生偏差时没有调控手段，对决策者的决策失误未进行责任追究或是大事化小，小事化了，导致整个决策过程处于无序状态。

领导每天都必须对组织面临的各种问题做出决策，特别是在复杂多变的环境中，领导必须在信息不充分、情况不确定的情况下做出影响个人和组织命运的决策。此时，个人和群体的决策心理和行为方式对决策起着无形而巨大的影响，识别决策的心理效应、跳出决策的心理陷阱、改善决策的心理过程是提高不确定性决策效果的关键。笔者认为，科学的决策起码应满足以下十项条件：

第一，与自身的能力和权力相适应。决策要考虑自身能力的高低和权力的大小，不可越能、越权决策。否则，即使做出了决策，也没有能力、权力付诸实践，就会左右受气，两头落埋怨。

第二，与所处环境相适应。这一点最易被人忽略。若不考虑环境问题，执行一个好的决策，其结果可能会适得其反。

第三，目的得当，价值取向正确。利益最大化是决策者的直接追求，但应力求达到公益和私利、利己和利人的有机统一。这样才会得到社会的承认、他人的协助，才能获得成功。

第四，对事实的把握准确、全面。任何决策所依据的事实必须是真实的，而不能是虚假的，必须是完整的、全面的，不能有遗漏。否则，做出的决策必然带来灾难性后果。

第五，所信奉的理论、知识应正确无误。理论正确，决策才会正确；理论错误，决策就很难科学。

第六，合乎自身的才学、经济条件等状况。

第七，妥善处理与敌友的关系。领导与普通人一样，有友也有敌，有合作者也有竞争者。决策时要妥善处理与他们的关系。

第八，时空选择恰当。任何决策都是在一定的时空条件下做出的，对时机和地点的选择必须恰当。时机不到或地点不当，便难以达到预期效果。

第九，决策名义恰当。名不正则言不顺，言不顺则事不成。科学的决策必须选个恰当的名义。这个名义是你可公之于众的决策理由，有时与面临的问题、自己的真实目的一致，有时则不一致。自己的真实目的有时不见容于世或会引起对自身不利的后果，就需另选个光明正大、对自身有利的名义。

第十，决策程序严密规范。决策程序皆需进行周密细致的思考。对领导决策来说，因事关全局，涉及多人，还需经过一定的组织程序。

要减少决策失误，提升决策质量，必须有扼制决策失误因素的对策措施，这种措施主要有以下 3 个。

1. 完善决策的内容体系

就是把组织的所有决策汇集成一个完整的体系，决策人要明白，组织中的大小决策都是这个组织完整决策体系中的一个部分。任何决策都关系到整个组织的发展问题，没有局部问题，制定决策必须兼顾组织决策体系中的每项内容，并与其他已有决策彼此协调、支持。完整的组织决策内容体系的作用有以下 4 个方面：

（1）决策人须确知所要制定的决策必须收集、选择、运用的信息内容，从而有效地解决信息不充分的问题，至少可避免决策顾此失彼。已有的相关决策本身就是一个约束条件。

（2）决策人制定决策，要从全局出发，不能囿于情感，仅仅盯住与环境、条件不适应的目标，让决策人从难以自拔的情感中醒悟过来。

（3）决策人作为组织决策的制定人，喜怒哀乐只能在夜深人静时，独自体验发泄。作为组织中的一个特定角色，决策人必须镇定、自信、理智、愉快。

（4）组织的决策只能服务于组织发展的目标，永远把合法经营管理奉为圭臬，制定决策不能加进个人的价值偏好。

2. 选择确定科学的决策分析方法

所谓选择确定科学的决策分析方法，是要求制定决策必须通过周密思考论证，事先选择确定好科学有效的决策分析方法，以便制定决策时遵循和运用，避免随意性决策、冲动性决策、不做系统思考的决策、靠拍脑袋拍出来的灵感决策和直觉决策。这是因为，科学的决策分析方法都有决策信息的收集、选择和运用的具体内容要求和质量要求，这可有效避免决策信息收集、选择、运用不当的问题。运用科学的决策分析方法制定决策，有严密的逻辑和程序，可有效地扼制决策人的情感、情绪对决策的影响；科学的决策分析方法对价值观念有严格的限定，决策人无法加进个人的价值偏好；科学的决策分析方法有完整严密的逻辑思路，运用它制定决策，可有效地扼制决策人思维惯性的作用，迫使决策人放弃自己的惯常思维方式，按照科学的决策分析方法制定决策。

3. 严格决策管理程序

所谓严格决策管理程序，也就是组织决策的制定不能随心所欲，必须根据不同决策的要求，健全完善决策管理程序，明确决策制定必须通过的步骤，以及每个步骤的具体工作内容和标准。这样做，一是因为严格的决策管理程序，有具体的决策信息收集、整理程序要求，只有信息收集、整理达到了既定要求，才能进入下一步的工作，这可有效地避免决策信息不充分问题。即使所需信息无法收集到，也必须获得间接替代信息，不会容许没有信息的决策，或增补虚假信息的决策；二是因为严格的决策管理程序要求决策制定过程的参与者严格按照程序要求进行工作，决策参与者就不得不抑制自己的情感、情绪的作用。决策制定过程中的其他参与者不会容忍他人情感化、情绪化的行为；三是因为严格的决策管理程序，使决策人的个人偏好受到约束。决策管理程序明确限定了决策制定过程的每一步工作的内容和标准，决策人无法随心所欲地把个人偏好强加进去；四是因为决策管理程序有严密的逻辑，决策人按照它的要求制定决策，个人的思维方式、方法，必然会受到这种决策程序的内在逻辑限制。因为决策人的思维惯性要受到决策管理程序的检验，与决策管理程序相异的思维方式会受到限制，从而扼制决策人的思维惯性发挥的不良作用。

第16讲
整天陷于文山会海之中怎么办

一个企业的经理如果用超过25%的时间开会，就是一种“病态组织的表现”。

——彼得·德鲁克

一提起文件、开会，很多人的第一反应会是非常不舒服的感觉。为什么？因为许多人被无穷无尽、没完没了的会议和政出多门、漫天飞的文件折磨够了。其实，文件、会议这种形式对人类社会的发展具有非常重要的作用，甚至是不可离开的。

对公文和会议有人褒，有人贬。其实两者都只是一个有用的信息传导工具，简单地摒弃显然有些因噎废食。公文在维持机关团体和单位的正常运转以及上情下达、下情上达方面有着不可替代的指导、管理、规范、沟通、凭证作用。公文是上级机关对下级机关的工作进行领导与指导的一种工具，各机关通过制发公文来表达意图，传达、组织、协调、指挥、控制各方面的意向，利用公文开展工作、交流信息并作为办事的依据、工作的指针。而会议是各级领导布置任务、贯彻政策、调查情况、统筹协调、进行决策、推动工作的基本方法之一，对一个单位，会议是一个集思广益的渠道，是一种最直接、最直观的沟通方式，是传达信息、协调矛盾、监督工作、解决问题、开发创意的有效平台，也是显示和象征领导地位，显示一个部门存在的方式的途径。尽管我们拥有现代化的通信技术，但是会议的作用是无可取代的。

就眼下来看，会议之所以多而杂，根本原因就在于公文和会议脱离了工作需要的实际，人为地、过分地放大其功用意义，形式主义的东西太多，造成了严重的文山会海，使许多领导苦陷其中而难于脱身，耗费了大量精力，影响了领导工作的正常开展。“文山高耸，会海汹涌”，文山会海的危害有以下几点。

(1) 助长形式主义。“以文件贯彻文件，以会议贯彻会议，以讲话贯彻讲话”是文山会海的特有现象。这种现象从一个方面反映了某些领导平庸的工作思路，好像要重视某项工作、表明自己贯彻落实了某项政令，就得层层发文件，层层召集相关负责人举行会议。只要会开了，文件发了，就算是重视了、落实了。这种现象也反映了某些领导的工作状态和精神状态，就是喜欢在空话、套话、废话连篇的报告中追求一种形式上的成就感、满足感。有些领导离开了开会、发文件，甚至都不知道工作该如何开展。

(2) 影响领导精力。文山会海使不少领导深陷其中不能自拔，无暇顾及其他工作。特别是县市级“一把手”，据统计，有的县市级主要领导一年参加的大小会议一般不下 200 个，多的甚至达到 300 多个。一年 200 多个工作日，平均下来一天至少要开一个会，有时同一时间要求参加的会议有三四个，而且必须“一把手”参加。再加上平时迎来送往、接待应酬，“一把手”一天中能有多少分钟静下心来理思路、想办法？能有多少分钟扑下身子抓工作、促落实？

(3) 降低工作效率。有的工作内容单一、要求明确，一个领导十分钟就能讲清楚，会议非要开半天，由两三个领导轮流讲，从中央讲到地方、从国内讲到国外、从古代讲到现代，讲的人口干舌燥，听的人云里雾里，根本领会不了会议的精神。这样的会议不仅浪费时间，而且会造成工作的贻误。

(4) 疏远群众。领导的讲话时间长，有用的话少，必然用大话、套话来补。大话、套话多了，必然使基层干部群众不想听、不愿听，反感开会，造成上级的精神基层不能领会，基层的情况上级部门也不能了解，久而久之，使工作脱离实际，失去群众基础。

（5）造成巨大浪费。在每次会议的组织中，需要工作人员撰写讲话、印发材料、下发通知、使用会议室等，即使不计算工作人员和参会人员的时间成本，仅印刷费、通信费、会议室使用费、参会人员的车辆交通费就是非常可观的。

文山会海问题，表面上看属工作作风范畴，实际上，是思想作风的内在体现。会议这种个体面对面的信息沟通方式，被广泛用于人们缺乏通信手段、文字没有被普遍掌握的时代。而现在，对会议的依赖性应大幅降低。依据会议的内容，会议可分为决策会、信息通气会、表彰会等。这些会议中，只有前三种形式的会议内容是必须通过面对面的会议来进行信息沟通与传递的。其他几种会议是可用别的形式替代的，如文件沟通、网络沟通、电话沟通、备忘录沟通等。

会议之所以会变成“会海”，还有一个重要原因是，会议的功能已经异化为一种政治身份的体现。开会时，坐在主席台上是一种身份的体现；座位的前后、左右顺序同样是一种身份、职位、等级的反映；能够在会议中发言、发言的时间长短也是重要性和地位的体现。因此，会为了使台上的领导们感觉到权威与被尊重而尽量扩大会议规模；为了体现领导的重要、平衡领导们的感情，而尽量延长会议的时间；为了显示会议的重要和对工作的重视，而尽量提高参会者的级别。

但作为单位的一级领导，也必须从工作方法和自身上找原因，看一看哪些会议是可开可不开的，哪些文件是可行可不行的，在如何提高文件和会议的质量上下功夫。

（1）建立会议审批制度。对会议的参加人员、内容、时间等作出明确的要求和规定，严格控制会议数量。对于打个电话、发个文件或者通一下气即可解决的工作，就不要开会；能开小规模的会议，就不开大会；能一次性开会传达到基层，就要避免层层开会、层层传达。

（2）精心组织，认真准备。召开一个成功的会议就像是生产一个好的产品一样，应该仔细地思考、计划。

（3）事先告知与会者议题。这样做有利于培养出席者的问题意识，使他们更有针对性地做好准备，从而在会议中提出有建设性的意见，使整个会议更具实效性。

（4）安排一个具体议程时间表。这样可以有效地掌控会议的进程，去掉与讨论主题无关的部分，及时把讨论引回正题。

（5）只邀请相关的人员参加。否则“不投入的人”很容易精力不集中，这是白白浪费他们的时间，而且在这一过程中，他们的“精力不集中”还会影响到其他人。

（6）对所讨论的内容提供书面总结。这意味着要有人做好会议记录。

（7）建立会议归档和定期督促检查制度。

（8）会议评估。为增强会议的有效性，应定期对会议进行评估，找出哪些地方需要改进。即使不为这次会议，也可为下次会议做准备。

（9）开会时领导一定要有主见。开会研究某一项问题，出现不同意见是很正常的现象。此时，领导应站在中立的立场去进行判断，再亮出明确的主张。虽然如此可能还会有一些问题发生，但如果没有主张的话，问题一定会变得更大。领导要善于对各种意见进行比较、鉴别和综合分析，充分集中大家的意见，并从诸多意见中，归纳、提炼出合理的、正确的部分，从更高层次上形成和完善自己的观点。这样，即使原来持不同意见的人也会在心理上对你产生认同感，从而能够接受你的意见。

第 17 讲
被认为喜欢重用亲信怎么办

中国发展的核心问题，不是资金，也不是先进的设备，也不是高科技，而是要培养一批卓有成效的领导。

——彼得·德鲁克

领导任用亲信的问题也即所谓“身边人”的问题，是一些单位非常普遍的现象。亲信该不该用、怎么用？这是一个热点，也是一个难点。

从人之常情来看，领导在处理具体的事务时，很容易产生一种受非常之惠、图非常之报的心理冲动，潜意识地总想偏向自己的“身边人”、自己有好感的下属，总想拉几个心腹、培养几个“铁杆”，这是无可厚非的。人总是有感情、有亲疏的，不管你承认不承认，都是客观存在的，是不以人的意志为转移的。有的人口口声声称自己对下属一视同仁、无远无近，那不过是场面之语，其实往往并非内心真实的想法，对此大可不必过于认真。

但是，一些领导有很深的亲信情结，喜好用“身边人”，但此举往往造成干部在职务晋升问题上的机会不平等和变相的权力世袭，导致严重的用人腐败，引起了下属和员工的强烈不满。对此，喜欢重用亲信的领导要有正确的认识，平时就要经常注意自己的言行。

一般而言，领导亲信大多都是素质较高的群体，因为领导地位的优越性和组织选人的规则，素质不高的人一般也不能到领导身边工作。从这个意义上说，领导“身边人”不仅要使用，而且有的还应重用。而且实事求是地讲，领导“身边人”正面典型远比负面典型多，无数个默默无闻、作风正、能力强的“身边人”贡献了自己的心血、智慧，助推了各项事业的全面发展。只是由于媒体对正面典型关注得少、对负面人物报道得多，自然就给公众造成了“身边人”的恶劣形象。

“身边人”在管理中的作用也显而易见。首先，有助于领导的指令得以很好地执行，以更好地树立领导的权威，强化组织上下的一致性，使各项工作更为有效地展开。同时，领导通过“身边人”能更为真实全面地了解组织内部的运作情况，监督下属职员的工作，实现良性发展，这对于促进企业发展、增强向心力特别重要。否则，领导如果没有几个遇事可以信赖的人，则往往会被孤立、被架空。其次，“身边人”具有相对相同的价值观和认同感，并由此而演变成感情上的纽带。再次，“身边人”可以降低信任成本。“身边人”通常都有一个精神领袖，也就是团队的领导，他使成员在思想上具有高度的一致性。即便存在一些误会或分歧，只要精神领袖出面，也会使得问题迎刃而解。还有，“身边人”可以降低沟通成本。沟通是很多团队所面临的最大问题，长期的合作可以磨炼出难得的默契，达到“心有灵犀一点通”的境界。最后，“身边人”的凝聚力强。嫡系的成员往往有着共同的目标和相同的追求，他们都把自己融入“嫡系”这台发动机上，协调地运转而产生出巨大的动力。

从一般意义的领导“身边人”来说，他们具有如下四个特征：更加贴近领导的身边工作；亲身感受到领导的言传身教；更加快捷地把想法和建议直接呈送给领导；有成绩、有进步时更容易更直接进入领导的视野。

领导爱使用“身边人”，喜欢亲信，应该说是正常也是普遍的，对此，我们不必刻意回避。但也应该看到，他们与自己的关系是一种职务行为和工作关系，尽管其中也有真诚的情感成分，但根本上他们是在为某种职务和公务在服务。

一切事物、人都是不断发展变化的，一个正常的人、一个正常的工作人员，也在不断发展变化。且不说他的年龄变化、生理变化，就是心理活动、精神状态、个人欲望也随着环境的变化而悄悄地变化着，可以朝着进步、积极、光明、清廉的方向变，也可能朝着落后、消极、灰暗、贪欲的方向变；可能朝着成熟、沉着、冷静、谦虚谨慎的方向变，也可能朝着傲慢、狂暴、急躁、霸气十足的方向变。领导要管好“身边人”，至少应该掌握以下原则。

1. 出于公心原则

使用“身边人”，一方面，要有正确的动机，要出于公心，因才适用，以岗择人，而不能因人设事；另一方面，要严格按照选人用人规则办事，把“身边人”放到选人用人的前台，让其与其他干部在同一起点上公平竞争，不能偏爱，不能随意授予重要职务，或者幕后操纵，将“身边人”安排到关键岗位和条件好的单位，给员工造成用人不公的恶劣印象。另外，肯定还会有一大批适合担任拟任岗位的优秀人才，应该把他们公平地纳入选人用人的视野，避免陷入少数人在少数人中选人的怪圈。领导应该认识到，“身边人”在提拔任用方面已经拥有了近水楼台的先天优势，就不应该再给他们“吃小灶”，给予特殊的待遇了。

2. 素质优先原则

有的领导因为工作原因，有时必须有几个自己的“铁杆”、心腹，这是可以理解的。但在使用上，除了出于公心原则外，还必须考虑他们的素质问题。对那些与领导较接近、了解、相互认可、配合默契、情趣相投，理解和执行力很高，能推心置腹、委以重任的人，不妨予以大胆使用。一般来说，他们应具备以下一些素养和条件：一是要是一个有透明度的人。作为领导，一般不会重用和信任一个连自己都琢磨不透、看不清的人。一个人不怕有缺点、有错误，就怕什么优缺点都不明显，都要加以掩饰，让人无法看清、无法判断。二是执行力较强的人。领导的亲信，一定是一个不折不扣贯彻、执行其意图，完成其交办任务的下属。三是立场坚定，态度明朗的人。领导喜欢那些在是非面前立场坚定、是非明朗的人，哪怕是领导有错误，在适当的场合明确表示反对的人，而不喜欢息事宁人、含含糊糊、谁都不想得罪的人。四是私心较少、公心很强的人。在工作中，在日常事务中，能顾全大局，约束甚至牺牲小利益，顾全大利益，与同事相处，吃亏谦让，才是真正的“大智慧”，才是领导所欣赏的人。五是处处维护组织利益及领导形象的人。这种人往往把维护组织和公司利益不受损害，处处维护领导形象、权威不受损害，看成是自己的职责之一。

3. 严于律己原则

领导要管好“身边人”，要先管好自己。孔子曰：“子帅以正，孰敢不正?”领导能够堂堂正正、公道正派、表里如一、拒贿拒色、克己奉公、爱岗敬业，会使在其身边工作的人员受到潜移默化的影响，心灵得到净化。他们受到身边领导浩然正气的感染，即使可能有过私心邪念，也会因受到内心的谴责和鞭策而止步。

4. 见微知著原则

领导对“身边人”应当善于观察、分析，对比和分析他们前期的谨小慎微和近期的狂言傲气，注意及时引导、纠正。要善于明察秋毫，从只言片语中明白他们的真实意图，从细微的动作变化中看到他们的某种倾向、某种潜在的变化，从他们与周围人的交往中看到其“八小时以外”的生活状态，而不要等问题堆积成山再去解决，等事情闹得沸沸扬扬才去收拾。这样见微知著、及时教育，才是真正关心“身边人”、爱护“身边人”。

5. 保持距离原则

领导与“身边人”应该保持一定距离，保持一种正常的工作关系、员工式的关系、上下级的关系。假如到了亦步亦趋、如同一体的程度，生活上不分你我，享受上不分彼此，那就是质的变化了。

6. 制度约束原则

领导对“身边人”的管理不能全凭一片善心好意，不能让感情淹没了理智，也不能认为某人曾经经过组织严格政审，就没有问题，而必须以严格的制度约束之、管理之。如建立定期轮岗制度、定期考核制度、把握晋升制度、自我修身制度等。

第18讲
对主要业务“外行”时怎么办

领导的最大本事就是发动别人做事，让别人的本事发挥出来。

——佚　名

人们一般认为，外行领导一定不如内行领导。有的地方和单位的领导和员工往往认为，内行领导才能干好工作。有些领导害怕领导内行的下属，尤其是刚上任的领导，生怕别人说他是外行，什么都不懂。那么外行能否领导好内行呢，外行领导难道就一定不如内行领导吗？外行领导在工作中如何做好呢？

这些问题其实涉及管理学上的一个重大理念：一个专长不突出、专业能力不强的人，怎样去领导比自己能力强、比自己牛、比自己本事大的人？不懂专业或能力不强，到底能不能当领导？再深入一点，比下属差一点，到底能不能当领导？庸人能不能领导能人？

“外行领导内行”这种组织形式可能多数人认为很反常，很容易引起争议。这种争议源于一种传统思想，焦点主要集中在两方面：一是认为外行领导容易决策错误、瞎指挥；二是认为外行领导不懂装懂，不好沟通，这两点都忽视了所谓的“行业”之说。

要明确的是“行”的含义。由于以往人们大多重视专业技术，忽视领导科学，因此我们所说的“行”，一般指的是行业知识、专业技术知识，而将领导科学排除开来。“内行”是指对某项工作或某个专业领域有着丰富知识和经验的人，而“外行”是指不具备这些知识和经验的人。这些都指最基本的操作层面。

随着社会的发展，职业划分越来越细，领导科学已经成为一个单独的学科，成为一门职业。领导工作主要是指宏观的驾驭能力，包括决策、计划、沟通、协调、资源分配等，不是从事具体的操作。而我们通常说的“隔行如隔山”是指技术领域和具体业务，对领导工作而言并不受此限制。因为从客观来看，则万事同理，领导科学的原理和方法具有相对的普遍性，关键是看你有没有领导的思路和潜质，是否具备领导的能力和技巧。从这一点上来说，领导是不分外行和内行的，只有领导水平的高低之分。无论对专业知识是否在行，不懂领导科学和管理艺术都无法胜任领导岗位。

一般来说，“内行领导内行”是最理想的组合形式。特别是对一些尚处于创业阶段的企业而言，因为管理跨度和深度都相对较小，内行之间的沟通摩擦小、效率比较高，而且运作机制也不成熟。但是当企业发展到一定程度，规模大了，人员多了，并不是每个领导对所有的专业领域都懂，相反，大多数领导在一些专业领域上都是外行，外行领导内行的情况必然发生，而且是完全可行的。

外行之所以能够领导内行，主要有以下几点原因。

(1) 内行和外行本来就是相对的，无论哪个领域，知识与智慧都应该是第一位的。对领导来说，技术背景是重要的，但不是必不可少的，领导能力才是最重要、最稀缺的。

(2) 专业知识与领导能力往往无法集于一身，内行由于专注于专业知识，往往对领导科学不太在行，或者没有充分的时间来完全掌握领导的技巧，就好比一个好大夫不一定可以成为好院长，因此内行在领导能力上的缺失需要由外行来弥补。

(3) 一般行业，对于普通员工的专业知识要求较高，但是作为领导，则需要能够抓住大方向，抓住重点，有决策统御能力，不需要高深的专业背景，外行完全有能力胜任领导岗位。

（4）内行领导容易把握本行业内的发展方向，但也容易刚愎自用，压制不同声音，阻挠创新和发展；而外行领导虽然有可能会产生认识上的误解，但也可以带来新的思维方式，不同观点和认识的碰撞会产生创新的火花，激发行业的创新能力。

汉高祖刘邦不仅本领不如“兴汉三杰”，还“好酒及色”，早在当亭长时，“廷中吏无所不狎侮”，简直就是地痞流氓。而项羽却是“力拔山兮，气盖世”的豪杰。但是，最终刘邦胜利了，为什么？将项羽消灭后，在庆功会上，刘邦向群臣道出了原因：“夫运筹帷幄之中，决胜于千里之外，吾不如子房；镇国家，抚百姓，给馈饷，不绝粮道，吾不如萧何；连百万之军，战必胜，攻必取，吾不如韩信。此三者，皆人杰也，吾能用之，此吾所以取天下也。项羽有一范增而不能用，此其所以为我擒也。”直白地说，其成功的原因就在于“外行”领导“内行”。

不懂并非缺点，精通有时反成局限。有的人也许认为，如果不懂具体问题，就没有了领导的权威。我们应当看到，权威的树立是多方面的，有经历上的、政绩上的、人事体制上的、个人领导风格和魅力上的、管理艺术上的等，由多种因素组成，既有具体处理方式的民主决策因素，也有美学、神秘性等多重因素，因而是不是专业的权威人士，拥不拥有具体技术的发言权，对于领导的权威虽然多少有些影响，但影响不会太大。还有人说“内行看门道，外行看热闹”“不经厨子手，难得五味香”，可同样不要忘记，美食家不一定都是厨师，评论家也不一定都是文学大师。“耕当问奴，织当访婢。”因为是外行，故而容易作风民主；因为不懂，故而能够兼听则明。

更何况，外行领导还有许多内行领导所不具备的优势。

（1）外行往往更注重学习。多数情况下外行领导很清楚自己作为外行的欠缺，更容易找到学习的方向，更知道自己该向内行学哪些东西，并且会很虚心地学习专业相关知识，取长补短，增其不能。通过学习，也许外行领导很快就能超越所谓的内行。

(2) 外行往往更加谨慎。外行领导因为自己是外行，做事往往更加谨慎小心，因此在整个领导的过程中，诸如决策、计划、执行、控制、分配、签署等方面，反而更加小心翼翼，更加注重实践、调查、分析、研究、总结，这样一来，反而更有利于外行领导的成功。

(3) 外行往往更善创新。外行领导因为不受内行条条框框所累，反而更能跳出内行的思维逻辑，会有更多的创新，容易从更宏观的角度把握管理，这非常符合差异化竞争的需要，在这方面恐怕内行领导无法匹敌。

(4) 外行往往易解问题。“不识庐山真面目，只缘身在此山中。”外行领导往往旁观者清，能看清内行存在的问题，更容易找到解决问题的方案，内行的一些积弊，在外行领导这里反而容易解决。

(5) 外行往往更有能力。外行领导由于接触的行业相对较多，因而得到了更多的职业历练，综合素质、职业素养会更高。在处理棘手问题、应对复杂状况方面，更能够举重若轻、融会贯通、灵活处置，因此外行领导能力往往会更强。

所以，外行领导完全不必因为自己是外行或被认为是外行而苦恼。内行有内行的优点，也有其局限性；外行有外行的好处，也有其不足。总的来说，内行或外行，对领导水平的影响不大，或者可以说微乎其微，影响领导水平的是一个人的综合素质。

但是，对于外行的领导来说，要想领导好内行的下属，必须做到以下几点。

1. 有伯乐的眼光

外行要领导内行，关键是要尊重内行。作为外行领导，要充分尊重内行、善待内行，不能不懂装懂、摆官架子，而是要集思广益，多和下属沟通，虚心听取内行的专业意见。要经常肯定和鼓励下属的工作，让下属了解自己的长处、优势以及对他们工作的价值，这样才能使他们保持工作的热情。外行领导要能够及时发现团队之中的人才，特别是要能发现谁是内行，这不仅需要超凡的智慧，亦要有独特的眼光。

2. 有明辨的智慧

外行领导虽然对专业知识不在行，但到最终进行决策时，要能判断出方案的优劣，果敢而坚定地确定行动方向与路径。

3. 有包容的胸怀

外行领导要有宽广的胸襟，善于倾听下属的意见和建议，特别要包容不同的观点和言论，避免一言堂和一手遮天。同时要充分放权，懂得抓大放小，要关注的是宏观，至于一些具体的事情，就应该放手让内行去施展才华、各尽其能，这才是领导的明智之举，也是成就事业的关键所在。

4. 有驭人的胆略

外行领导要有领导才能，知人善任，用其长而避其短，做到人尽其才、物尽其用，同时还要善于激励下属，有效凝聚团队的力量。

说到底，当领导更重要的不是专业水平，而是协调、沟通、融合的能力。内行不内行，不是做好领导的关键因素。元帅不一定非要能征善战、武艺高强，领导也未必一定要具备最精湛的技术。其实不管是内行领导外行还是外行领导内行，终归要有一个很好的结合点，如何找到并掌握好这个结合点，才是一门真正的艺术。

第19讲

有明显的个性倾向时怎么办

有效的领导会顺应自己的习性，不会太勉强自己。

——彼得·德鲁克

所谓的个性，就是个别性、个人性，就是一个人在思想、性格、品质、意志、情感、态度等方面不同于其他人的特质，这个特质表现于外就是他的言语方式、行为方式和情感方式等。任何人都是有个性的，个性化是人的存在方式。

领导的个性风格是其做领导工作的一个始终很活跃的重要因素，它直接影响到领导方式的形成，甚至影响到单位氛围和领导模式。从领导学原理上讲，这些个性风格原本是没有必要也不应该加入领导生活中去的，更不应该深度影响领导工作的，因为个性风格是私人的事和非公共因素，加入领导过程中就是因私弄公，不符合公共原则，更不符合公共权力所要求的禁止原则。但是，客观实际决定了，在领导实践中加入领导风格这种私人因素是不可避免的。对于这个问题，唯一正确的是，既然这是不可避免的，那就要对这样的因素加以正确的和恰到好处的掌控，而绝不让它膨胀泛滥。

但是，长期以来，由于过分强调领导群体的统一性，人们往往对领导不同的特点和风格抱着一种排斥的态度，这也是个性官员特别少的一个重要原因。“个性”这个词一度是作为贬义词使用的。在评价人时，“性格急躁”“个性强”常常是指存在的缺点或不足。在这样的大环境下，人们常常不愿意表现出自己的个性，甚至不愿谈论个性。有些领导也因为别人说自己有个性而内心产生矛盾，那样似乎与别人格格不入。

其实，对此完全没有必要苦恼，应该说，有个性在一定程度上更受人们的欢迎。历史上名垂青史的人，往往都是有个性、与众不同的人。我们不否认有些个性的领导有作秀的嫌疑，但大多数有个性的领导更多体现的是道德的回归，是人性的张扬，是自由独立的人格。

不怕领导有缺点，就怕领导没特点。作为领导，权力地位能够增强其自信，从而使个性充分显露。领导良好的个性品质，会在群体中产生正向互动，形成“上下同欲”的强大力量，反之则会削弱群众的力量。在现实生活中，人们更喜爱、敬重具有良好个性品质的领导，他们往往成为人们心目中的英雄和尊敬的对象。

但是，我们应该明白，个性领导的“以人治推进法治”“以不民主推进民主”等做法，之所以能取得好的效果，主要是因为这里面有个性领导的自律、忘我、为公的职业道德的约束，但他们的固执、有个性、爱冒险、敢于打破常规、突破限制，也会带来一些负面作用。那种死板、固执、僵化而不灵活的个性风格，或者小气、自私、孤独、找碴、挑刺、不包容和不顾颜面的个性风格，或者冲动、易怒、好斗、偏执、走极端和太过直爽的个性风格，等等，都是不善于进行沟通互动的，也是不利于团结的，甚至连基本的合作共事都会有困难，一旦施加到领导实践中，就会造成很不正常的领导特征、领导过程和领导结果，常常会给整个事业带来巨大隐患和现实危机。

而且，社会需要的是被公众所接受的个性，只有一个人的个性能融合到创造性的才华和能力之中时，这种个性才能够被社会接受。个性不是任性，更不是粗鲁蛮横、胆大妄为、随心所欲，不是老子天下第一，我说了你就得听。如果一个人的个性没有表现出一种相容性，仅仅表现为一种脾气，它往往只能给自己带来不好的结果。所以，要想成就一番事业，一个人就应该把个性表现在创造性的才能中，尽可能与周围的人协调一些，这是一种成熟、明智的选择。

为此建议从以下几个方面来理解、把握和处理好个性问题，张扬个性一定要把握好度。

1. 不要处处显得与众不同

我们强调个性，并不是说要时时处处突出自己的个性。张扬自己的个性，说到底必须与社会环境和单位的环境不脱节，一定不能过于突出自己的作用，一定不能对现实环境的要求超越太多，一定不能仅限于一种英雄情结，以为靠一己之力就可以扭转乾坤。敢于坚持独立见解，敢于独树一帜，这需要勇气，需要远见卓识。因为人都有一种不那么光明的心理，就是当有的人出类拔萃、与众不同而又不知收敛锋芒时，人们普遍不是希望他好，而是希望把他拉回到跟大家差不多的位置。这种表现，通常来自人们的嫉妒之心，人们可能会觉得他人的成功会映衬自己的失败。

2. 不能把张扬个性变成任性

在职场，没有个性的人就像一杯白开水，但太有个性则像一只锋芒毕露的刺猬。锋芒太盛不但会损害别人的自尊，甚至还会破坏单位的团结，到头来落得个伤人伤己。名人确实有突出的个性，但他们得到了社会的肯定。如果是一般的人，一个没有多少本领的人，一味地模仿名人的样子来显示自己的个性，恐怕会像东施效西施一样，只得到别人的嘲讽和冷笑。还要注意，不要使张扬个性成为你纵容自己缺点的一个漂亮借口。当你张扬个性的时候，必须考虑到你张扬的个性是什么，必须注意到社会中坚力量的接受程度。如果这种个性是一种非常明显的缺点，最好的选择还是把它改掉，而不是去张扬它。

3. 让个性最好的一面在最恰当的时机得到最恰当的展示

一个善于把握个性的领导，犹如宝石镶边，使领导魅力灿烂夺目；而贪婪、嫉妒、独断、粗暴、虚荣等不良个性附于一身而又不善于节制与把握的领导，必将让领导形象黯然失色，最终退出属于自己的舞台。一个成功的领导，其成功之处往往在于其掌握着成功的领导艺术，善于在不同的场合把握自己的个性，让个性最好的一面在最恰当的时机得到最恰当的展示。

4. 要善于和勇于认真反思、客观审视、准确判断自身个性风格的缺陷

个性领导在履职过程中展示自己的个性、抱负与胆略的行为，不仅是允许的，而且是应当鼓励的，但必须把权力的运用严格控制、约束在依法行政的框架范围内。人们在欢呼、赞美个性领导过程中，也需谨防落入靠“人治”为政治“卖点”、靠践踏法律“红线”为“捷径”的所谓个性领导编织的“玫瑰陷阱”中。

5. 个性莫越位

“将拒谏则英雄散，策不从则谋士叛”，“将军之事，静以幽，正以治”。纵观古今，大凡有卓越才能的领导，都十分注意个性的隐匿和节制，他们往往把“忍”“容”“静”作为领兵打仗、治理政务的要则，遇事三思而后行，理政谨慎，广聚良才，广纳贤言，博采众长，慎重出招，达到一招制敌、一棋皆赢、事半功倍的效果。唯其如此，“治下之事失误甚少，殚精之事事事周详”。因此，作为新时代的领导一定要清醒认识到“个性越位”产生的严重危害和不良后果，自觉加强个性锻炼，效林则徐之“制怒”、效周总理之“沉稳”，以理制蛮，以智制偏，尽量避免因非理智而导致的行为失控，因非理智而产生的不安对抗，以一种健康的心态处理问题，解决矛盾，理智决策，科学用权，冷静行事，并着力培养出大肚能容的气量，海纳百川的胸襟。只有这样，才能将“天降之大任”完成好，才能不负重托，不负众望。

华山之所以让人流连忘返，是因为它那“险”的个性；黄山之所以让人记忆犹新，是因为它那“奇”的特征；峨眉山之所以让人心驰神往，是因为它那“秀”的韵致。一个领导要想以一种独特的领导风格把下属吸引到自己身边，使他们凝聚在周围，营造一个有活力的、充满人情味的可信赖的氛围，就必须不断改造自己的不良个性。

第20讲
被人认为是老好人领导时怎么办

组织之内，一个人做人如果有100%的拥护，那你是庸才；有90%的支持，你就非常成功了。

——L·尔威德

“老好人”领导，是指那些在工作过程中发现问题和不足，避重就轻、隔靴搔痒，对不良现象睁一只眼闭一只眼，不敢唱“黑脸”，更不敢说“硬话”的领导。一个员工被称为老好人是很正常的，但如果一个领导也被冠以这个称号，那可不是小问题，真的有必要深刻反省自己了。

“老好人”的特点大致可以概括为以下五点。

(1) 政治上“圆滑”。对上，他投其所好、百般逢迎，立场不定、看风使舵，躲避责任、不求创新，回避矛盾、充当好人，推卸责任、以邻为壑。对下，他在是非面前无原则，矛盾面前和稀泥；多一事不如少一事，“多栽花少栽刺”，又滑又圆。

(2) 思想上“成熟”。想问题没有独到的见解，全是废话。在决策上，要么不发表意见，要么空话、套话、大话连篇，说得既有原则又正确，但就是什么问题也解决不了；要么顾左右而言他，离题万里，不着边际，乱说一通；要么明知不对，却不敢说或不愿说；要么左也正确，右也正确，张三有道理，李四也有道理，就是自己没有明确的态度。

(3) 工作上“滑头”。讲成绩，夸夸其谈，言必称“上级重视，领导带头”。讲问题，先摆一堆成绩，再用“但是”一转，有现象，无对象。

谈打算，全是上级领导的要求，没有半句自己的话。在用人上，一味搞平衡，察言观色，盯着的态度，上级领导怎么说他就随声附和；自己的真实意见自己不说，却怂恿别人去说；对明显有问题的人，态度暧昧、含糊其词；不守会议纪律，随意泄露机密，移花接木，卖好于当事人，诿过于一把手或他人。在管理上，不能按章办事，不敢大胆管理，宽松有余，严格不足，干多干少一个样，干好干坏无人管。在创新上，不求有功，但求无过，只讲条条框框，墨守成规，不愿从实际出发，有所突破；只讲按部就班，稳字当头，不敢大步跨越，开拓前进。在奖惩上，评选先进轮流坐庄，表彰奖励人人有份，困难补助一个不落，不搞雪中送炭，只搞锦上添花。

（4）作风上“媚俗”。对上表现出较强的“媚气”，上级领导开口半句，点头称是，抓落实满足于“从领导中来，到领导中去”；对下表现出拉拉扯扯的市侩“俗气”，把正常的员工关系庸俗化，热衷于称兄道弟拉“小圈子”。

（5）待人上“客气”。见人面带三分笑，开口“你好”“我好”“大家好”。如果总是为了化解矛盾、取悦他人而唯唯诺诺，最后反而可能会失去人们的尊敬。团队确实在某种程度上需要平衡，但平衡不等于中庸，更不是做老好人、滥好人。这样的人即便做了领导，在下属面前可能也是“和事佬”的形象，因为他们注重的是人情关系第一，而不是绩效第一。

老好人现象在组织中比比皆是。但是，在选择领导时，老好人是不合适的。因为，领导最需要的是维护公理的勇气。“老好人”，其实就是畏惧得罪人，怕因为伤害别人而伤害自己。但是，作为领导怕伤害别人，就一定难以维护企业、单位的公理，这是原则。领导要严格管理，推动工作，必然要对一些不符合要求的人提出更高的要求，必然避免不了对违反纪律员工的责罚，假如你不这么做，错误将接二连三发生。此外，你的“老好人”态度也会间接地告诉员工，不管其工作成绩、做事态度如何，你都不在乎，员工什么时候都不会被责罚。这样，你都不在乎，员工也会跟着你不在乎。最终导致组织纪律松弛，大胆妄为的事情恐怕会不断发生。

所以，领导是最不能当老好人的。领导不可能让人人都满意，努力不去冒犯任何人或者试图让每个人都喜欢你，这会将你引向平庸之路。为什么呢？因为那些害怕得罪人的领导在需要做出强硬的选择时，往往会犹豫不决或逃避，以致延误时机。那些关心自己受欢迎程度胜于关心自己工作效益的领导，一般不敢面对那些需要面对的人和事。况且，领导的权威是依靠公平心、言而有信和按原则办事来维护的。一个领导如果不讲原则，不讲标准和法度，一味地“和稀泥”“抹光墙”，对下级一味哄着顺着，好的不去奖，坏的不敢罚，单位的风气必然被搞坏。那时，即使领导做了好事，给了好处，下属也不一定会领情，因为下属可能更看重公平、正气。所以，作为领导，一定要把规章制度定下来，把奖励标准搞起来。该奖则奖，该罚的一定要罚，关键时要敢于拉下脸子。你干得好，我才给你好处，而且给了你好处，你就要对领导、对组织感恩戴德。

而且，老好人也往往当不了好领导。谁讲原则、谁不讲原则，谁公道、谁不公道，群众心里有杆秤。有的领导总想当个老好人，遇见矛盾绕开走，处理事情瞎和稀泥。总有那么一天，矛盾解决不了，问题堆积成山，事情越来越多。久而久之，群众终于明白，老好人并不好，老好人私心重，老好人当不了好领导。虽然老好人的出发点是不得罪人，但其结果是把大多数人得罪了，这也是不讲原则的必然结果。可以说，一个好的领导绝不是单靠一张微笑的脸就能当成的，而靠的是知识与经验造就的实力。

好的领导像园丁，工作包括施肥、浇水、关心、爱护，但也包括必要的“修剪”。一个只想当老好人的领导不能帮助下属成长，因为他不愿指出和制止一个人的错误，而这是一个人成长的必要条件，就像俗话说的

“严师出高徒”。从这个角度看，从来不批评员工的领导不会是好领导。

职场上的许多事情，仅有好心往往是不行的，还必须有与之配套的身份、职务、权力、时势等。超越了这些条件的许可，仅凭一时的勇气或好心，乱表态、乱拍板，甚至越俎代庖，很可能“好心未必有好报”。所以，有了好心后，还得同时具备做好事的能力、适合做好事的环境，三者缺一，效果必然无法保证，说不定到时适得其反，自讨没趣。

第21讲

为总是忙忙碌碌而苦恼怎么办

想把每件事情都做好，那就不可能把真正重要的事做得非常出色。

——理查德·尼克松

令不少领导感到最苦恼的事，往往是“时间危机”。许多领导每日工作时长达十几个小时，还有许多事情处理不完。真是“吃饭有人等，办公室有人找，路上有人拦，睡觉有人叫”，“走路像排队，吃饭像开会”，“白天下会海，晚上爬文山”。这确实是一些领导工作繁忙状况的真实写照。领导如果每天都忙得这样团团转，那真的就应反思一下了。

有的领导，不管你在什么时候遇见他，他都是风风火火的样子。如果要同他谈话，他最多拿出几分钟的时间，时间稍长一点，他就会伸手把表看了又看，暗示着他的时间很紧张。其实，这往往是因为他在工作安排上七颠八倒、毫无秩序，才如此忙碌。做起事来，也常常因为没有章法而陷入混乱。他总是很忙碌，从来没有时间整理自己的东西，即便有时间，他也不知道怎样去整理、安放。这种无头脑的、迷失方向的瞎忙，抓不住主要矛盾，找不到关键环节，分不清轻重缓急，眉毛胡子一把抓。瞎忙的结果，常常是忙中出乱，忙中出错，忙而无效，忙而无果。

不可否认，忙是领导的正常现象，也是工作积极、事业心强的一种表现，只有什么事也不干的人才不感到忙。对于领导而言，忙碌可能有两种情况，第一种是因为工作千头万绪，事情确实太多；第二种是因为管理方法不到位导致的忙碌。

产生忙乱现象的原因大致如下。

（1）目标脱离实践。有一类领导，他们有一定的天赋和能力，有明确的目标，但这个目标却跟个人的实际和单位的现实相脱节，根本不靠谱。这种忙忙碌碌本着不靠谱的目标的人，认为职场积累不重要，重要的是找到赏识自己的人，他们跳来跳去，往往是瞎忙一场。

（2）领导方法有问题。工作被动，工作抓不住重点，被上级的各种考核和紧急工作牵着鼻子走，费力不讨好；对要处理的问题难决难断，一拖再拖，考虑再三；对所担当的工作，没有比较妥当的通盘安排，没有正常的工作秩序，头痛医头，脚痛医脚，赶上什么就抓什么，这样势必杂乱无章、顾此失彼。

（3）职责不清，分工不明。不懂得作为一个领导，应该管哪些事，不应该管哪些事，而是眉毛胡子一把抓，芝麻西瓜都去捡。

（4）揽权太多。同级的权也揽，下级的权也揽，以为管事越多，权力越大，威信越高；或者过去做具体工作，走上领导岗位后，事必躬亲的习惯一下子改不过来。

（5）形式主义的空忙。时下，空忙已成为当今社会生活中司空见惯又很无奈的一种现象。不少人感叹：每天从早到晚忙忙碌碌，似乎有开不完的会，干不完的事，忙不完的应酬，甚至忙完白天忙晚上，忙完五天忙周末。特别是一些领导的忙，是无谓、无奈的空忙，很大程度上是受形式主义所累，成天忙开会、忙发文、忙检查、忙接待、忙应酬……他们的工作程序是把“屁股”从一个会场挪到另一个会场，笔头从一份文件转到另一份文件，忙在了不该自己忙的位置上。看似热热闹闹，忙得不亦乐乎，而实则并无多大实际意义和效果。

凡此种种，不一而足。说到底，还是领导方法和领导素质的问题。

有人总结得好：大领导应付自如，“眼中形势胸中策，缓步徐行静不哗”；小领导急不可耐、总是忙。大领导忙大事、忙职内事，忙得其所；小领导凡事忙，里里外外都忙。大领导干大事犹如做小事，平心静气，惠风和畅，什么事到他那儿都云淡风轻；小领导有点事儿就折腾，弄得惊天动地。

按星云大师的说法，忙有四种类型：气定神闲的忙、心浮气躁的忙、开开心心的忙和不甘不愿的忙。所谓“气定神闲的忙”，即人忙心不忙。通过提纲挈领，化繁为简，以及分工、授权、交办、协调、指挥等方法处理各类事情，虽然事情多但不觉得忙，再忙也会偷得空闲，不至于忙得讨厌生活。而“心浮气躁的忙”，就是做事没有条理，不得要领，乱忙一气，如同苍蝇蚊子想要飞出窗外，却找不到缝隙，只会往窗玻璃上乱撞，搞得心烦气躁。有的人忙出了名堂，有了成就感，通过忙充实了生活，所以忙得开心，忙得乐意；有的人则是被动的忙，无奈的忙，忙自己不喜欢做的事，所以是心不甘、情不愿的忙，这样的忙，没有任何乐趣可言。

人活着就要忙得开心，忙得轻松，忙得有成效。那些怨声载道的忙，身不由己的忙，不得要领的忙，化简为繁的忙，多此一举的忙，忙而无果的忙，可有可无的忙，有损健康的忙，莫名其妙的忙等，是万万要不得的。很多人对于过于忙碌的生活感觉是：忙、茫、盲、莽。忙到一定地步，人就变得茫然了，再到一定程度，就变得盲目了，再到一定程度，就变成莽撞了，忙得自己都不知道自己为了什么而忙。所以，人可以忙碌，但不能因为忙而失去方向。

许多领导尤其是一把手，最大的问题是放不下心来。因此他总盯着许多小事情，把每天的日程安排得满满的，没有时间去清醒自己的头脑，没有时间思考大问题、重要的问题、战略的问题、效率的问题、学习的问题和个人成长的问题，从而变成了时间的奴隶、小事的奴隶、重复的奴隶，最终活得很累、很痛苦。为什么放不下？原因很简单，其实就是总怕失去。

很多人忙得一塌糊涂，究其原因，就在于没有目标，没有意识到忙碌的意义。所以，对忙碌惯了的人，尤其要注意以下几点。

1. 忙要忙得有效

许多人“为公而忙”没有错，但是否忙而有效、忙而值得，确实需要有一点分析。忙公文，要看公文有没有意义；忙开会，要看开会能不能解决问题；忙接待，要看接待有没有必要；忙应酬，要看是什么性质的应酬。忙而没有成效，只能是白忙、瞎忙、空忙。忙要忙到点上，这个点就是抓落实、办实事、解难题。如此，我们的工作才富有成效，我们的忙碌才更有意义。

2. 忙要忙得有序

忙，每个人都不可避免，有时候确实会出现任务扎堆的情况，但忙不能成为一个人的常态，更不能成为逃避承诺的借口。所有的为官者都应该感到自己很忙，感觉到当官不轻松。但是，忙要忙于正事、忙于工作，就是说，领导在忙工作的时候，应着眼于事业发展，立足于职责定位，做到有所忙、有所不忙。对于该忙的事情，必须当仁不让，尽心竭力。作为领导，合理的工作规划与安排至关重要，要学会将合适的任务分配给合适的人。领导不要被繁杂琐碎的日常工作牵着鼻子走，而要习惯于自我反思，在一年之末、一月之末、一周之末、一日之末，静下来思考一下，这一年、这一月、这一周、这一日做了哪些工作？取得了哪些成绩？积累了哪些经验？还有哪些没做好？还有哪些不足？成功领导的一个共同特点是，只考虑那些有重大影响的问题，绝不会将时间浪费在应该由下属来完成的工作上。

3. 忙要忙得到位

对于哪些工作必须自己做，哪些应由别人做；哪些事自己做主，哪些事要集体研究，等等，领导必须要胸中有数。而要建立这样一个科学的工作秩序，就必须建立健全岗位责任制。领导班子成员之间，领导与副手和助手之间，横向职能部门之间，纵向上下级之间，单位与单位之间，个人与个人之间，都要划清各自的职责范围，使之各负其责。不该领导管的事，坚决不管；该管的事，主动去询问；凡所属单位提上来需要领导拍板定案的问题，必须要求把情况和意见一并拿上来。如果应由下属处理的问题，下属不处理，把矛盾上交，领导则不应受理。

4. 忙要忙得值得

凡事“合适”即可，不要盲目求多、贪多，否则，事情就有可能搞成一团乱麻，理不出头绪。把重要的事情放在第一位，并不是说要第一时间做重要的事情，或者是先做重要的事情，而是要将重要的事情放在优先考虑的位置，不论时间还是资源，都要向重要的事情倾斜。这样才是忙得值得，值得去忙。

5. 忙要忙得充实

这是忙的最高境界。要达到这种境界，最重要的是要把时间支配权掌握在自己的手中。如果说成功与失败之间有一个区别的话，那就在于晚上。许多人白天都在忙，但有用来工作的，有用来浪费的，有用来消遣的，有用来娱乐的，有用来逃避的。如果你的白天浪费了、虚度了，希望你在晚上补回来，晚上才是你超过别人的时间。每天晚上拿出一两个小时为自己努力，坚持下去，你就会跟别人不一样。

6. 忙要忙得从容

一般不要表现出匆忙和着急的样子，忙会显得你对时间缺乏控制能力。要让自己始终看上去从容不迫，似乎已胸有成竹，似乎所有的事情最终都会为你所掌控。另外，忙碌有时候像一杯醉人的毒酒，让人沉溺其中。归根结底，瞎忙的根源就是没有目标、没有重点，结果忙的往往是无关紧要的事情，而重要的事情则一拖再拖，更糟糕的是自己都不知道什么是最重要的事情。摆脱瞎忙，就要从容一些，淡定一些，镇静一些，不断地抽出时间，反省自己，问自己：我现在最应该做的事情是什么？从而帮助自己养成要事第一的意识和习惯。同时坚持进行规划，并白纸黑字地写出任务清单，以监督提醒自己。

7. 忙要忙得有益

适当忙一些有益于健康，这是有科学依据的。现代医学认为，每个人都有一条生命曲线：上升期（生长发育期）—稳定期（成熟发达期）—下降期（衰老期）。如果一个人能始终坚持勤奋工作，而不过分疲劳，就能促进生长发育，保持较长的生长发育期，延缓衰老。相反，如果一个人什么事也不干，懒懒散散，身体各个器官得不到活动和锻炼，就会导致血脉不畅，肌肉逐渐萎缩。无所事事还会产生孤独和失落感，致使机体各个器官的生理功能紊乱，危害健康。英国作家卡莱尔说："工作是个人最好的健康锻炼。"美国成人教育家卡耐基也说："要忙碌，要保持忙碌，它是世界上最便宜的药，也是最好的药。"

8. 忙要忙得有方向

作为领导，必须有明确的远大目标和方向，这样才不会总是忙忙碌碌、碌碌无为。

长安城西的一家磨坊里，有一匹马和一头驴子。马在外面拉东西，驴在屋里拉磨。后来，这匹马被玄奘大师选中作为他的坐骑，前往印度取经。

17 年后，这匹马驮着佛经回到长安。它重到磨坊会见驴子。老马谈起这次旅途的经历，驴子惊叹道："你有多么丰富的见闻呀。那么遥远的道路，我连想都不敢想。"老马说："其实，我们跨过的距离是一样的。当我向西前进的时候，你一步也没有停。不同的是，我同玄奘大师有一个遥远的目标，所以我们走进了一个广阔的世界"。芸芸众生，原本相近的一群人，为何成就却有天壤之别呢？其实原因很简单，就像那匹马与那头驴子，当马向西天行进时，驴子却在围着磨盘原地打转。

第22讲
不善做说服工作怎么办

天下能令人真正地去做事的方法其实只有一种，那就是令他们自己想要去做事。除此之外，别无他法。

——戴尔·卡耐基

在管理中，善于说服他人，就能够争取到对方对自己观点和做法的支持，进而征服别人，形成合力，完成工作任务。许多时候，当我们满怀期待地向领导汇报自己的独特见解和发现，并提出具有创造性的工作设想时，领导往往并不认同，甚或不屑一顾；当我们满腔热情、慷慨激昂地向班子成员和下属陈述激动人心、富有创意和突破性的工作思路和发展目标时，呈现在同僚和下属脸上的表情往往是冷漠甚至冷笑、鄙夷。即使事后证明自己的看法确实非常有见地、非常有价值，如果被采纳和实行，肯定会产生巨大的促进作用，但是，由于没有引起积极的回应，没有变为实际的行动，一切都是风过不留痕，似乎一切都不曾发生，而留下的唯有领导心中的遗憾和痛楚。许多领导常常为此感到苦恼。对此问题不仅要从方法上去反思，更要从意识上去挖根源。

所谓领导，它是一个相对概念，对上是下属，对下是领导，对内对外是员工。但其基本特征是：有一定的职务头衔，以对人的管理工作为其主要工作，在一个地区、一个部门、一个单位，处于统领、指挥地位，并对下属起导向、引导和指导作用。为了履行自己的职责，在其位谋其政，当一名上级信任、下级拥护的称职领导，就必须善于从积极的方面表现自己，从而影响下属。而表现自己、影响下属的一个关键方面就是增强说服力。

领导过程其实就是说服过程，说服是做好领导工作的一项基本功。领导力的精髓就在于你能否在自己周围营造激动人心的气氛。说服力是领导整体素质和能力的一个重要组成部分。说服，就是用理由充分的话使对方信服。对领导而言，就是通过对员工施加积极影响，与大家积极沟通，协调激励，把大政方针、法律法规、领导意图向员工说清楚，从而使员工信服、接受、认可、认同，从而获得拥护，获得自觉追随的过程。在这个意义上，说服力可以表示为：说服力＝影响力＋沟通力＋协调力＋激励力。可见，领导的说服力是一种极为重要的能力。如果没有说服力，就没有领导力、影响力、动员力、组织力、整合力、执行力，也就不能实现领导目标。由此，说服不仅是一种工作方法，而且是关系事业成败的大问题。

但现实中，一些领导很不重视说服工作。通常有以下几种表现。

(1) 刚愎自用、自以为是。潜意识地把等级、官职和地位当作判断意见正确与否的标准，认为布置工作就是我说你听，理解的要执行，不理解的也要执行，不仅不善于说服别人，而且根本就很少打算要听取别人的建议，一意孤行地强制推行自己的主张，还把这种行事风格作为有权威和有魄力的象征，结果常常是成事不足、败事有余。

(2) 将自己的所谓好心强加于人。对事情的判断缺少理性，重视教条而忽视实际，陶醉于虚荣甚至虚伪的道义责任，违背常识，违逆常情，不屑于同别人和下属平等地协商。

(3) 具有过于功利的欺诈诱哄心理。崇尚庸俗的交易原则，遇到意见分歧，不是立足于阐释道理，各抒己见，集纳正确的意见，深化对问题的认识，而是放弃正确立场，投其所好，拿原则做交易，买通或者诱骗别人同意自己的意见，结果往往成了一己之私，败坏了良好的风气，给工作全局造成很大危害。

(4) 具有近乎蛮横的强权剥夺心理。只能容纳别人的赞许和附和意见，一听到不同的意见，就浑身不自在，甚至勃然大怒，急不可耐地予以辩驳和压服。如果自己的主张未获赞许和执行，不是平和地再想办法与人协商、沟通，以求最大限度地达成共识，而是彻底放弃，垂头丧气、破罐子破摔，赌气、怄气和撒气，造成人际关系严重恶化。

（5）具有弱势屈辱意识，缺乏平等讨论的勇气。自己的主张遇到阻力，尤其是被上级质疑、否决时，不是据理力争，而是唯上是从，该说明的不说明，该解释的不解释，该坚持的不坚持，不仅自己窝囊，还连带着下属和工作都受牵累。

（6）具有心理自闭倾向，缺少应有的人际互动能力。怯于和拙于与他人打交道，对自己的主张不善于陈述，对不同于人的看法羞于表达。尽管有很多不错的想法和可行的办法，但没法与人分享，客观上降低了自己的领导作用。

究其实质，一些领导不重视说服人、不会说服人，同我们根深蒂固的专制性的行政文化息息相关。这种专制性的行政文化具有浓厚的尊卑意识、等级观念和强力甚至暴力的支配意识，缺少平等、沟通、理解和包容意识。在这种文化氛围下，领导往往只推崇权力的力量和道德的力量，过于强调不令而从、不禁而止，而不习惯进行思想的交流甚至交锋，不注意进行感情的沟通和交融，不能容忍不同意见的相互争论，把不同意见视为反对意见，既忽视说服人，也缺少被别人说服的心理准备。其结果是，许多领导潜意识里都是暴君和奴才，即当自己有权决定的时候，专权独断，听不进别人的意见；而当自己不具有决定权的时候，缺少积极说服别人的意识、行动和方法，而是消极地服从、违心地屈从，或者有一种卧薪尝胆的阴暗心态，想等待着自己有绝对发言权的时候再说话和发号施令。对此，每一个领导都应该反思自己。也许自己是无意的，但这种习惯性的认识的的确确影响了领导说服力的提高。

领导要有效说服人，应注意以下几个原则性问题。

1. 多换位思考

领导要说服别人，就必须让他了解你的主张到底能给他带来什么利益，因为任何人都最关心自己的利益，所以，要多多考虑下属的立场、想法，知己知彼，尽量满足对方的需要，尽量顺着对方的心思，让下属从内心接受你的主张。让你的主张变成他的自觉行动，当然，这并不是说要一味顺着下属，当遇到一些原则性的问题和大是大非的问题时，当员工的利益与单位的总体利益相冲突时，当员工的主张明显不合情理时，就必须坚持原则。这就要求领导平时多观察员工，多从人情方面去了解员工，弄清楚他们的所思、所想、所为，遇事自然会做到领导主张与员工利益相结合，提高职工的积极性和满意度。

2. 既要有理，还要有礼

客观地说，一级有一级的水平，许多情况下领导的见识都能高人一筹。但领导不能自认为有高明的见解，就可以颐指气使。领导的意见要让人真心服从，除了意见有道理之外，还在于领导要有谦虚谨慎的态度和平易近人的作风。许多时候，下属不同意领导的意见，并非是意见分歧有多大，而是反感领导不可一世、不容置辩的态度。因此，领导要说服人，一定要讲求礼貌、遵守礼节、折节下士，以退求进，面子上让三分，效果上进一步，避免不同看法的交流变成个人意气的无谓纷争，力求让人愉快地接受自己的意见。

3. 要讲究针对性和关联性

作为领导，实际工作中应针对不同的人来明确不同的任务，确定他们在近期内应实现的转变。如果不为他们树立一个他们认为可以实现的目标，双方就会谈不拢，充其量也只能使他们消极服从。同时还应认识到，任何具有持久效果的转变都是渐进的，想使你的说服工作一蹴而就，只会降低你的说服力，而“别人能，为什么你不能”的态度则会使说服者仅有的一点说服力也荡然无存。因为，一个只会苛求于人而不理解人的领导，不会被认为是一个好领导。同时，在实际工作中，除了领导能影响员工外，员工们彼此也在相互影响。每一个人内在而隐秘的服从模式是复杂的，应认识到每一个人都与他接触到的人享有某些共同观念，这种领导可能根本无从知晓的交互影响，既可能强化领导的说服力，也可能钝化、弱化领导的说服力。要对说服对象有更多的了解，创造服从效应，善于利用这种关联效应。

4. 既要立足于积极说服人，也要随时准备被人说服

领导之所以要说服人，是因为他认为自己的主张是正确的，自己对别人的要求对事业和他人都有益。因此，态度一定要积极坚定，方法一定要灵活多样，要有不达目的誓不罢休的坚强意志。但是，说服人不是强制别人认同，而是与别人进行的平等思想交流、语言交锋和智力博弈，也可能道理在自己这一边，自己技高一筹，说服了别人；也可能道理在对方那一边，别人的观点更有说服力。假若对方的观点更具有正确性、可行性和更高的社会认同度，那么自己就要有豁达的胸怀，甘拜下风，接受正确的意见。再者，在说服对方的过程中，如果积极采纳对方观点中有益的成分，取长补短，也更有利于说服对方。

5. 提高自己的知识文化修养

没有一丝真知灼见，没有一处幽默的描绘，没有一个形象的比喻，没有一条值得称道的独特见解，没有一点儿真实的情感，你仍不自量力地去说服别人，那么你的说服注定是苍白无力的。领导的说服力与其知识的多少、学问的深浅成正比，领导应该在学习和实践中不断丰富、加深自己的知识文化修养。说服力强的人，最大的特点就是会说话。同样的事，同样的话，被他们一整合、一修饰、一升华，听起来就舒心，回味起来就暖心，执行起来就顺心。

6. 从让人认可你这个领导开始

一个领导梦想或价值的大小常常并不是决定其能否实现说服的关键，

而起关键作用的往往是领导自身的能力、水平和层次。在你要求员工向你提出的目标前进的时候，他们必须先接纳你作为领导的角色。在他们接纳你作为领导的角色之前，你必须赢得他们的信任，并获得其认可。信任是将人们凝聚在一起的强力胶。

7. 不妨让下属先说出他的看法

即使是同一项工作，别人告诉你怎么做和你自己说出来再去做，两者的感觉是不同的。命令了再做就没意思了。而按照自己的想法做却很有乐趣，这是很现实的。说到底，工作的热情来源于个人的兴趣。所以，要使下属觉得工作有意思，领导就要尽可能地控制自己对下属发号施令的想法，鼓励下属自己说出来。有的领导特别是新领导，工作热情过分高涨，好为人师，总是迫不及待地赶在下属前面对他下指示，而下属则觉得自己像被人追赶一样，感到厌烦，工作态度往往会十分消极。如果你与下属有同样的想法，让下属先说出来吧！

第23讲

患上“升迁焦虑症”怎么办

只有经历了早期磨难的人，才能更好地应对未来。那些少年得志，在事业的阶梯爬得太快的人，往往更容易陷入困境。因为他们误以为自己是英雄。

——丹·舒尔曼

年轻领导对职务升迁的追求，是促进其成长成才的动力之一。但由于任何一个单位与行业的职级结构都是“金字塔”形的，一个人到了一定职务或层级之后，再往上升迁的不确定性因素会越来越多，也更容易触及“天花板”。个人对职务升迁的过分追求往往会带来升迁焦虑，即升迁问题给个体带来的心理困扰，表现为一种持续性的情绪紧张，严重的还将导致个体思维乃至人格的异化。

年轻领导学历较高、知识结构较完善，有朝气、有锐气、有正气，但由于经历、资历等方面的不足，在成长道路上，容易受自身因素、世俗及周围环境的影响，出现一些不容忽视的问题。作为年轻领导，该如何解决成长过程中的烦恼？如何克服成长焦虑症？笔者认为，关键是要正确识己、待己，把握好健康成长的规律，选择好茁壮成长的路径。

现实中，一些人年纪轻轻就受到了鲜花和掌声的簇拥。其实，从人的成长规律来看，成功太早未必就是好事。成功太早，没有经历长期奋斗的艰辛，没有遇到失败的打击，容易骄傲自满、故步自封，在鲜花和美酒中陶醉，在掌声和恭维中沉迷，往往可能凭聪明小有得意、借东风偶有建树，但终难成大器。因为成功是需要积累的，特别是大的成功，没有殚精竭虑，没有一次次的探索，是垒不起成功的金字塔的。而晚来一些的成功，往往可以任人去从容不迫地体验奋斗中的酸甜苦辣，可以细细品味生活中的丰富多彩，在漫长的前进道路上走得扎扎实实。

年轻领导升迁焦虑的原因因人而异、因事而异，是复杂而多方面的，但其中也有规律可循，因为导致焦虑的内在本质要素是具有共性的，既有年轻领导自身的主观因素，也有干部选拔任用机制的客观因素。主观因素分为价值层面、学习层面、政绩层面、人际关系层面、机遇层面五个方面。客观因素分为能进不能出、公平失衡、升迁渠道堵塞三个方面。

（1）价值层面。一些年轻领导错误地把自己的职业优势看成是自己的优势，把职位赋予的权力看成是自己的权力，这催生了一心向上爬的单一价值观，既看不到自身的不足，也没有正确认识自己，盲目高傲地遮蔽了看到别人长处的眼睛，“官本位”思想表现强烈，价值层面的认识模糊不清，对权力朝思暮想，产生权力焦虑。

（2）学习层面。一些年轻领导不注重学习，不思进取。加之干部选任程序化的操作，素质单一或者在某些方面存在比较明显局限的干部，即使专长突出，也很难过得了标准关和程序关，从而在职务升迁上丧失竞争力。久而久之，就产生学习焦虑。

（3）政绩层面。部分年轻领导不注重打好基础、做出实绩、提高自己和修身养性，在不具备一定实绩和实力的时候，就急着要得到提拔重用。

（4）人际关系层面。有的年轻领导素质较高、人际关系较好、有一定的处事艺术，因此得到领导的信任和同事的肯定。但这往往会招致其他年轻领导的冷嘲热讽甚至是排斥。如果不够低调和平易近人，继续高调和傲慢，那么人际关系就会陷入困境，自身潜在的升迁环境也会恶化，从而产生人际关系焦虑。

（5）机遇层面。当干部职位调整时，尤其是在领导岗位出现空缺，采取公推公选、公开选拔、公平竞争的方式选拔干部时，由于年龄、论资排辈及其他因素，部分年轻领导屡屡在升迁门前“摔倒”，不由自主地产生机遇焦虑。当前的体制下，机关和事业单位“出”的渠道，只有退休、处分问责和调离工作岗位等，除非自愿“下海”或因违法乱纪被开除公职，这导致了“出口”堵塞。

年轻领导的成长是一个剔除“杂质”、百炼成钢的过程，是一个自我完善、不断扬弃的过程，是一个起伏不平、蜿蜒曲折的过程。对于人来说，趁年轻时多走点弯路，未尝不是好事。因为弯路赋予我们走捷径的经验。作为年轻领导，在百炼成钢的艰苦过程中，要正视自己，扬长避短；坚定信念，不断学习；注重实践，提升能力；勇于担当，甘于奉献。只有这样，才能干出实实在在的业绩，赢得组织和群众的认可，为自身的成长铺就一路锦绣。

对待升迁，年轻领导要做到以下几个方面。

1. 平衡心态，打好成长之基

年轻领导要加强修养，对升迁保持一颗平常心。对他人的升迁，要保持客观的心态，并以他人为榜样，化压力为动力，多下基层锻炼、提高威信、提高修养、做出实绩。如果自己得到提拔使用，更该保持谦虚的心态，并在新的岗位上踏实工作，干出一片天地，升迁焦虑也就无处可生了。对待挫折和失意，要保持良好的心态，消除升迁无望的焦虑，在挫折中前进。要学会在哪里跌倒就在哪里爬起来，在逆境中锻炼自己、磨砺意志。只有以平常心看待升迁，摆正位置、端正自己的进取心、正确认识自己，才能从主观方面消除升迁焦虑。

2. 提升能力，浇铸成长之本

心高气傲、不肯“屈才”认真做好本职工作，是一种非常可怕的心态。一个人如果总觉得工作不如意、事事不顺心，往往只有一个原因，那就是他的心态没有调整好。可以说，没有不好的工作，只有不好的心态。在工作的第一阶段，最重要的是获取能力与经验，而且只要有能力、有素养，自然就会获得好的回报。其实，我们许多人都不缺少做大事的雄心壮志，但缺少的恰恰是踏实做事的耐心。如果不想一直在职场最底层工作，那唯一的办法就是不断学习和提升自己的能力。

3. 不怪领导，适当表现自己

刘备三顾茅庐的故事尽人皆知。其实如果在这之前，诸葛亮没有把自己的品牌做得足够大，没有把自己的才干向他的朋友、同学、老乡、老师刻意进行传播，刘备可能去三顾茅庐吗？绝对不会。回过头来想一想，这个事情好像是诸葛亮有意设的一个局，然后刘备就不知不觉地钻到这个局里面来。所以，假如我们是诸葛亮，现在的领导不赏识我们，那么自己是不是也可以设一个局，想出一些办法，让上级发现自己的才干，让上级赏识自己、相信自己、信任自己，然后给自己机会、给自己平台呢？因此，我们不要怨天尤人，不要怪领导，而应该怪自己，反思一下自己，该发挥的时候有没有发挥，该表现的时候有没有表现，是不是表现得淋漓尽致，让领导相信你能够做事情。

4. 克服浮躁，踏实干事

在这个瞬息万变的世界，当我们对自己失去准确定位的时候，就会对未来感到迷茫，辨不清自己前进的方向。这样只会让人浮躁，无法宁静，急功近利，以致失去自我。无论是为人还是做事，如果沾染了浮躁，不但解决不了问题，还会使人盲目。面对晋升问题，也要克服浮躁，晋升需要历练、需要机遇、需要实绩、需要心静，每个年轻领导都要学会满足，学会踏实做事，让自己的身心处于一种宁静、平和的状态，学会去适应环境，真正干出点事来，让人们称道，在此基础上，才会为自己不断进步打好扎实的基础。

第24讲
被人认为幼稚、不够成熟怎么办

子绝四：毋意，毋必，毋固，毋我。

——《论语》

领导的心智模式和行为方式相对而言应该是比较成熟的，但由于受环境的影响，有的领导有时却像孩童一样，表现出一种明显的幼稚症状，特别是一些年轻领导和缺乏历练的领导。因相对简单的经历和相对缺乏的领导经验，往往容易以自我为中心，以自己的感受为行动的导向，在纠结中不能正确处理自己和自己、自己和他人、自己和环境的关系，表现出心理上和行为上的不成熟。轻者经常出现状况，被人看轻和议论，重者则仕途曲折，甚至因此而前途暗淡。许多人为此非常纠结，自己该如何改变这种状态呢？

幼稚是因为思想的单薄、思维有缺陷。幼稚的思维是简单的、直线条的，不知道迂回，不习惯变通，走到头才发现不是想去的地方。该种思维通常表现为：观察形势不全面，思考问题不周密，说话跑题，办事离谱。幼稚性思维最常见的毛病就是顾此失彼、片面偏执。思维一旦幼稚起来，可能导致两个后果：一个是把复杂的问题简单化，一旦付诸行动，必然阻力重重；另一个是把简单的问题复杂化，使其横生枝节，增大解决的难度。

“给点阳光就灿烂。”年轻干部普遍具有被赏识的欲求，因为一旦下属赏识，就为自己的前途奠定了基础，也使自己更自信。但赏识是把双刃剑，如果不能正确把握被赏识后的表现尺度，就会忘乎所以，这样的话，赏识非但不能助推成长，反而会成为成长的障碍或阻力。例如，有的年轻干部把领导赏识看作一份资本而骄傲自满，自我感觉高人一等；也有的拿领导的赏识到处炫耀，想借此引起他人的注意；还有的把领导赏识作为一种筹码，狐假虎威，借此笼络人心，或向他人施加影响，等等。以上表现，大多是在无意识的情况下发生的，但其消极影响是显而易见的。例如，会让他人感到很不舒服，会使他人疏远自己，甚至会引起他人的反感或嫉妒，等等。

现实中，年轻领导的“幼稚症”常常表现为以下几个方面。

（1）孤芳自赏。一些年轻领导有很多优势，如学历高、知识更新快、思维敏捷等，这些都是成长的资本。但是，这些优势只有通过实践才能转化为工作业绩，得到他人的认可。现实中，有些年轻领导没有认识到这一点，孤芳自赏成为其主要的思维方式和行为习惯。有的总是喜欢拿自己的优势和他人的劣势做比较，由此自认为高人一筹、沾沾自喜，不把别人放在眼里；有的对他人的工作指手画脚，自己不干，却喜欢对他人品头论足，尤其是议论他人的不足；还有的喜欢坐而论道，说起来头头是道，做起来却手足无措。

（2）好高骛远。因为年龄优势，年轻领导会对自己的前途充满期待和幻想。但在现实中，有的好高骛远，结果增加了理想破灭的概率；有的眼高手低，大事做不来，小事不愿做，整天无所事事，无所作为；有的高谈阔论，只谈理想，不做当下的事情；还有的好大喜功，一心只想做大事、立大功、当大官，心浮气躁，搞形式主义。好高骛远实质上就是个人理想的变异，其带来的最大坏处就是容易让人想入非非，不切实际，最终一事无成。

（3）爱听“好话”。爱听好话是人的本能，有的领导被下属顺着、让着、敬着，时间长了，就只喜欢听好话。但往往“好话”听多了，听习惯了，就没了自知之明，就会自我感觉良好，傲气十足，自以为高人一等，员工的意见、建议以及别人的提醒就不容易听进去了。长此以往，就会闭目塞听，工作就很容易因主观臆断而偏离客观实际，领导本人也就容易犯错误。

(4) 唯我独尊和任性。任性的孩子总是以自己主观喜好去做事，或对个人的需求和愿望毫不克制，全然不理会他人的感受。有些年轻领导在被委以重任后，眼睛只盯着自己的权力，忘记了权力的来源，摆不正自己的位置，总感觉自己了不起，唯我独尊。这样往往会让上级感到其不成熟，让同事感到其不谦虚，让下属感到其架子大，久而久之，必然会影响自己的形象和威信。

(5) 固执己见。有些年轻领导很善于思考问题，经常会提出一些工作上的创新想法，但也因为工作阅历和经验的相对欠缺，又经常固执己见，常常把从本位或自我出发形成的工作想法误以为适用全局，不被采纳就心里不悦，强词夺理，我行我素。

(6) 依赖性强。小孩子一般对父母和家人都存在很大的依赖思想，再加上一些父母溺爱孩子，家长们包揽了孩子力所能及的很多事情，以致孩子养成了“饭来张口，衣来伸手”的坏习惯。现在有不少领导的依赖性也很强，一方面，工作依赖上级安排，依赖下属落实，习惯于开会作指示、平时听汇报；另一方面，讲话、发言请他人提前“捉刀”，既不用动脑，也不用动手，秘书成了领导手中离不开的“拐杖”，真正成了“动口不动手”的“君子”。长此以往，领导就会荒废了课堂、生疏了专业，离实践越来越远，离真理越来越远，结果，除了“官腔”“官气”，什么都不会。

(7) 管理“幼稚病”。管理“幼稚病”患者会认为，“革命传统”应该永远传承下去，花了培训费就必然要产出人才，考核就能够控制所有行为，企业文化宣传可以消解每个人的个性和私心。因此，管理“幼稚病”患者往往打造出的是一座模范监狱。当你某一天感觉手中已经有了一整套“完备成熟、四海一家的管理模板”时，那么，很可能你已经成为了管理“幼稚病”的感染者。

一般来说，幼稚与年龄和经验有关，但职场的幼稚却稍有不同。职场既是“场”，必然有“场”的奥秘，有时，这种奥秘会掩住真相，误导人作出幼稚的判断。唐高祖李渊久经风霜，早修炼得刀枪不入，但在晚年，围绕选立太子问题，却多有幼稚之举。他早已选定长子李建成，后又看好老二李世民，私下里多次以天下相许。事情本来简单，经他一折腾，马上变得复杂起来。当两子争锋，局面将要失控时，他又异想天开，酝酿了两个更离谱的方案，一个是把天下一分为二，让老大在长安当头，老二去洛阳称霸；另一个是让老二接班，把老大弄到蜀国当王。问题既已复杂，李渊却想简单处理，屡犯低级幼稚的错误。玄武门血案的发生，他负有不可推卸的责任。

职场是精英集聚的场所，是智力比拼与竞争的平台，任何冲动盲目以及情绪化都可能留下不良痕迹，都将被列入幼稚的黑名单。你可以有个性，有锋芒，大刀阔斧做事，但必须依理而行，不能冲动任性，不能突破群体所认可的底线。感情用事所引发的幼稚行为随处可见，比如，得到表扬，就满世界张扬；受了批评，就解释个没完；荣辱临身，就言行失据，表现过火；境况顺利，就目空一切；遇到挫折，就心灰意懒，等等。凡此种种，只要沾上其中的某条，就足以说明你修炼不足，幼稚尚存。

要知道，管理是一杯口味复杂的鸡尾酒，需要在每一个新的要素注入时，产生化学反应，随机应变。最高明的管理，不是最完备的管理，而是保持了弹性、可能性和开放性的管理。在官方的评价用语中，成熟这个词我们很少看到，这也没多少道理好讲，你是领导，就必须站在墙头上，必须成熟，没有这个起码的高度，就不可能当好领导！成熟是个大课题，成熟的背后堆满了复杂的东西，任谁都马虎不得。官场本身就是个成熟之地，既有完善的构成机制，也有成熟的运行规则。对场内人而言，成熟是不言自明、无须论证的，你是否成熟，成熟到了什么地步，别人心里绝对有数。

要克服幼稚症，做到成熟为官，应学习以下几点。

1. 要有审慎笃实的行事风格

少说多做是传统文化的重要观点，孔子曾严厉批判“巧言令色”，主张“讷于言而敏于行”。时至今日，这个观点仍有价值，仍是成熟的应有之义。现在的问题是，很多人喜说厌做，问题还没弄明白，就敢表态，敢下结论。遇有分歧，口水仗没完没了。人如果总是这样，只能离成熟越来越远。真正的成熟，应该审慎，看不懂就闭嘴，想好了才去做，构建冷静、慎重、务实的领导风格。

2. 有自我调节的功夫

人在职场，经常要承受荣辱得失，面对进退去留，很难做到完全超脱。成熟与否，就在于如何处理，能不能想得通、看得开、放得下。因为事实已不可更改，愤懑无济于事。成熟的态度当然是事前力争，事后放下。不服气就自我调节，把情绪理顺，让心态平和，看看天空，想想未来。走出这样的困境，你可能就成熟了。

3. 正视自己，磨炼自己

举个例子：一个自以为很有才华的人，一直得不到重用，为此，他愁肠百结，异常苦闷。有一天，他去询问上帝：命运为什么对我如此不公？上帝听了沉默不语，只是捡起了一颗不起眼的小石子，并把它扔到乱石堆中。上帝说：“你去找回我刚才扔掉的那个石子。”结果，这个人翻遍了乱石堆，却无功而返。这时候，上帝又取下了自己手上的那枚戒指，然后以同样的方式扔到了乱石堆中。结果，这一次，他很快便找到了那枚金光闪闪的金戒指。上帝虽然没有再说什么，但是他却一下子醒悟了：当自己还只是一颗石子，而不是一块金光闪闪的金子时，就永远不要抱怨命运对自己不公平。上帝给谁的幸运都不会太多，面对不佳的际遇、一时的坎坷，面对周围人的轻视，大多数的人都抱怨命运的不公、上帝的捉弄，却很少有人能正视自己，问一问是否已经将自己磨炼成一块金子，一块熠熠生辉足以让人一目了然的金子。

4. 切忌听风就是雨

领导面对的情况较复杂，什么人都可能遇到，什么声音都会听到。面对来自四面八方的各种声音，要做到不上当受骗，不被别人牵着鼻子走。实现这个目标的最有效的办法就是听归听，但不轻易表态，不贸然下结论。如果仅听一面之词，就轻易表态，是最容易受蒙蔽、最容易被人摸着底细、最容易被人操纵利用的，也是一个经验丰富的领导最忌讳的。别人反映情况，不听则难于了解情况，难于取得别人的信任，但一听就信则不妥，听了之后应认真思考，多方验证，辨别真假，然后再表态。这不是怀疑一切，而是防止被那些心术不正、别有用心的人迷惑而采取的必要手段，是力避欺骗、少犯错误的正确选择。

年轻领导追求成熟是成长的需要，也是成长的标志，因为人最忌讳别人说自己不成熟。但追求成熟切莫走火入魔，失去清纯、质朴、坦诚的本色。与本人年龄不符的成熟，是一种畸形、变态的早熟，会破坏心性的正常发展，不仅不容易获得别人的悦纳，还降低了人格、心智、心胸、品行和能力全面发展的可能性。年轻领导成熟、老练得不像年轻干部，就容易令人生畏、生厌。因此，不要刻意去追求成熟，不要刻意地取悦同事与领导。不要心机太重，不要自作聪明，还是多保持一点本真的自我为好。

5. 不要被喜欢，而要被尊敬

领导特别是年轻领导，都希望得到员工的尊敬，但尊敬并不等于喜欢。喜欢是脆弱的，太过于在乎员工喜好，做事就容易畏首畏尾，甚至会趋于讨好对方，丧失做事的原则。一旦领导不能满足员工的要求，员工就会变笑脸为怒视。而尊敬是强有力的，只要领导能够证明自己比员工的能力更强，要求自己比要求员工更严格，那么，即使员工被批评得遍体鳞伤，员工也将毫无怨言。

直面下属的问题

“问题下属”是指那些本来有能力把工作做好，但由于主观意愿而不去努力工作的人。这些人在工作中很难与他人合作，不愿接受管理和约束，他们的行为很容易破坏团队的良好氛围。每个单位与部门都有“问题下属”存在，这些下属分布在团队的各个层面，虽然数量不多，但对于领导来说，要处理“问题下属”往往耗心费神，但不处理又“如梗在喉”，最终不得不拿出时间来“对付”这些“问题下属”。但通常，一些领导的管理方法也很简单，要么是实行“专政”，将这些难缠的“问题下属”或工作“禁闭”或“淘汰出局”；要么就是“委曲求全”“网开一面”，睁一只眼闭一只眼，失去了领导的尊严与威信，这些都是不可取的。

“问题下属”之所以会成为有“问题”的下属，一般来说，肯定是有某些问题或“症结”在里面的。因此，针对下属存在的不同“问题”，深入挖掘，探其实质，是有效解决这些“问题”的关键所在。“问题下属”的形成原因一般不外乎两个方面，一是自身原因造成的“问题”，二是外部原因造成的“问题”。

自身原因是由于其自身的局限而使自己的心理、行为出现“异变”而产生的“问题”，大致有三类：一是心理失衡型，即由于对身边与自己类似的事或物的比较而产生的心理不平衡，而表现出来的心理失常。比如，有的员工在看到原来同一级别的同事成为了自己的领导后，心中就存在不平衡心理，因此，在工作中经常不配合或“捣乱”，或者散布一些领导在某些方面不如自己的“贬损”言论，从而成为领导眼中的“问题下属”。二是习惯使然型，即由于个性因素造成的自身“问题”。比如，有些下属由于自身原有的习惯，平时工作作风懒散、拖拉等，这也是“问题下属”形成的一个主要原因。三是有恃无恐型，即感觉“朝里有人好做官”，依仗自己的朋友、亲戚在上级担任要职，因此，对领导不理不睬，对工作不冷不热，从而也成为难以管理的“问题下属”。

外部原因是由于外在环境的改变导致一些下属成为“问题下属”，一般有四类：一是工作失宠型，即由于领导撤换，或自己工作不力被降职、降级而成为心理有问题的人。二是家庭变故型，即个别下属由于家庭的不幸而心理失常。比如，有的员工由于家庭失和、闹离婚、家里遭遇变故等，而情绪不稳，工作起来没有积极性。三是压力过大型，即由于工作目标制订得过高，或下达的指标超出自己的实际承受能力而造成的心理负担过大，因而工作起来忧心忡忡、烦躁焦虑、思想消极，让人感觉有“问题”。四是以牙还牙型，即由于误解领导“不公平”、对自己有偏见，而“积怨”颇深，在一些场合故意顶撞领导，以出自己心头怨气等。比如，有的业务员认为领导给自己制定的销售目标不合理，给自己提供的晋升机会少，对领导一直都是“横眉冷对”，从而给自己戴上了“问题下属”的帽子。

作为领导，只有探清了“问题下属”问题产生的根源，才能根据其“问题”类型找方法，从而将各种矛盾消灭在萌芽状态，防患于未然，发挥团队的合力，从而取得更大的成绩。

美国管理心理学家约翰·莫尔斯和哈佛商学院教授杰伊·洛希提出，管理要善于应变，将工作、组织、个人、环境等因素作最佳组合。员工的个性特征与需求是多种多样的，作为领导，不要压制他们的想法，而应巧妙地利用他们各自的不同。一个聪明的领导，不仅要利用心理学研究员工的性格特点及心理状态，更应采取多样化的管理手段，对症下药，才能取得事半功倍的效果。

第25讲
面对“实力派”下属时怎么办

驾驭极具才能的人，本身就需要极具才能。

——沃尔特·瑞斯顿

不论是哪一级领导，都可能遇到“实力派”下属。他们或恃才傲物、功高震“主”，或为所欲为、我行我素，或针插不入、水泼不进。凡此种种，颇令人头痛。但要开展工作，对这些“实力派”下属既不能姑息迁就、丧失原则，也不能以硬碰硬、以毒攻毒，来个鱼死网破，更不能与其抱成一团、沆瀣一气。

“实力派”下属会有意无意地以一定的言行或举止表现出来他强势的气场。一是傲慢生硬。自以为是、自命清高，唯我独尊、目中无人，举止冒失莽撞，言语执拗生硬，神态趾高气扬，而且不分场合，不知道尊重别人，不在乎他人的感受，完全一副盛气凌人的架势，以为用自己强势的表现，就可以提高自己的身份和地位。二是不服管理。他们往往不太驯服，容易与领导“较劲”，常常顶撞领导，不服从领导的安排，不配合领导的工作，故意推脱或拖延领导交付的任务，甚至偶尔还给领导制造点“麻烦”，令领导颇感棘手。三是好抢风头。有的人个性比较张扬，喜欢表现自己，好出头露面，总爱以自我为中心，不甘当配角，常常忘记自己的身份，对安排的工作指手画脚，让外人看来，他倒像是领导。特别是在上级来检查工作时，他也出尽风头，争功抢赏。

能在领导面前保持强势姿态的，必定有其依仗的“资本”，在某一方面有优越感，因而不怕“得罪”领导。一是能力突出。一些专业技术人员在单位是技术骨干、中流砥柱，甚至在行业也是业务精英、小有名气。没了他，单位的一些工作就可能“玩不转”、做不好，他在单位的作用具有不可替代性，因而自认为领导不敢把他怎么样。二是资历深厚。一些人在单位是老资格，没有功劳也有苦劳，由于长期人脉关系的积累，支持和拥护者众多。在领导未到任之前，他也许是大家公认的领导候选人。所谓“强龙难压地头蛇”，他自认为领导轻易动不了他。

那么，当遇到“实力派”下属时，该怎么办呢？笔者认为，应采取以下对策。

1. 正人正己，以德服之

领导要树立威信，畅通政令，要先靠人格魅力。周恩来总理之所以成为享有崇高国际威望的伟大政治家，靠的就是其无上的领袖风范和人格力量，连他的政敌和对手都不得不承认这一点。因此，只要领导能一身正气、两袖清风，只要领导能公道正派、胸怀坦荡，就会产生不怒自威的效果。崇高的道德、完善的人格就是无声的号令，是驾驭“实力派”下属最重要、最有效的策略。马云也说过，领导永远不要跟下属比技能，下属肯定比你强；如果不比你强，说明你请错人了。要比，就比眼光，要比他看得远；就比胸怀，你要能容人所不容。谁比谁强，主要不是看能力强弱，而是看谁能包容谁；就比实力，你抗失败的能力比他强，当所有人都没办法时你还有办法。所以，一个优秀领导的素质就是眼光、胸怀和实力。

2. 巧施关爱，以情服之

对待下属尤其是对待“实力派”下属，要晓之以理、动之以情、待之以诚、示之以信，既要尊重其地位，更要尊重其人格。特别要注意寻找、创造向“实力派”下属“示爱”的机会。譬如，在其思想上遇到困惑时，适时帮助其解开疙瘩；在其工作上遇到困难时，随时帮助其渡过难关；在其生活上遇到挫折时，及时伸出援助之手。不过，对下属“示爱”绝不能出格，以免落入拉拢、讨好的俗套，更不能拿原则换人情，那样只会令人感到不公而心生厌恶，连你“示爱”的对象也会瞧不起你，以为你怕他、离不了他，结果是事与愿违，使之愈加骄横、难以驾驭。那么，如何才能达到预期目的呢？要点有三：一是动机要纯，要有一颗淳朴之心，而不能把取悦、拉拢放在第一位；二是要有一颗真诚之心，而不能让下属感到你是在作秀，甚至是虚心假意、心怀叵测；三是要有一颗清醒之心，注意你的身份，方式方法要恰当，把握好“度”。唯其如此，才能不浪费你的感情，不降低你的品格，达到“投桃报李”的效果。

3. 棋高一着，以才服之

不论是上级还是下属，对于才能超过自己的人都是既爱且惧的。作为领导，只要你的才能可以在某个方面超过“实力派”下属，他就会从内心敬畏你三分。当然，才能不是想有就有的，你可以针对下属的某些短处、缺陷，有针对性地学习锻炼，高他一筹，以己之长克其之短，赢得其尊重，使他们畏怯而不敢对你不敬。在具体工作中，如果需要“实力派”下属配合或执行，你要对需要决策的事项有意识地加以重视，做到深思熟虑、成竹在胸，尤其是对其可能向你发难的地方，要想好应对之策。这样，在你向其安排工作、交代任务时，就能先发制人，赢得主动。

4. 善抓“关窍”，以事服之

在“实力派”下属面前树立领导威信，最好的办法莫过于通过具体的事情来达到目的。“实力派”下属不论是做人还是做事，不可能总是完美周全，必定有其薄弱之处。这些地方就是其“关窍”。作为领导，要耳聪目明、心细如发，对其薄弱之处要了然于胸并善加利用。但了解掌握下属的薄弱之处要用于管理、驾驭下属，一定要从工作大局出发，从良好的愿望出发，特别要注意运用的形式与“火候”，把事情办得圆满周到、不露痕迹，达到警示敦促、敲山震虎的效果，而不能对其人格、尊严、威信造成伤害。应当说，这是一把双刃剑，不到迫不得已不可轻易用之，否则，运用不当会使事情变得难以收拾。

5. “欲擒故纵”，以智服之

三国时诸葛亮对孟获七擒七纵，对其恩威并施，重在攻心，终于收服南夷。这告诉我们，对那些比较蛮横或软硬不吃的“实力派”，如果采取“硬”“急”的办法，效果往往不理想。若采取“欲擒故纵”和“冷处理”的办法来对付之，效果往往较好。就是先不要管他，让其尽情“表演”，时间一长，必然会露出破绽。这时，领导只要善于把握时机，以适当方式对其进行批评教育，就可使其从错误中醒悟过来，有所收敛，甚至改过自新、从善如流。不过，这也是一种能不用就不用、能少用就少用的方法，绝不能为了“降服”下属而任其犯错误。

6. 釜底抽薪，以权服之

“实力派”之所以难管理、难驾驭，关键是其拥有某些权力或可倚仗的势力。如果他实在冥顽不化、我行我素，以致影响工作、损害大局，那就要采取釜底抽薪的办法，分散、削弱其权力，瓦解其所倚之势，减少其“横”的资本，甚至可以果断地予以职务或岗位的调整。但采取这种方法要注意三点：一是要理由充足，既让其心服口服，又要赢得大家的赞成；二是要充分依靠班子乃至上级的力量，不能完全以个人意志行事；三是要光明磊落、出于公心、益于事业，而不挟私报复，不违纪律原则，不伤众人感情。

第26讲
面对狂妄自大、自以为是的下属时怎么办

成功的管理是一种在适当的时候对适当的对象运用适当的方法和原则的艺术。

——赫伯特·西蒙

俗话说："人上一百，形形色色。"并不是所有的下属都是顺从、服从领导、积极执行的，下属中不乏狂妄自大、自以为是之人。他们往往仗着自己才高，目空一切，有时甚至玩世不恭，对谁都不在乎。

大凡狂妄自大、自以为是者都有以下共同特性。

（1）自以为本事大，有一种至高无上的优越感。总以为自己了不起，别人都不如自己，说话常常硬中带刺，做事我行我素，对别人的态度则表现为不屑一顾。

（2）大多自命不凡，好高骛远，眼高手低，自己做不来，别人做的又瞧不起。所以，做什么事都感到不值得去做。

（3）往往性格孤僻，喜欢自我欣赏，听不进也不愿听别人的意见。凡事都认为自己做得对，对别人持怀疑和不信任态度。

狂妄自大的下属，其缺点如不能及时得到矫正，一是不利于管理，容易因其在执行任务中闹情绪而给整体工作添乱子。二是会影响员工之间的关系，破坏团结。由于狂妄自大的下属常常自命清高、目空一切，久而久之，大家就会疏远他、排斥他，影响单位的整体合力，甚至还会导致其自我孤立。

领导自以为是的下属，只靠手中权力对其进行“打压”是不行的，这种“硬处理”不仅容易挫伤对方的工作积极性，而且还会影响内部团结，造成上下级关系紧张；听之任之或是敬而远之实施“软处理”也不可取，因为这样就很难使其充分发挥工作潜能，为单位创造更大的效益。因此，领导要驾驭自以为是的下属，必须具备知人善任、用其所长的工作方法，有宰相肚里能撑船的气度和无私、一心为公的思想境界。

因此，掌握狂妄自大者的个性特点，并学会一些矫正其缺点的方法，将其才能转化为积极的因素，是每位领导所期望的。

1. 要教育引导，不要听之任之

狂妄自大者之所以傲气十足，主要原因是对自身的长处和短处不能正确认识和对待。他们往往用放大镜来看待自己的长处，而对自身的短处却视而不见，甚至把短处也误认为长处，陷入盲目的自满自足之中。对此，领导不能因其有值得骄傲的资本而惯之，更不能因对其不满而疏远之，要下力气教育引导他，使他能辩证地认识自己，既要看到自己的长处，又要看到自己的短处，同时还要使他能深刻认识到对自己的长处沾沾自喜本身就是短处。

2. 要用其所长，切忌压制打击

不论是谦虚谨慎的下属，还是自以为是的下属，都有其自身的优点和缺点。在战争年代，毛泽东对麾下干将们的特长、性格了如指掌，可谓知之甚深，故而能因其优点委以重用，又能因其缺点予以弥补，从而形成一种完美结合，使他们最终为战争的胜利和民族的解放立下了赫赫战功。成功的领导，应无私地为他的下属提供发挥才干、建功立业的机会，使他们施才华、展抱负，在广阔的天地中，八仙过海，各显其能。尤其是带好自以为是的下属，领导更要胸怀大局、高瞻远瞩、扬其所长，在一些关键和重要的环节上敢于向其交任务、压担子，给其创造充分发挥特长的空间，调动其积极性和创造性。

3. 要有意用短，善于挫其傲气

狂妄自大者并非万事皆通、样样能干，充其量只是在某些方面或某个领域里才能出众、出类拔萃，在其他方面可能就不如别人。要想消除他们的傲气，就要设法让其认识自己的不足，最好是在无他人的场合下，给他安排一两件他做起来比较陌生又比较吃力的工作，并要求限时完成。狂妄自大者要完成这些任务，必须付出很大的努力，即使勉强完成，也会深感做好自己不熟悉的工作是相当艰难的。

4. 要勇揽其过，以大度容傲才

由于狂妄自大者自命不凡，认为干任何事都手到擒来，所以干工作往往掉以轻心，即使是要完成一些重要的、紧迫的任务，他们也会表现得漫不经心，常常因疏忽大意而误事。在这种情况下，领导切不可对责任一推了之，更不能落井下石，而要勇于站出来替他们担责任、圆场子。这种勇揽其过的大度胸襟会赢得他们的尊重，从而消除其内心的傲气。

5. 要提高素质，达到以才服人

狂妄自大的下属狂妄自大的原因可能是认为领导的才能不如自己，有屈就之感。一般来讲，他们瞧不起素质低的领导。缺乏知识底蕴、专业水平低、管理能力弱的领导，难以使狂妄自大的下属服气。所以，领导要想真正得到狂妄自大的下属的拥护和爱戴，重要的是要努力提高自身素质、钻研本职业务、力争成为本专业的行家里手。要在实践中不断提高领导能力，以自己的才能在狂妄自大的下属心中树立威信，使其甘心接受你的领导，消除狂妄自大的情绪。

6. 要以“情”代“治”，善于沟通疏导

一般情况下，狂妄自大、自以为是的下属一方面个性心理特征突出，脾气秉性过于张扬，难以与人融洽相处；另一方面，由于很少得到别人的支持与肯定，他们往往心理起伏较大，表面上显得坚强，其实情感较为脆弱，且容易在受挫后牢骚满腹或甩手不干。在这种情况下，领导不能以强硬的姿态对其横加指责和挖苦，或以服从与被服从的“条条框框”来指手画脚，而应以坦荡的胸襟和真诚的关怀与其沟通，并对其进行及时的疏导，动之以情、晓之以理，让其深省自己的不足，客观地认识自身优势，正确运用自己的特长。

第27讲 面对有个性、有棱角的下属时怎么办

如果人们都不再拥有自己的个性棱角，都像经过洗熨整形一样，那么不仅组织，而且社会本身将为此付出沉重的代价。

——克劳福德·格林威特

在一个单位，最令领导头疼的人往往是有个性、有棱角的下属。这些人往往有棱有角、个性较强、不大好驾驭，而且在一个单位中人数往往不少。由于其具有某一方面的能力或优势，大多数积极肯干，但说话生硬、办事死板、人际关系差、不大容易驯服，并时常与领导较劲，甚至偶尔给领导制造点“麻烦”，使单位发生小“地震”，令领导颇感棘手。如何驾驭有个性的下属，扬其长、避其短，使他们服从管理、听从召唤、为我所用，是摆在领导面前的一个难题。

大凡有个性、有棱角的下属，或者性情刚烈，吃软不吃硬；或者脾气暴躁，遇“火”就着；或者恃才傲物，敢于犯上，不留情面。他们的优点和缺点都很明显，一般都是心胸坦荡、人品正直、淡泊名利，并有较强的工作能力和特长的人，但不拘生活小节，不善于协调人际关系。

为何“棱角之才”难展其才，原因无非是以下几个方面。

（1）在人才的培养和使用上，往往多停留在给其优越的经济待遇、工资福利、住房条件、科研经费、实验设备上，而对他们所需要的尊重理解的工作氛围、上下级之间的真诚善待等方面注重不够，对人才求全责备的多，关心呵护的少。

（2）传统观念作祟。我国传统文化向来主张“中庸”之道，相对地排斥出风头，所以对冒尖的人就多了些非议。古人有“木秀于林，风必摧之；堆出于岸，流必湍之；行高于人，众必非之”之训，民谚有“枪打出头鸟”之说。反映到现实生活中，就是对一些才能突出、政绩突出、个性突出之人的非议；而那些无棱无角、无功无过的人往往得意于官场，平步青云。

（3）私心杂念作怪。有的人把个人“权威”看得太重，个人意志违背不得，一己尊严冒犯不得，以顺从、听话作为判断下属优劣和选人用人的标准，有棱角的人自然遭到冷落嫌弃。

物有棱角而露锋芒，人有棱角更显风骨。个性非常突出的有棱有角之才，因不愿随波逐流，似乎不那么好管，而容易受到人们从众心理的排斥。其实，不是说棱角之才不好用，而是有些领导不愿用、不会用、不善用。恰恰就是这些个性鲜明的人才在成就各项事业中起到了至关重要的作用。

十个人才九个怪。古今中外不乏一些惊天动地、扬名后世的有个性的“棱角之才”。如以郑板桥为代表的“扬州八怪”；晚清三大巨人之一的左宗棠，因清高自负、意气用事、自我夸耀、骄激偏颇的怪异性格为同朝众多官僚所不容，但他却在捍卫国家主权、维护民族团结统一大业上做出了重要贡献，成为了一名铁骨铮铮的民族英雄；美国前总统艾森豪威尔，曾在声名显赫的五星级上将麦克阿瑟手下任职，其军衔仅是上校。他工作扎实，思维敏捷，能力超群。然而此公生性倔强，在领导面前常常不够驯服，被人讥笑为“不好用的上校”。麦克阿瑟夫人见他不止一次和丈夫顶撞，心中颇为不快，便对丈夫说：“那个艾森豪威尔不听你的话，把他撤掉算啦!”不料，麦克阿瑟却郑重地答到：“人才有用不好用，奴才好用没有用。”他没有受“枕头风”的影响，结果艾森豪威尔后来居然还当上了总统。

对于棱角分明的人，领导不能把他视为单位的包袱，关键是领导如何驾驭、如何使用的问题。驾驭有个性、有棱角的下属，以下几点可资借鉴。

1. 用其所长，让有个性的下属多露脸

有些领导因担心有个性的下属捅娄子而把他们给晾起来，因害怕他们不服管而冷落他们，这是不明智的，也是导致许多有个性的下属“怀才不遇”，对领导产生抵触情绪、埋怨心理的重要原因。作为领导，要排除非议、重用他们，多给他们压担子，放手让他们独当一面，出了问题要勇于替他们担担子，使他们无后顾之忧，从而增强他们的配合意识和服从观念。此外要量才适用，根据有个性下属的性格、脾气、特长，把他们放到合适的岗位上。

2. 以柔克刚，刚柔相济

所谓柔，就是避其锋芒、躲其火苗，不与其直接发生矛盾冲突。当下属棱角突出时，领导一定要沉着冷静。他有“火”燃，你就静观；他想怒骂，你就沉默；他要顶撞，你给笑脸。总之，要以你之“柔”、你之大度对付其“刚”。这种“柔”不是怕，不是躲，而是领导处理矛盾的一种需要，是领导自信的表现。当然，这种“柔”要有限度，要以退为进，做到柔中带刚。

3. 以才容才，才能互补

有个性、有棱角的下属一般都有干好工作的愿望和能力，能出色地完成领导交办的任务，有的还有着某个方面的专长。对他们，领导如能很好地驾驭，把“犟骡子”变成“千里马”，就能给单位工作带来生机和活力；若驾驭不好，就会常遇到一些丢面子、碰钉子的麻烦事。对此，领导一是要以才制才。也就是说，领导不能是一个庸才，必须有过人之处，使恃才傲物的下属在你面前黯然失色，不敢轻举妄动。即使有敢动者，你也知道用什么方法对付。二是要以才容才。领导不要总以为自己高明，对什么都发指示、提要求，不能对有个性、有棱角的下属抱有成见，光看到他们的缺点，看不到他们的长处。领导不妨在工作上多征求他们的意见，请他们出主意、出思路。还应学会欣赏下属的长处和优点，在适当的场所，用适当的方式，给予适当的肯定和赞美，激发其工作积极性，使他们收敛锋芒，尽心竭力地为单位工作。

4. 以心换心，心心相印

一个好的领导，仅用管理手段、业务能力去驾驭下属是不够的，尤其是对有个性、有棱角的下属。一般来说，他们多数是重友情、讲义气之人，你能敬他一尺，他就会敬你一丈。他不会当面拍领导的马屁，不愿意向领导送礼，不会主动向领导邀功请赏，但是，只要领导关注他，他就会用工作热情加倍报答。因此，对待有个性、有棱角的下属，最有效的方法是以心换心，以真诚换真诚，尽可能原谅下属的过失，显示出领导的一种风度。只要不是涉及原则问题和大局之事，就不必锱铢必较，当忍则忍，当让则让。要知道，对下属的宽容与大度，是领导增强向心力的重要手段。

5. 以己知彼，彼此相通

领导要驾驭有个性、有棱角的下属，还有一点，就是要清楚他们想干什么、想得到什么，方能对症下药。领导一般也是从“兵”干过来的，对待下属应该换位思考，根据不同情况，对有个性、有棱角的下属采取不同的方法，给予不同的安抚或帮助。尤其要做到“三个不能”：一是不能把下属的不同意见看成是不保持一致。有时真理往往是掌握在少数人手中的，而没有一定个性的下属是不会发表不同意见的，而不同意见中往往含有真知灼见，往往视角独特、目光前瞻。二是不能把一般方法上的问题看成是政治问题。个性下属提出不同意见时，态度和言辞可能比较生硬，方式方法可能有些偏激，但不能由此而对其意见全盘否定，对其人格产生怀疑。三是不能把错误的不同意见看成是唱对台戏。个性下属往往善于挑刺，当其提出的不同意见被证实是错误的时，不能由此而讥讽他们，更不能无端地“扣帽子”，借机报复。否则，就会显得领导太小气。

第28讲
面对爱唱反调的下属怎么办

成功领导与普通领导的一大区别，就在于前者善于引导下属说“不”，即使是领导的命令也不可以随便答应。

——松下幸之助

在日常管理工作中，我们总会遇到个别爱在背后和领导唱反调的人。对于这样的员工，许多领导都会觉得如坐针毡，总想去之而后快。其实这种做法是非常不理智的。那么，面对这类下属，领导应该怎么办呢?

爱和领导唱反调的员工一个最大的特点，就是工作做得不错，但不积极、不热心而且牢骚多，对领导的某些合理工作安排响应不主动，即便是响应了，也是在背后反调不断。他之所以有胆量在同事面前“唱”出那些反调，说明这个人在同事中间有一定的影响力和号召力。同事听着他的那些反调，虽然不一定会跟着他做，但在一定程度上会表示认同。

大多数人都有避免争执的心理，尤其是中国人不太喜欢公开表达自己的反对意见，也不太愿意被别人反对，所以面对冲突的张力也比较小。当遇到意见相左的场面时，就容易出现情绪反应，觉得是个人被攻击了，结果很可能是不欢而散，或是无法达成任何目标。身为一个现代领导人，除了要让自己具备雅量之外，恐怕还要有能化解各方冲突的能耐。

应该说，单位存在“唱反调”的员工是很正常的，唱反调的行为本身也并非一无是处。古人说的“千人之诺诺，不如一士之谔谔”，意思是千人随声附和，抵不上一个人的直言不讳。这种谔谔之言，多是肺腑之声、超人之见、逆耳之言，领导一定要有这种胸心和认识。因为正是由于这种反调，往往才会使问题暴露出来，使领导发现存在的问题，冲突双方表明自己的观点并进行交流辩论，促进问题得到解决，不至于使问题和矛盾继续隐藏下去，从而造成更大的矛盾或冲突。所以，唱反调不见得都是坏事，有时候唱反调反而能迸发出改进创新的火花，从而使整个团队受益。

曾经缔造了通用汽车王国的艾尔弗雷德·斯隆曾大力鼓励员工“唱反调”，并把“群策群力”作为基本流程。凡是在高层管理会议上一致通过的重大决策，斯隆就会说：先搁上一个月的时间再说吧。一个月之后，改进意见往往就丰富起来，此时就是做出决策的成熟时机了。员工们随时可以挑战传统意义上的高级管理人员的权威，这在很大程度上促使员工勇于表达对决策的异议，即使面对公司最高管理层，员工也不用担心这种行为会危及自己的职业生涯。在斯隆的领导下，“唱反调”已成为通用公司组织文化的一个重要组成部分，在通用的每一项经营业务中都会指派一名“唱反调者”——向负责经营业务的主管汇报，并有权打破除公司价值以外的一切制度。

一个组织，领导就像是司机，既是目标和路线的制订者，也是执行者。他不仅要了解车子本身的各种状况，还要看清道路和方向，了解交通状况和交通法规，还要为车子本身及全车人的生命安全着想。员工就像是乘客，一上车就找个位子舒舒服服地坐下，有时还会抱怨这不好那不行，甚至还吵着要听音乐。这个时候，司机与乘客如何磨合才能共同度过一个愉快的旅途呢？

有心理学家认为，测验一个人的智力是否属于上乘，只要看其是否能同时容纳两种相反的意见，而又无碍于其处世行事就可以了。一个人能否容忍相反的观点，能否宽容地对待与自己不同的声音，是领导涵养和水平的真正体现。容得下刺耳之言，容得下反对意见，不会因为下属说话刺耳、态度不好，就动用手中的公权去报私怨，而是公是公、私是私，把个人荣誉置于一边，充分理解下属的要求，给他们创造好的工作环境。开明的领导，往往对下属的任何想法都装得下，但在做决定时，又能不受到其过分干扰，这样既体现了自己的仁厚，又体现了自己的睿智，还保全了下属的面子。

面对“不听话”的员工，千万不要觉得有压力，更不要觉得受威胁，找到他身上的亮点好好利用，他甚至能成为你旗下的一名得力干将。具体要做到以下几点。

1. 注重培养有自身特质的组织文化

引导员工形成价值观、经营理念相统一的行为模式，使员工在发表个人意见时，能够判断出自己的言论是否符合组织文化价值观的要求，避免“唱反调”成为员工任意发牢骚的一种风气，更要避免“唱反调”成为影响员工正常价值判断的一种方式。员工的“唱反调”并非都是正确的、组织所要提倡的，领导必须要“因时、因事、因人”加以判断和引导。

2. 多尊重下属

作为领导要注意运用情景管理的办法，针对不同的员工、不同的事情，采取不同的管理办法。有时候那些习惯“唱反调”的员工反而是最好管理的，俗话说：“倔毛驴，顺毛捋。”也就是要充分尊重自己的员工，只有员工受到尊重了，他们才会自主和自愿地自发工作。

3. 容得下不同意见

唐代诗人白居易曾说：“善防川者，决之使导；善理人者，宣之使言。”强权和铁腕只能奏一时之效而不能见长久之功，民主作风和民主精神才具有永恒的生命力。因此，对于不同意见和建议，不要一刀切，放开胸怀，让不同的观点碰撞，能激发形成更合理、更有效、更正确的决议决策，能使组织形成更好的组织文化氛围，能为组织带来更多更大的效益。领导需要鼓励唱反调，需要有能提出不同意见和建议者。当然，唱反调必须在有利于组织目标实现的前提下，必须在组织团结合作的团队氛围中，并不是为了泄私愤而掀起的矛盾和冲突，这需要领导把唱反调引导到合理有序的范围和渠道上来。领导应向下属传递这样的信息，即唱反调并不可怕，也不是过错，并以自己的行动予以支持。对敢于向现状挑战、提出不同看法和建议的唱反调者，予以表扬或奖励，功绩较大者，可予以加薪、晋升等奖励。

4. 多与“出位员工”有效沟通

没有人喜欢被蒙在鼓里，员工会有自己的许多不满和看法。领导与员工经常就员工所承担的工作进行沟通，员工就会受到鼓舞，就会使他感受到工作本身的价值。这也就直接给员工带来了自我价值的满足，他们的工作热情和积极性就会自然而然地得到提升。

第29讲
面对不服管、不听话的下属怎么办

团结了更多的人，阻碍就少些，事情就容易办得通。

——毛泽东

在现实中，要有效实施领导，必须做到令行禁止，但即便是很有能力、很有魄力、很有魅力、很有威望的领导，也经常会遇到不服管的下属。这些不听话的下属，可分为多种类型。一是“能力型”，这类人自视甚高，但眼高手低，看不起领导，工作不配合；二是“平庸型”，这类人胸无笔墨，志大才疏，工作上经常一拖再拖；三是“投机型”，有利可图就干，无利可图就甩手，工作忽冷忽热；四是“自私型”，这类人心胸狭窄，由于自己的利益、目的没达到，便迁怒于现任领导，或掣肘、或对抗；五是“后台型”，这类人有背景、有依赖，总觉得了不起，总喜欢对现任领导评点，好像领导的位子就掌握在他手里；六是“棋子型”，这类人头脑简单，为了一时的义气或利益，容易听信别人的教唆，充当棋子，与领导对抗，使别有用心的人坐收渔翁之利；七是“刺头型”，这些人天生就有叛逆的心理，看谁都不顺眼，跟谁都闹别扭。

这些下属几乎在任何单位都有，从某种意义上来说，这也是一个世界性的难题。不服管的下属会随意违反单位制度，不仅挑战了领导的权威，关键是破坏了单位的运行规则，涣散了人心，具有很强的负面示范效应。因此，如何管好不服管的下属，对领导是一个严峻的考验。

罗伯特·凯利、比加斯塔德等学者提出的领导者—追随者整合模型认为，追随者的服从是领导成功的基础，追随者接受领导的愿意程度、对领导的认可程度，对领导来说都是不容忽视的力量。领导者有主动权，追随者也有很大的主动权，如果在领导过程中发生了变化，追随者也可能追随到底，也可能放弃追随。领导必须重视对下属的研究和关注。因为下属是工作成绩的创造者；下属手中握有选票；下属可帮助领导树立良好的社会形象；重视下属可防止“后院起火”。

从群体行为学的角度来说，下属不服从领导的情况，大致有三种。一是对人不对事，对领导本人不认同，比方说，认为其个人的能力或品德不配做领导；二是对事不对人，比方说，对某项工作任务的不认同；三是对人又对事，既对领导个人不认同，又反对他的工作安排。有人曾总结出一个“服从公式”：服从＝（权力＋能力）×情感。作为领导，自身能力和情商两方面存在缺陷，就会不可避免地遭遇强势下属的冲击。在这种情况下，领导应该冷静处理，先检讨自身可能存在的问题，争取让危机变成推动工作发展的动力。

美国领导力研究专家马克斯·维尔提出了领导力“五境界”说：

第一境界：职位。员工服从你是因为这是他们的职责。你所拥有的唯一的影响力仅仅在于你的头衔。处于这个境界的领导属于职位型领导。

第二境界：认同。员工服从你，是他们的心愿，领导靠的是人际发展，他们思考的是人才培养。

第三境界：成就。员工服从你，是因为你为企业所做的一切。影响力到了这一层级，积极的成效便层出不穷：效益倍增、士气高涨、员工流失率降低、需求不断被满足、目标接二连三地实现。与这种良性局面相伴相生的是“无穷的动力”。

第四境界：育才。员工服从你，是因为你为他们所做的一切。在第二境界，员工热爱领导；在第三境界，员工尊敬领导；到了第四境界，员工对领导忠心。因为通过帮助他，你赢得了他的心。

第五境界：做人。员工服从你，是因为你就是你。员工因为你的个人魅力和你所代表的形象和风范而拥戴你。只有穷尽一生，拥有了深厚的领导技能，才可能达到这一级别，并获得源源不断的回报。每一境界都建立在前一境界的基础之上。只有当你一级一级坚实地向前踏步，才可能与周围的人群建立起牢固而深厚的感情。为了达到影响力的顶端，你必须做好两件事情：第一，了解你目前所在的位置；第二，了解和掌握不同境界的领导所需要具备的品质。

正所谓一个巴掌拍不响，领导在处理这样的问题时，要重在艺术而非制度，既要坚持原则，又要适当妥协；既要严格要求，又要适度宽松；既要理性对待，又要不畏不惧；既不要争一时之气，也不要一味忍气吞声。建议从以下几个方面来提升自己的领导力。

1. 增强管理的正当性

常言说："凡事要师出有名，己不正，焉能正人?"很多情况下，下属不服管，是因为管理的正当性不足，领导缺少道义优势，收不到"得道者多助"的效果。要对不服管的下属实施有效管理，要先客观全面地反省自身，加强修养，修补或清除自身可能存在的道义瑕疵。如果自身也存在管理对象所存在的问题，那么就要有刮骨疗毒和壮士断腕的勇气，先下一道"罪己诏"，对自己来一番诚恳的自责和认真、严肃的追责，形成一种"领导带头，概莫能外"的氛围，这样再对不服管的下属实施管理，就容易形成居高临下、势如破竹的态势，有利于消解管理阻力，达成管理目标。领导对不服管的下属实施管理，一个起码的原则是理由必须正当充分，自身素质必须比管理对象更过硬。

2. 改善管理方法

有时候，其实不是员工不听话，也不是员工做不好，而是上下级之间缺乏沟通。由于沟通不畅，下属可能不知道该做什么、不该做什么，他们以为正在按照要求做，或认为自己的方法更好等。其主观上并非故意与领导作对。为此，领导就要注意自己的工作方法了，要清晰地阐明你对下属的期望，并确保任务交代清楚了，确保下属也听明白了，并明确完成任务的时间和进度。还要做好事前、事中的跟进和沟通工作。此外，要注意的是要先征求意见，再下命令。在下达命令之前是否和下属商量一下，是否征求了他们的意见，对下属来说，感受是不一样的。征求了他们的意见，下属就会有一种参与感和被信任感、被认可感，他们会感觉是按照自己的想法去做事的，其积极性就会与直接下命令大不一样。

3. 增强管理实力

管理是一种综合实力的较量。有些下属之所以不服管，是因为他自认为领导还不具有令他信服的能力，不能或不敢把他怎么样。《周易·系辞》中说："君子藏器于身，待时而动。""器"者，才干之意。对领导来说，职务是一时的，岗位是可变的，唯有本事是长久的。领导要让人信服，要管住别人，要让他人听你召唤，就要有让人服从你的资本。对此，领导必须客观冷静地掂量一下彼此的分量，在此基础上，要做好"加减法"。

加法就是要维护和充实自己的职权，保持自身权力与责任的大体相应，避免责大权小或责实权虚。同时，对上要善于争取上级领导和机关、部门的支持，求得尚方宝剑；对平级要努力使本级领导班子达成共识，形成管理合力；对下要取得绝大多数员工的理解和拥护，加大管理的动力和压力。减法就是拆散不服管者的同盟，捅破其有所倚仗的幻想，缩小管理面，清除管理障碍。如果不服管的下属确实有所谓的后台，那么领导就要敢于深入"台后"做工作，讲清情况、晓以利害，争取其"后台"对管理的理解和支持，或借助其"后台"的影响，对不服管的下属实施管理。

4. 放宽管理的底线

管理的前提是合理。有些下属之所以不服从管理，很大程度上是由于单位大环境不好，利益分配不合理，责权利不对应，管理不当，制度规章显得冷漠生硬、烦琐苛刻，限制了人的个性，违逆了人的正常情感造成的。因此，在对不服管的下属实施管理之前，领导要先反思一下单位的制度，力求少管。唯有管得少，才能管得好。对于下属的个性行为、无伤大雅和无损大局的行为，不妨放松管制，有些事务可以反弹琵琶，适度地变管理为自治。

尤其需要注意的是，领导对不服管的下属实施管理，要力求做到精准化，即找准该管的人、找对该管的事、把准管理的要点和时机、运用好管理的有效方法，做到敢碰硬、不硬碰，不发则已、一发必中。不能以个人好恶决定管理对象和管理事项，更不能专拣软柿子捏，那样的话不仅起不到杀鸡儆猴的效果，反而会使不服管者受到反向激励变得更加骄纵，更为关键的是，这样做不能服众，会诱发群体的心理反弹，从而产生更多的不服从者。

5. 先礼后兵，先情后法

不服管的下属在单位大多都是个“人物”，他们不服管往往并非专门针对现任领导，而是由前任甚至前几任领导的放任或管理不力、管理不当造成的。他们通常是特殊人物，有特殊的利益和超出一般员工的面子。他们之所以不服从管理，是为了维护既得利益、特殊利益，也是为了显示他们特有的面子。对这样的下属，领导既要不怵不惧，也不能等闲视之。要消解他们的特殊利益、约束他们我行我素的行为，可先给足他们面子，多一些礼遇，有话当面讲，提示到位、劝告到位、礼让到位。总体原则是先礼后兵、先情后法，面子上多照顾一些、情感上多倾斜一些，但原则问题、根本问题必须强硬，不能退让。

要认识到，这些不服管的下属很多情况下也是色厉内荏，并不像他们表现出来的那样肆无忌惮并能够翻云覆雨。他们在单位总体上是不得人心的，很多行为是会引起众怒的，他们目前享有的特殊待遇、既得利益大多是没有正当依据的，他们也怕领导动真碰硬。因此，领导要强化管理措施。俗话说：“慈不掌兵。”对领导来讲，最不能容忍的，不是下属无能，而是下属有能力却各自为政，不听自己的。一把钝刀可以磨，可以重新敲打，好歹能使用；一把不顺手的利刃，却可能弄伤自己，这样的利刃，越锋利越危险。领导有时就要有点狠心肠，一旦采取坚决的措施，就要变得冷酷无情、坚决果断，绝不犹犹豫豫、反复无常、拖泥带水。如果一味采取温和的办法，渐渐的你的刀口越来越钝，没了锋芒，最后往往会落得谁也不敢批评的境地，无法再领导下属。

6. 克制自身行为，等待有利时机

限于领导的职权、领导所处的环境、领导所具备的能力和素质，在特定条件下和特定时期，有些不服管的下属确实不能完全管到位，有些事就是摆不平。面对此种尴尬局面，领导要克服焦躁心理，不轻举妄动，管不了时莫强管，因为一旦管理失效甚至失败，这些下属往往会变本加厉、得寸进尺，不仅会让领导的威信荡然无存，还会使局面失控。因此，条件不具备时不妨维持现状，必要时甚至后退一步，避免矛盾激化。要根据单位的综合情况，在双方之间画一条无形的缓冲线，各自行为都要保持克制，不撕破脸皮，以维护大局。如果不服管的下属行为在限度内，双方可以相安无事，一旦其行为越界，则意味着严重悖逆情理，就有充分的理由坚决予以回击。同时，这种维持现状和主动退让也并非消极无为，而是为了收缩防线、巩固阵地、以逸待劳，将不服管的下属阻止在一定的范围内，自己则积蓄力量、等待时机，以适时进行有效的管理。如同对一些疑难疾病的治疗，必要时需采取保守疗法一样，这种看似消极的管理方法在管理条件不具备、管理效果没把握的情况下，也是一种不错的方法，也会产生积极的管理效果。

7. 多用智慧，少用强权

权力是一把双刃剑，滥用权力是领导的一大忌讳。本来身为下属的人，即使不受强权压迫，也会有服从的心理。如果领导动辄以一种以上压下的态度对待下属，即使性格温顺的人也会反感。靠本身的威信使人服从才是明智的办法。当某一件事需要动用强制性的权力才能解决时，这已是不得已的、最后的办法了。一个真正优秀的领导，绝不会依靠强权来行事。下属也知道要敬重上级，那你又何必处处使用你的权力呢?

8. 先从情感和思想上征服员工

对于管理的最佳境界，有人说是让下属绝对地服从，有人说是让下属极端地崇敬。不过，有一个词似乎是最佳的形容词，那就是“心悦诚服”。管理的最佳境界，绝不是让大家感到畏惧，甚至是恐怖，也不是盲目的服从，而是一种诚心诚意的主动服从。管理的根本在管心，要想真正得到一个人的忠诚，就必须从情感和思想上征服他。

第30讲 被下属顶撞时怎么办

所谓团结，就是团结跟自己意见分歧的，看不起自己的，不尊重自己的，跟自己闹过别扭的，跟自己作过斗争的，自己在他面前吃过亏的那一部分人。

——毛泽东

在日常工作中，不少领导都遇到过爱顶撞自己的下属。有的下属顶撞领导时，往往“心情激动”，精神紧张，有的甚至失去理智，不能自制，言辞过激。被下属当面顶撞，确实有点难堪，领导会觉得面子上过不去，那么碰到这样的下属，领导该怎么办呢？

一般人不会顶撞领导，因为这可能会给自己带来麻烦，领导的认同不仅关系到自己的工作安排、职业评价，还涉及下一步的晋升。再说了，与领导发生正面冲突，会影响到工作氛围，影响到当时及接下来几天的感受和心情。可是还是有人会直接顶撞领导，会毫不留情、毫不犹豫地将情绪发泄在领导身上。

从下属方面来说，深入地分析一下其中的原因，会发现有两种心态使下属顶撞领导：第一，有情绪；第二，不认同。这其中有的是对领导说的内容不认同，这是直接的不认同，就事论事，领导说的内容让下属产生了不满意、不舒服、不安全等感觉，情绪随之产生；有的是对领导的态度不认同，这是间接的不认同，也是很多人抗拒别人的一个重要原因，说话的内容没有问题，但是说话的态度让人接受不了，此时听的一方会将焦点放在态度上，而忽略说话的内容；有的是对领导的出发点不认同，这是深层次的不认同，也许是某些话语透露出了领导的真实意图，也许是下属根据领导的话猜测出了领导的出发点，而这种出发点是下属难以接受的，于是用顶撞来应对；有的是对领导这个人不认同，这是致命性的不认同，包括不认同领导的为人、能力等，这种不认同早已经产生，只是在顶撞的时候伴随着情绪爆发出来。

从领导方面来说，下属顶撞领导的原因也多种多样。有的是因为领导过于自信而不能容忍下属的意见。如在某一问题上，下属与领导意见不一致，并且是在下属意见正确的情况下，由于领导自以为是，固执己见，最容易发生顶撞现象；有的是因为领导的批评与事实不符，或者出入较大。在这种情况下，下属通常要为自己辩解。如果领导再认为下属“不虚心”“不接受批评”，极易发生顶撞；有的是因为领导与下属缺乏及时的感情沟通。“冰冻三尺，非一日之寒。”久而久之，矛盾越积越大，就容易在某件事情上发生顶撞；有的是因为领导待人处事有失公平，进而引起下属不满；有的是因为性格使然。性格比较直爽的人，说话往往比较直接，遇到问题时有不同的意见，总是直接说出来，不经意间就冒犯了领导；还有的是想引起领导的注意。有些年轻人特别希望领导重视自己的才识，但由于阅历不足，有时难免冲动，想表现自己，结果却冒犯了领导。

下属当面顶撞领导，是领导工作中人与人、人与事之间矛盾运动的产物，是一种正常的现象。对下属的顶撞处理得当，会对领导形象的树立、上下关系的改善、单位工作的改进起好作用。处理不当，必然影响领导自己的威信。所以，如何把下属顶撞的事情处理好，应是领导的一项基本功。

可以肯定地说，不管在什么情况下，下属当面顶撞领导，都能或多或少从领导身上找到原因。尽管以下犯上使领导有失体面，甚至下不了台，但作为领导，不能一味抱怨下属的无理，而是要有自责的勇气和理智，尽快从“窝火”的心态中解脱出来，好好地反省自己，多从自身查找问题。

主要是反省自己领导能力的强弱，领导方法是否得当，工作安排是否合理，与下属思想沟通是否有效，对下属情况是否了解，解决下属的实际困难是否真心、到位。只有以这样的心态和姿态，才能真正维护和完善领导自身的形象，改进领导作风，提高领导能力，才能更加有利于以后工作的开展。特别是经常被下属顶撞的领导，不妨多从以下几个方面来反思问题。

第一，我处事公平吗？一碗水端平了，别人自然无话可说。如果没有端平，不平则鸣，下属有想法，进而闹情绪，那也是情理之中的事。

第二，我了解真相吗？领导在批评下属之前，一定要弄清楚事情的来龙去脉、前因后果。如果领导对真相了解不够就批评下属，下属难免要为自己申辩，领导就会认为下属这是不服气甚至狡辩，话不投机必然会搞僵关系。

第三，我关心下属吗？下属在工作中或生活上遇到了麻烦、出现了困难时，非常希望领导能体谅和关心他们，哪怕是一句安慰和鼓励的话也好。如果领导对下属面临的难题置若罔闻，甚至一味地责备下属工作不力，就会使下属心凉，为以后的相处埋下不良种子。

第四，我作风民主吗？在弘扬民主的今天，任何独断专行的言行都是不得人心的。领导若处处自以为是，搞“一言堂”，这种以势压人的专横作风极易使下属顶撞自己。

第五，我以身作则了吗？其身正，不令而行。如果领导在会上夸夸其谈，冠冕堂皇，说的是一套；会后猥猥琐琐，鼠窃狗盗，做的又是一套，威信从何而来？面对这样的领导，下属的顶撞就如弦上之箭，一触即发。

特别是机关和国有企业单位的领导，面对的都是既定的下级。领导往往既不能选择你的上级，也不能挑选你的下级。领导看张三不顺眼，就开除他，看李四顺眼，就招收进来，这些往往很难做到。上上下下都是公职人员，除非违法犯罪，否则无法变动。单位越大，不同性格、不同素质的人就越多。面对既定的下级，面对顶撞自己的下级，既赶不走，又没办法在短期内改造好。其实，世界上没有绝对坏的性格，也没有绝对好的性格，只有领导怎么安排的问题。有本领的领导可以把公认性格很差、不服从管理的人，领导得很好。没有本领的领导，可能把一些优秀之人，在某种情况下安排不当。所以，核心问题就在于领导的智慧。面对不同的下属，包括爱顶撞的下属，要多反省，牢记“只有不好的领导，没有不好的兵”这句话，多从自身找原因，注意方式方法。

一旦被顶撞，领导该怎么办呢？首先要弄清原委。顶撞发生之后，领导的当务之急，是要迅速查明原因，以便对症下药。然后根据不同情况、不同对象，采取不同的方法进行处理。其主要方法有以下几种。

1. 以静制动

对于领导来说，下属的当面顶撞自然很尴尬，难免产生不良情绪。在这个节骨眼上能不能稳住劲，抑制住冲动，把这个情绪关平稳度过去，对任何一位领导来说都是一个考验。当领导受到下属的冒犯，切忌针锋相对，激化矛盾；切忌睚眦必报，打击报复；切忌不讲原则，表面装作一团和气。这样既有损于领导形象，又不能解决问题，还会使事情越闹越僵。因此，最好的办法就是避其锋芒，以静制动，以柔克刚。

2. 以柔克刚

有的下属天生脾气暴、性情急，对某些自己看不惯或不合自己口味的事情常常发牢骚。你一批评他就跳，有的甚至故意用激将法，引你发脾气、动肝火。对这种人的顶撞不要以硬碰硬，而应采取委婉的态度，先表面上将他的意见接纳，然后再把他往正确的方面引导。待他火气渐息，再言轻意重地指出他的不对之处。由于这种人大都心直口快，所以一旦他们明白了事理，也就不会固执己见了。如果这种办法不起作用，避免冲突、转移话题、缓和气氛才是当务之急。可用参加会议、安排工作、处理急事等理由，借机离场，避免双方发生冲突；可用谈工作、谈家庭、谈日常事务来转移下属的话题；可运用诙谐幽默的语言，采用以礼报怨的方法来缓和当时的气氛，力争使双方的情绪控制在能够把握住的范围内。

3. 旁敲侧击

有的人则以为自己资历深、年龄大，摆老资格，瞧不起比自己年轻的领导，这些人被领导批评时，少不了要顶撞几句，以为领导奈何他不得。对待这种顶撞，既不要轻易地让步，也不要针锋相对，而应从侧面入手指出他的不对，言在此而意在彼，表面上我不气不恼，但言辞话语中却是非分明。这样做，既不伤害他的自尊心，照顾了他的面子，又使他明白了道理。

4. 到了秋后别多事，不记小账

顶撞领导的下属普遍害怕领导过后给自己“穿小鞋”，这种担心有其现实性。有些领导对下属的顶撞，嘴上说忘，心里明账，表面上没事，骨子里记仇，当时风平浪静，秋后算总账。这种爱记小账、事后多事的做法，是小肚鸡肠的表现、无能的表现、缺乏领导品格的表现。作为领导必须胸中装大事，心里想正事，眼睛向前看，不为鸡毛蒜皮的小事所扰，不为陈年旧账所困，不为个人恩怨所累。只有这样才能真正既轻松了自己，又解脱了下属。

5. 不放弃强硬的惩罚手段

在一个组织中存在一个或几个另类人物是完全可以理解的，也是应该坦然接受的。虽然群众是真正的英雄，但其中也有泼皮无赖、“滚刀肉”，他们经常制造事端，目无组织。对他们就不能客气，不能当老好人，领导该翻脸时就要翻脸，有时候必须采取强硬的惩罚手段。当然，惩罚不是目的，而是手段。惩罚一个人不是跟他有仇，而是要杀一儆百。因此要抓住反面典型，选硬茬开刀，以起到震慑作用。此外，这种强硬的惩罚手段不能常用，只能偶尔为之，要拿捏好分寸和轻重，避免引起争端。

6. 让自己强大起来

说到底，领导要消除下属的顶撞现象，最根本的是自己要有下属不敢顶撞的资本，也就是让自己强大起来，让自己有能耐、有本事。从字面上分析，“能耐”包含两方面含义，一个是能，一个是耐。“能”指的是本事、水平、技能；“耐”指的是受得住、禁得起。一个领导，不管做什么事，要先有做事的能力。比如，要有认识问题的能力，凡事能看明白，能想清楚；要有解决问题的能力，知道怎么去干，怎么干好；要有协调关系的能力，善于化解各种矛盾，善于调动各方面的积极因素等。同时，也要有耐性，沉得住气，禁得住烦；要有耐心，不急躁，不浮躁；要有耐力，能承受，能持久，有韧劲；要耐劳、能吃苦、能受累等。如果有“能”而无“耐”，“能”就无以附，就谈不上干事的效率、效果和质量；反之，如果有“耐”而无“能”，“耐”就没有根基，干事的扎实、稳妥、持久就没有保证。

第31讲
面对摆老资格的下属时怎么办

组织内的人若没有短处，其结果至多只是一个平平凡凡的组织，所谓“样样都是”，必然是一无是处。

——彼得·德鲁克

现实生活中，总能看到有那么一些人，或是因为升迁无望，工作上当一天和尚撞一天钟，或是自恃业务上有两把刷子，以为“离了我地球就不转”，或是认为与某位领导关系比较好，再加上在单位工作时间较长，混得人人脸熟，生活上就懒散疲沓，工作上勉强应付，话语中夹枪带棒，行事上不阴不阳，交往中拉帮结派，动不动就与领导讨价还价，提要求，个人利益稍微受损就撂挑子、闹意见。

单位中有摆老资格的下属，是一种很正常的现象。摆老资格的下属大都在一个单位工作的时间比较长，常常自以为见多识广，对任何事情都满不在乎。对领导的命令、要求、安排等往往是听归听、做归做，个别的还会变着法儿给领导出难题，与领导唱对台戏。如果一味容忍，往往引起他人的模仿和连带反应，也影响领导的威信，因此，切不可因为不敢管、不愿管、不会管而疏于管理，而是要积极靠近，大胆管理。

搞好对摆老资格的下属的管理，可以增强单位的凝聚力和战斗力，反之，则会一粒老鼠屎坏了一锅粥，牵扯领导的精力，影响决策的贯彻落实。那么，领导如何驾驭摆老资格的下属呢？

1. 要保持相应的距离

摆老资格的下属的拗劲，很大一部分是仗着在本单位待的时间较长，上上下下人都熟，碍于面子，大家都不愿意撕破脸皮给他难堪。因此，在日常生活和工作中，要有意地与摆老资格的下属保持一定的距离。与他们讲话要语调严肃，无论是向其交办工作公事还是个人私事，都不可靠得太近，更不可轻易接受他们的馈赠。只有先在心理上让其感到领导的一身正气、一派威严，才能在以后的工作中使其有所收敛。

2. 对其批评要做到有准备

摆老资格的下属由于经历较丰富，情况比较熟悉，因此无论是有意给领导出难题，还是无意中做错了事情，往往都会强词夺理，寻找种种理由为自己的过错辩解。如果不管不顾地对其进行批评，没有抓住其错误的要害和关键，就很难达到批评教育的理想效果，甚至有时还会造成自己工作上的被动。因此，在对他们进行批评的时候，一定要事先对批评的方式、言辞、内容、场合等都做好准备，切不可在气头上冲动地做出决定。一定要做到批评得有理、有据、有力，只有用重锤敲才能使他们警醒。

3. 及时培养单位的业务骨干

摆老资格的下属对领导还有一个常用的伎俩，就是给领导撂挑子，以为自己在业务这一块没有人能替代，以此来要挟领导，提出不合理的要求。因此，领导必须注意培养一些积极、上进心较强的骨干，迅速提高他们的业务能力，以便其在执行重大任务时能胜任。这样，一方面有利于提高本单位的业务工作水平，提高整体工作效益，另一方面又能使摆老资格的下属撂挑子的招法失去效用。

4. 对其难处要动之以情

工作生活上遇到难处，是每一个人都会有的经历，这个时候也是他最需要人伸手援助之时，摆老资格的下属当然也不例外。作为一名领导，觉悟应该高人一筹，应该有容人之过的度量。因此，当“摆老资格”的下属遇到困难时，应该对其与对其他下属一样，及时伸出热情之手，帮助他顺利渡过难关。不可因为以前的事而记恨下属，而对困厄之中的下属不闻不问、不理不睬。喜欢摆老资格的下属也是讲感情的，自然能够体会到领导的真诚和关心，在以后的工作中自然会有好的表现。

此外，作为领导，也要注重从自身做起，以良好的形象和魅力来征服摆老资格的下属。

1. 要有良好的人格形象

由于受“论资排辈”等心理的影响，一些领导特别是相对年轻的领导，往往被老资格的下属认为资历浅和缺乏经验，有一种不信任感。因此作为领导，必须时时刻刻严格要求自己，要求下属做到的，自己要先做到；要求下属做好的，自己要先做好，并积极出主意、想办法，帮助下属做好。要知道，良好的人格形象是赢得下属尤其是那些老资格下属的信任与尊重的重要条件。

2. 要有谦虚的态度

工龄长的下属，一般来说都有比较丰富的工作经验，具有对本单位情况比较熟悉的优势。所以，作为领导，要充分看到这些下属的闪光点，看到他们的特长，看重他们的经验，看清他们的优势，充分相信他们，遇事主动同他们商量，尊重他们的意见，虚心向他们请教，发挥好他们的作用，从而调动他们工作的积极性。

3. 要有宽广的胸怀

有些工龄长、年龄大的下属心理上不太容易平衡，对一些问题的看法易有偏颇。有的虚荣心强，说话行事不愿意遵照领导的意图，喜欢另搞一套，以便表现自己；有的喜欢摆老资格，管得严一点，批评多一点，就要发脾气。碰到这些情况，年轻的领导要放下架子，主动找他们谈心，以宽广的胸怀待人，做到小事不计较。只要不是原则性的问题，只要是有利于团结的，自己吃点亏也无所谓。

第32讲
面对单位里的闲人怎么办

管理就是设计和保持一种良好的环境，使人在环境中高效地完成既定目标。

——哈罗德·孔茨

几乎在每个单位中，或多或少都会有些整天无所事事、得过且过、当一天和尚撞一天钟、混日子的闲人。闲人问题是许多单位的通病，既给单位的管理带来很多不便，又挫伤其他员工的积极性，伤害公平与单位风气。许多领导对此往往束手无策。因此，有效解决单位“闲人”问题既是领导管理好单位的重要职责，也是领导有必要研究的重要课题。

我们可以发现，闲人或忙人并不与组织的忙闲成正比，闲人之所以是闲人，主要的原因在个人，组织仅仅是一种外因。造成闲人的原因大致有以下几种。

（1）能力问题造成的闲人。一是“逆才”闲人。“逆才”是指那些有些才能，但个性独特，桀骜不驯，敢给领导挑毛病、出难题，甚至当面顶撞，让领导不快的人。大部分领导喜欢顺从自己的下属，对那些“逆才”常有意疏远，最终使其变成闲人。二是爱发牢骚的闲人。爱发牢骚者往往认为自己无力改变命运，一切都只能听天由命。常发牢骚的人往往最后成为闲人。三是“万事通”闲人。这种人能力平平，却高估自己，希望时时处处给人留下无所不知、无所不晓的印象。但大家往往都不愿意与这样的人共事，这种人便没有了合群性，失去了合作者，变成了闲人。

(2) 品德问题造成的闲人。一是损人利己的闲人。领导和群众对这样的人都有一种戒心，自觉与他们保持一定的距离，他们因此也成为无所事事的闲人。二是有城府的闲人。这样的人心机太重，给人们带来很大的交往压力，导致人们疏远他，领导也就不会交给他们更多的任务，他们自然也就成为闲人了。三是虚伪的闲人。虚伪者一次次让别人充满希望，又一次次让别人失望，最终失去了领导的信任和同事的友谊，这时，他们就会把自己与人们隔离开来。在他们看来，与人们隔离要比受冷落更容易忍受，所以他们选择了做闲人。四是泼冷水的闲人。泼冷水者为了使自己的悲观想法站住脚，就收集最好的理由、用找到的论据来论证自己观点的正确性。所以，领导非常讨厌这样的人，但是又说服不了他们，只好让他们成为闲人。

(3) 性格问题造成的闲人。一是性格耿直的闲人。这样的人虽然没有恶意，但是人们感觉对其难以把握，所以往往并不愿意靠近他们，而使他们成为闲人。二是古板固执的闲人。有些人往往把固执劲儿用在相互协作中，对于本来可以灵活处置、随机变通的事情，却在那里死搬条文，拒绝接受他人的意见，这样不但影响工作，而且也会影响人际关系，与人难以相处。总是难相处的人，必然是一个闲人。三是性情暴躁的闲人。这种人一般头脑简单，事过之后并不总结教训，再遇到事情还是照此办理。俗话说："惹不起，躲得起。"大家对这种人一般采取躲的态度。当这些人失去发作的对象，也就成了闲人。

(4) 组织因素造成的闲人。一是领导缺位造成闲人增加。一旦领导不到位，管理就会比较松散，闲人便有了更大的自由度，闲人与闲人的交往也变得很方便，促进了闲人的增加和闲人群的形成。二是单位人多事少和能者多劳造成的闲人。有些单位人多事少，容易滋生闲人；有些单位领导鞭打快牛，能者多劳，忙的人永远忙着，由此导致另外一些人工作量不足，产生了闲人。三是组织的体制和制度老化造成的闲人。如果组织长期在两者不相适应的状态下运行，就会造成职责不清、管理失序。最明显的漏洞就是老的任务已经取消，新的任务难以落实。老化的体制和制度没有能力整合组织中的责、权、利，致使一部分人失去任务与责任，变成了闲人。

闲人的存在，不仅会涣散人心、增加摩擦，而且会降低效率、造成内耗，同时还会给管理工作带来一定的难度。闲人是多种多样的，因而治理对策也应该是多种多样的。不同大小和不同性质的单位，都应该有不同的治理方法。作为领导，更重要的是树立“闲人有害”的理念，以积极的态度去“治闲”。因此，如何科学地用好闲人，是值得每个领导下大力气解决的问题。

1. 用真情感化闲人

一是不要冷眼，在生活上多帮助闲人，工作上要多点信任，不冷眼相待，不置之不管。二是不要冷心，对他们多爱护、少排挤，多指点、少责难，多鼓励、少讽刺，帮助他们树立信心，重新焕发工作激情。三是不要冷落他们，不能主观地认为闲人就是一无是处，从而让闲人长期坐冷板凳，使他们越来越闲，最后成了废人。而要善于发现他们身上的闪光点，对其每一点进步都及时予以认可，以真情感化他们。

2. 多用“变局”之法减少闲人

一个单位通常是在既定的体制和制度下运行的，体制和制度就是一种“局”，这个局面总是不变化，人们就会产生惰性。所以，领导需要“变局”。每隔三五年来一次机构人事改革，适时地改变单位的各种制度，使之每时每刻都适合单位的情况，从而发挥其应有的作用，不至于成为一个摆设。“变局”的常态在于变制度。以“变”的思想来定制度，改变产生闲人的制度环境，限制闲人的出现。

3. 不妨用领导“搅局”的方法推动闲人

领导必须参与到具体的组织运行过程中，才能对单位的人员状态有全面综合的了解，才能找到执行中具体情况与预期之间的差距。领导要搅动自己手中的这把“铲子”，促使每一位下属全心全意地投入到工作中，最终使团队形成一种注重现实、目标明确、简捷高效、监督有力、团结紧张、严肃活泼的工作氛围。

4. 努力让闲人有事做

领导的贡献在于让下属创造价值，让下属有事可做；如果单位里闲人太多，他们都无所事事，就会无事生非。只有让下属有足够多的事情可做，只有让下属忙于工作，才能消灭闲人产生的时空条件，才能让闲人“闲不住”。

5. 引导闲人改变自己

每一个人都有自己的切身利益，领导在对闲人进行引导的过程中，必须考虑他们的切身利益，让他们认识到实现领导目标也能给自己带来利益。

6. 善于弥补下属或工作环境的不足

领导的一项重要任务就是去弥补员工或工作环境的欠缺之处，让员工最大限度地发挥其自身价值，逐渐成长和完善，而不是不管不问，让下属自生自灭。比如对经验丰富、能力很强的员工，就不应该用指导型的领导方式，这可能使他认为是对他能力的蔑视，他真正需要的是支持和鼓励。而如果对领导和能力不足的下属仅仅提供支持和鼓励，又往往会使他感到沮丧，因为这样的员工需要的是具体的指导和说明。很大程度上，领导的有效性取决于你在多大程度上能找出这些不足，以及你弥补这些不足的能力。

第33讲
面对投机钻营的下属时怎么办

如果你发觉某人非要严加看管不可，那你一定是用错人了。因为好的部下是不需要管理的。

——吉姆·柯林斯

投机钻营指的是下属喜欢以小聪明、小手段、小动作获取领导好感，进而潜移默化达成个人目的的行为。投机钻营因其行为和手法“乖巧”，具有较强的隐蔽性、迷惑性和渗透性。面对这类下属，领导该如何应对呢?

投机钻营的人总是希望能付出少、回报多。在工作中投机取巧，也许能让人得利一时，但往往会在人的心灵中埋下隐患，会使人堕落，会使人的品格大打折扣。从长远来看，有百害而无一利。对单位来说，投机钻营者往往会破坏单位内部公平，损伤单位风气，影响大多数员工的积极性。一般来说，他们有以下四个方面的特征。

(1) 热衷谋权。他们善于在领导面前表现自己，花言巧语，拍马奉承，甚至请吃送礼，努力争取领导的好感和看重，以求晋身之阶。

(2) 小题大做。他们一般不想扎扎实实干艰苦的工作，只注重做表面文章，造声势，虎头蛇尾，或者小题大做，惯于借领导之势开展工作，以领导压人。至于领导指示的本意是什么，是否具有普遍指导意义，全然不管不顾。

(3) 喜欢来事。为吸引领导眼球，热衷于琢磨“点子”，设计“活动”，制造“工作”，干什么事都想出奇招制造轰动效应，至于对事业发展是否有利，群众是否满意，则不在考虑范围之内。

（4）热衷谋人。把心思放在琢磨人上，处心积虑与领导套近乎，把本来淳朴的上下级关系搞得很庸俗。他们信奉关系哲学，削尖脑袋找准强势一方站队入圈，惯于以小恩小惠拉拢个别所谓的“哥们儿”，搞“小圈子”。

以上种种表现，并不是每一个投机钻营者都具备的，而是或多或少具备其中的某些特征。但是归结到一点，所有的投机钻营者都不想靠实实在在的工作争取进步，而只想靠侥幸、偶然的因素获得利益；都不把职务当责任，不把工作当事业，而把个人职务升迁放第一位，工作进展摆两旁；都不是以有为求有位，靠实绩求发展，而是把领导当“经营”对象，崇尚个人运作谋取私利。根据以上分析，作为领导，要管理好投机钻营的下属，需做好以下四个方面的工作。

1. 正其所“思”

就是要加强思想工作，努力提高投机钻营者的思想境界，使其认识到自己的不足，进而下决心弥补不足。一是要有针对性地加强思想教育。对投机钻营者的教育，宜借题发挥、旁敲侧击，不宜当众指出甚至批评。领导在发现投机钻营的苗头后，可以利用会议、理论学习、座谈等机会，根据实际情况引申发挥，使他们有所感悟。如果这种办法不奏效，可以通过谈心等办法，含蓄地指出其不足，劝告他们改正思想观念。二是要努力优化单位整体风气。一些人之所以会投机钻营，在很大程度上是受了一些不正之风的影响。当他们看到社会上一些人通过投机钻营得到了一些利益时，心里会感到不平衡，或自觉学之，或愤而学之。因此，优化单位风气对转变投机钻营者的思想观念具有重要的作用。

2. 用其所“长”

领导不能简单地排斥投机钻营者，而应辩证地看待他们，发挥他们的优势和潜力，使他们在工作中不断增强荣誉感和责任心，从而不再投机钻营。领导要转变投机钻营者，用其所“长”具有特别重要的意义。一是要用其“长”树形象。一般来说，投机钻营者善于交际、接触面广、接受信息快，有做“形象”工程的经验。利用这一优势，领导可以有针对性地把造声势、树形象的工作交给他们做。他们就可以充分利用自己的优势，把工作做好，提高单位的知名度和美誉度。二是要用其“长”创新业。投机钻营者的思维一般比较灵活，领导要善于把他们的聪明才智引导到工作上来，特别是引导到创造性、探索性的工作上来。为防止他们做事虎头蛇尾，对他们压担子时，还要实行目标管理，提出明确的工作目标，并加强督促检查，确保工作落实。

3. 制其所“违”

要不断完善规章制度，通过纪律制约违纪行为和不恰当行为。古人曰：“幸进者无功，欲速者多蹶，矜长者易于见短，好谀者必受其愚，屠牛者不屑搏鼠，搏鼠者必不能屠牛。”一个人的某项才能，放在这里是长处，放到别处可能就是短处；今天是长处，明天可能就是短处；对这件事而言是长处，对别的事而言可能就是短处。有些人本领高，却没有实干精神，才能大，却没有忠义之心，这种人极难驾驭，感情约束基本无效，除非你能满足他的野心，否则他绝不会对背叛抱有任何愧疚之感。你若无把握，不如用中等人才。这就像乘坐马车一样，与其追求速度，被一匹狂马掀翻车子，不如追求稳妥，让一匹凡马平平安安地把你送到目的地。那些投机取巧之人，初看也许很聪明，但往往经不住考验，必须对其多加约束，如果领导心里没有底，倒不如一开始就不授予其大任。

4. 公正用人

用人导向是最重要的。要坚持正确的用人导向，把德才放在第一位，着力选拔那些能推动事业发展、有思路、有能力、有实绩的下属，选拔那些有激情、敢担当、追求卓越的下属。要坚持公正用人原则，对于那些正直有担当的人，要为他们说话、替他们撑腰、给他们鼓励；对于投机者，要让他们无空子可钻，让专心干事的员工看到希望。

第34讲
面对“老油子”下属时该怎么办

优秀企业需要每个员工都有突出表现。

——汤姆·彼得斯

“老油子”多指那些圆滑世故、油嘴滑舌的人。在任何一个单位，都可以见到那么几个和所有人都很熟的人，他们熟知各种单位内幕八卦，看似悠闲轻松，令新人羡慕而又敬畏。然而这样的职场“老油子”，其实是“职场疲惫症”的多发人群，一不小心，激情和动力就消失了。

“老油子”下属的表现多种多样，有的爱摆老资格，居功自傲，对自己以前的“闪光点”津津乐道，拒绝和抵制变革；有的好为人师，在新员工或年轻员工面前经常指手画脚，只说不做；有的消极应付，得过且过，对工作能躲就躲，对责任能推就推，对荣誉和利益能争就争；有的抱怨单位政策不公，抱怨老板和领导无能，抱怨同事不配合，抱怨下属水平低，抱怨客户挑三拣四，就是不抱怨自己；有的只吃老本，不立新功，爱讲条件，好找借口，绩效低下；有的斤斤计较个人得失，时不时闹情绪，动不动要大牌，不服从领导，工作纪律涣散，缺乏自我约束，爱搞特殊化，基本没有团队意识和团队精神；有的传播消极信息，喜欢当老好人，教唆新员工做一些不当行为，培养“小油子”；有的巴结奉承领导，靠领导对自己的情面吃饭。

领导对“老油子”的态度往往是复杂的，可以说是既恨又爱。恨的是他们有时偷懒耍滑、投机取巧、玩世不恭，爱的是他们曾经是单位的精英和脊梁，为单位的发展做出过一定甚至是突出贡献，他们有着比较丰富的工作经验，也具有一定的工作能力。

领导与“老油子”打交道要把握好“度”。如果与其关系过于密切了，就容易被其同化；过于迁就了，又容易影响绝大部分人的积极性；过于苛刻了，又容易激起其强烈反感。由于“老油子”在单位里有一定的资历，有的人缘还比较好，有一定的影响力，如若与他们的关系处理不好，很可能成为领导行使领导权力时最难跨越的绊脚石。领导与“老油子”打交道，应当从以下几个方面努力。

1. 分析“老油子”的成因，从根本上去改造

成为“老油子”的原因有很多，有的是因为自认为仕途无望，感到成就一番事业艰难；有的是因为遭受了多次挫折和打击；有的是由于长期在一个单位工作，产生了惰性；有的是由于思想认识出了问题，等等。领导要认真分析他们成为“老油子”的原因，对症下药，从根本上给予帮助。

2. 铲除“老油子”生长的土壤，从环境上去改造

在一个单位，“老油子”毕竟是少数，领导除了通过以身作则来影响他们外，还要善于团结和激励大多数同事，弘扬正气、打击歪风，形成积极向上的良好氛围，利用身边的同事帮助改造“老油子”。

3. 去除滋生“老油子”的条件，从制度上去改造

建立相应的规章制度，用规章制度规范和约束下属的言行。如建立岗位责任制、能上能下制、竞争上岗制、过错追究制、奖惩激励制等。在制定这些制度时，要广泛征求意见和建议，特别要征求“老油子”的意见和建议，充分发扬民主。制度一旦确定下来，就要坚决执行，绝不手软，使“老油子”在严格的管理制度下，增强责任感和紧迫感，自觉去掉身上的“油气”。

4. 要容得下“老油子”

一个单位里之所以产生“老油子”，自然有其滋生的环境和土壤；他们之所以称得上是“老油子”，自然是经过了长时间“油炸”，具备了弃之不能，食之无味的条件。因此，领导在与“老油子”们打交道时，先要有容人之量，切莫操之过急。要容得下他们独特的为人处世习惯。表面上“老油子”们对所有人都很恭敬，但实际上，他们往往对领导不够尊重，对工作不够重视，对生活懒懒散散，内心深处是对领导权威的漠视。对此，领导要明白，领导与下属只不过是分工不同，不能要求下属必须对领导唯命是从，尤其下属是“老油子”的时候，更是如此。因此，作为领导，要有良好的心态和宽阔的胸怀，容纳“老油子”们独特的为人处世习惯。此外，还要容得下他们的缺点。人无完人，每个人或多或少都有缺点，不同的是，绝大多数人尽量遮掩自己的缺点，“老油子”们却放任缺点或者有意放大缺点。其结果是，绝大多数人的缺点被隐藏了，而“老油子”们的缺点却毫无遮掩地凸显在领导面前。因此，领导要正确对待“老油子”们的缺点，只要不是原则性问题，就要多包容。

第35讲 面对马屁精下属时该怎么办

非我而当者，吾师也；是我而当者，吾友也；谄谀人者，吾贼也。

——《荀子》

几乎每一个单位都存在一些喜欢阿谀奉承、溜须拍马的人，也就是通常所说的“马屁精”。他们想尽一切办法揣摩领导的心思，迎合领导的意图。一些领导在阿谀奉承的轮番“攻击”下飘飘然起来，工作失去了判断力，决策也受到了干扰。甚至有的领导似乎中了催眠术，对他们言听计从、恩宠有加，由此又更加助长了阿谀之风。“阿谀奉承”“拍马溜须”虽历来为人们所看不起，但自古至今，这类人却从未绝迹过。对下属中的马屁精，如果一竿子打死，似乎有些不近人情，也有些过于粗暴；如果放任自流，却会给单位带来危害。那么，领导这时该怎么办呢？

职场上有不少爱谄媚奉承领导的马屁精下属，有的是马屁拍不到位，显得虚伪，他们说话不着边际，没有分寸，让领导难为情，还让自己在众人眼里留下“奴颜媚骨”的小人形象；他们信奉“三百六十行，马屁第一行”，以为要想取得领导信赖就要拍马屁、说奉承话，因而常常抱着投机的心理，不惜贬低自己的人格，说话的口气和表情低三下四，俗不可耐；他们奴颜婢膝，唯上媚上，讨好争宠，趋炎附势，奉承巴结，出卖灵魂，热衷于寻找人身依附，唯领导马首是瞻。

马屁精之所以危害大，关键就在于影响用人环境，扰乱用人导向。如果重用了他们，必然会给其他下属带来很大的挫败感，认为工作做得好，不如马屁拍得好。使其他下属情绪低落，无法投入正常工作，甚至效仿马屁精，注重马屁功夫，渴望得到领导赏识，放弃埋头苦干的工作态度，这样对于整个工作氛围的影响是极坏的。

拍马屁作为一种社会现象，从古到今都不同程度地存在着。领导没必要对此如临大敌。如何管理爱拍马屁的下属，关键取决于领导本身的管理能力，需要做到以下几点。

1. 看透马屁精的本质，警惕精神贿赂

从马屁精的角度来看，无论是用语言歌颂，还是以行动来讨好，都是为了满足其心理需要，这实质上是在进行精神贿赂，因此，要想杜绝这种现象，领导应该加强自身的品格修养，提高心理需要的层次。领导应该常常检点自己的言行，用正直的言行表明自己对马屁精的看法。马屁精对领导行为的观察比一般人要细，拍不拍马屁往往取决于他们对领导心理需要的认识，如果领导的言行很正，那他们也就没有拍马屁的机会了。领导对马屁精应该提高警惕，筑牢自己的心理防线，增强抵御精神贿赂的能力。

2. 打碎马屁精的美梦，破除利己私欲

一些马屁精之所以不惜低三下四，不怕别人笑话，不怕领导的冷脸，也要拍马屁，主要还是因为他们心中有自己的“小九九”，有不可告人的目的。他们经常是先用雪中送炭式的服务、过分尊重的关心等形式对领导进行精神贿赂，当领导心理上得到极大的安慰、感情上与其拉近距离、精神上出现麻痹时，他们才伸出自己的手，不知不觉地从领导那儿获得他们想得到的利益，而这些利益无论是权力、金钱，还是地位，都是他们通过正当的工作和竞争所不能得到的。因此，领导对马屁精一定要保持清醒的头脑，看清其真实目的，坚决不给马屁精机会，打碎他们的美梦。

3. 反击马屁精的言行，净化竞争氛围

拍马屁产生的最大危害是败坏单位和社会的风气，扰乱公平竞争的秩序，影响领导与群众的正常关系。因此，领导对马屁精的行为一定要进行有策略的反击，态度鲜明、行动明确、处理及时，不给马屁精任何机会，给其他下属以自己不喜欢拍马屁的明确信息，以正视听，形成良好的人才竞争环境。实践中可采取两种措施：一是对马屁精的行为不予理睬。面对马屁精表现出的殷勤或吹捧，领导可以不予理睬，让他们拍了也白拍。二是对马屁精的行为不容忍。对那些屡教不改的人，领导可以私下直接对其进行批评，也可以在适当的场合对其进行公开批评，用强烈的不满表明自己的态度，让所有的人看到拍马屁既行不通，也没有出路，从而营造良好的公平竞争的环境。当然，作为领导，一定要把下属对领导真诚的尊重与拍马屁的行为区别开来，不能把属于工作范围内的尽职尽责当作是图表现，也不能把下属的关心当作是献殷勤，更不能把提合理化建议当作是出风头。

4. 提高马屁精的修养，待人真诚实在

从根本上讲，拍马屁的下属本质上并不都是坏的，有可能是环境使然，但关键是他们心态不正、修养不够。因此，领导对马屁精下属要从根本上去改造他们，让他们改过自新。对待马屁精，不能一棍子打死，而要热情真诚地对待他们，正面教育他们，积极地引导帮助他们，使他们调整对待领导、对待工作、对待事物的心态，消除投机取巧之心，学会真诚地做人、真诚地待人、脚踏实地地工作。除此之外，还要帮助他们从思想上挖根源，让他们正视自己思想上的不足、言行上的不实，切实改变思想方法和思维方法，用真诚和行动赢得大家的信任。

第36讲
面对消极怠工的下属时该怎么办

工作危机最确凿的信号，是没有人跟你说怎样做。真正危险的事，是没有人跟你谈危险。

——吉尔伯特

“消极怠工”是管理中的一道难题，也是领导必须正面面对的一个问题。当消极怠工的负效应日渐蔓延成为一种风气时，组织就会面临很大的风险，随之而来的就是效率降低、政令不通、人浮于事、执行力低下、管理成本增加，更严重者，可能导致整个管理体系的崩溃。不少领导为此头疼不已，身心俱疲。

“消极怠工”，俗称“晃点”，指员工因某种原因或出于某种目的而怠于工作、纪律松散、推诿拖延，不直接和管理人员发生正面冲突，而采取迂回、消极不合作的态度对待工作，以达到其预设的某种目的。很多领导十分重视发挥积极工作的引领作用，却忽视了对消极怠工者的科学管理，其结果往往导致消极怠工情绪蔓延，积极者也随波逐流，最终影响整个单位的工作氛围和工作成效。所以，作为领导，既要让积极工作者的示范效应得到最大限度彰显，更要对消极怠工者及时“亮剑”，毫不犹豫地祭出“杀招”，让消极怠工者不仅不敢“逍遥”，而且主动转变为积极工作者，在单位内部形成同心同德干事业的强大合力。

一般来说，消极怠工的表现主要有以下几点。

(1) 有怠工的客观行为。有的对于上级工作指令推诿拖延或变相不予执行；有的摆架子，在工作流程中故意刁难同事不予配合；有的工作作风懒散，纪律松散，效率非常低下；有的正常工作时间有工作任务而怠于工作，该做而不做，等等。

(2) 采取消极不合作的方式。不违反公司考勤管理，不和管理人员发生正面冲突，而是采取迂回的“非暴力不合作”方式。

(3) 主观上出于某种目的或者动机，且有怠工的故意性。有的通过怠工引起领导重视；有的通过怠工凸显其重要性和不可替代性。

(4) 非因客观条件、身体健康因素、精神刺激等。

消极怠工对管理有着很大的负面影响。一是影响效率。消极怠工行为，会严重降低工作效率，降低单位竞争力，若不及时处理，就会蔓延成风，进一步影响管理。二是增加管理和运行成本。高效运转和成本控制是相辅相成的，消极怠工的低效率必然会增加相应的管理成本。三是削弱团队凝聚力。尤其是对于比较重视分工合作的企业和组织来说，一个岗位的消极怠工，很容易产生同事间的纠纷摩擦，从而影响整个团队的凝聚力。四是容易产生负面效应，形成管理风险。如果不对消极怠工的“隐形员工”进行疏导和处理，就会像流感一样蔓延，使负面效应不断累积。

消极怠工主要是因为员工出现了心态问题。这一心态问题的因素可分为两个层面，即员工自身层面和工作环境层面。员工自身层面指的是人的本质，有的人对待工作一贯抱着消极的态度，混日子。这类人只是极少数。工作环境层面是指个人因素以外的因素，比如组织的管理体制、领导的领导方式、工作岗位的性质、工作压力与工作胜任力的配比等，这些都是影响员工工作积极性的因素。但是总的来说，就是管理机制和员工需求之间有矛盾冲突。

从工作环境原因上说，容易产生消极怠工的原因包括以下几点。

(1) 员工工作岗位职责不明，工作任务标准不清，考评不严，奖惩不力。偷懒、消极、逃避责任等现象发生未及时处理，从而引发负面效应。

(2) 管理层权力界限不明，权力交叉，多头管理，沟通不足，工作气氛不和谐，同事间缺乏合作精神，有矛盾冲突，进而产生抵触情绪。

（3）领导缺乏领导风度，嫉贤妒能，打击、压制有能力的员工。

（4）企业和组织内部出现小利益集团，排斥新同事，员工缺乏大局意识和团队意识，对工作缺乏感情。

（5）单位缺乏现代管理理念，过度追求经济利益最大化，导致员工离心。

（6）缺乏激励机制，不能为员工提供更大的发展空间。

（7）缺乏人文关怀，不关注员工的情绪和承受力，长时间、高强度、高压力工作让员工身心疲惫。

（8）绩效薪酬不合理，分配不公，付出与回报不成正比，干与不干一个样，严重挫伤员工积极性。

（9）过分倚重某一业务部门而忽略其他部门，对员工的评判机制不够多元，只有批评没有表扬，员工自身价值得不到应有的肯定和承认。

（10）企业和组织有出于某种目的歧视性行为。

（11）领导的工作作风和处理事情的方式方法过于粗犷，忽略下级员工的心理承受能力和情绪。

（12）沟通渠道有问题，领导和员工缺乏有效沟通，忽略和冷落员工的意见和辩解，一意孤行，缺乏民主意识等。

（13）重复、单调的工作内容。

从员工自身原因上说，容易产生消极怠工的因素有以下几点。

（1）员工自身心理素质较差，情绪化倾向严重，情商不高，不能及时化解不良情绪。

（2）员工曾受精神刺激（如失恋、家庭变故等），导致情绪不稳定，无心工作。

（3）认为自己得不到应有的肯定和承认，劳碌无功，付出和回报不成正比。

（4）对当前工资待遇或者职位不满，“给多少钱，干多少活”的思想作祟。

（5）仓促就业，专业不对口，得不到职业成就感；或入职时就抱着“骑牛找马”的心态，只是把公司作为跳板，工作态度消极。

（6）对单调、重复性的工作反感，提不起精神，混淆工作和事业的区别，处于深度彷徨和迷茫中。

（7）员工沟通能力欠缺，无法妥善处理同事、上下级关系，同事间缺乏沟通，因沟通不善导致人际隔阂。

（8）员工胸有怨气，不满情绪、抵触情绪没有得到宣泄。

（9）员工认为自己的意见得不到公司重视，才能得不到施展空间，认为自己受到不公正的待遇。

（10）员工有其他希望公司改正或妥协让步的目的。

对待消极怠工，不能一概而论，而应当加以区别。正如中医一样，要先确诊病症，找到病因，然后对症下药，根除病因。所以第一步，就是要判断员工是否在消极怠工，如果确为消极怠工，就需要调查怠工的原因，是员工的自身原因，还是企业和组织因素。要及时沟通、疏导、劝阻，甚至警告，按照规章制度处理。确诊了消极怠工的病因后，就要选择采取什么样的方式进行处置。解决消极怠工有以下几种方法。

（1）建立消极怠工的迅速反应机制，及时发现、判断消极怠工现象。

（2）领导要“耳勤听、眼勤看、口勤问、腿勤跑”，要有耐心调查消极怠工的真正原因。企业和组织要有一套双向的沟通对话机制，信息沟通要顺畅。

（3）要完善企业的规章制度，建立有效的绩效考核和公正公平的薪酬分配制度、病假管理制度等。

（4）营造良好的工作氛围，建立企业文化，倡导团队意识和团队协作，培养员工对企业的认同感和归属感。多组织一些集体活动，如拓展训练等。

（5）给员工提供提升空间，对员工要敢用、善用，使其能人尽其才。

（6）领导要有良好的沟通能力，要经常和员工谈心，建立良好关系，要及时协调各类人员之间的矛盾纠纷。

（7）让下属既爱又怕。松下幸之助主张主帅温和，副手严厉，可以互补。不过领导要明白这样一个道理，下级对上级总得有点怕，最好是既喜欢又害怕。也就是说，不只是制度上的严格，还有人对人的严格。平时可以很随便，很亲密，但工作上却绝不可有一点松动，领导必须建立这样一种人格。此外，要让下属喜欢自己，要先喜欢他们，关心他们。那些不能与人很好共事的人，是因为什么呢？其实在大多数情况下，那些不太招人喜欢的人往往也不太喜欢他人。这里并不是说他们讨厌他人，而是说他们对他人的关心程度不够，从而不愿为了建立良好的关系而付出精力。对领导来说，只有多关心下属，下属才会尊重你。

综上所述，消极怠工的原因是复杂的。作为一个领导，应当善于发现问题，查找原因，并解决问题。而不是一味地唠叨抱怨，或者粗暴管理。员工是一个自然人而非机器，有尊严，有需求，有情绪是正常的。领导一定要懂得如何去把握员工的心理，知人善任。

第37讲
面对失意员工时怎么办

在你成为领导以前，成功只同自己的成长有关；当你成为领导以后，成功都同别人的成长有关。只有被领导者成功，领导者才能成功。

——杰克·韦尔奇

即使再高明的领导，也难免会让一些下属感到失意和无奈。在这些失意的下属中，大多数是因为工作上的不如意，他们自以为没有用武之地，认为自己的职务与才华不匹配，因而总是情绪低落，工作没有积极性。尽管造成这种失意的原因是多方面的，但作为领导，绝不能对此置若罔闻。那么，该怎么办呢？

常规的思维认为，失意者是受害者，是弱势者，因而除了同情之外，对失意者往往很少关注。事实上，失意者还有可能是潜在的不合作者、拆台者甚至破坏者。作为领导，如果对失意者不能进行很好的安抚，不能公平公正地对待他们合情合理的要求，不能对他们进行妥善的任用和制约，那么他们郁结的怨怒一旦爆发、拆台行为一旦发生，将极有可能颠覆领导苦心经营的良好工作局面，使领导从云端跌落陷坑。

据《三国志·蜀书李严传》载，李严在刘备时任辅汉将军，拜尚书令，与诸葛亮同受遗诏，辅佐后主刘禅，可谓备极荣宠、地位显赫。但是，诸葛亮总揽朝政，李严感到非常失落，对诸葛亮心生不满。诸葛亮出祁山北伐时，李严负责督运粮草。当时天降大雨，运粮困难，他一方面为推责，另一方面也是嫉妒诸葛亮北伐成功，就派人向诸葛亮呈报说粮草不济，必须撤兵。当听说诸葛亮无奈退兵后，他又佯装吃惊，派人责问说："军粮饶足，何以便归?"并且要杀督粮官来推诿自己督运不力之责，彰显诸葛亮进军不力的过错，同时还给后主上表说退军是"欲以诱贼与战"。尽管李严后来被追责免官，但由于他为泄个人私愤的拆台行为，不仅导致诸葛亮师出无功，而且也大大消耗了蜀国的实力，危害十分严重。

此外，失意者通常还有其他一些表现，如心理消极、责任心降低、对工作敷衍了事；破罐子破摔、不思进取、我行我素，对单位的规章制度和奖惩措施漠然置之；发牢骚、说怪话，编造和传播一些不负责任的话，使领导难堪，毁损领导和单位形象，影响同事积极工作的心态；利用工作机会对领导的决策表达不满，阻挠领导意图的实现，等等。

失意者的存在，也是单位严重内耗的诱因，是团队关系不和谐的表现。因此，作为领导，必须尽量减少单位中的失意者，并未雨绸缪，有效预防失意者的"拆台"行为。

1. 对失意者多宽容

对领导而言，宽容不仅是一种美德，也是一种方法和艺术。面对失意的下属，领导能够宽容相待显得尤为重要。下属立志成就一番事业，渴望得到领导的器重、提携，以便充分发挥自己的聪明才智。当其经过一番奋斗仍不能实现夙愿时，那种失望与痛楚自然分外的沉重。有的还可能出现一些反常的举动，或情绪低落、工作消极，或精神恍惚、胡乱猜测，或怪话连篇、指责领导。领导对此是决不能冷眼相看、嘲笑非议，甚至横加斥责的，而必须予以宽容和理解。即使下属因误解而产生一些过激的言行，领导也应该保持风度，尽量克制，切莫与之正面冲突。要设身处地地想一想下属怀才不遇、壮志难酬的痛苦。

2. 位高尤须谦卑

领导有职位、有实权、有荣誉、有面子，往往占尽风光，因而有的领导便产生飘飘然的感觉，甚至得意忘形、趾高气扬。这种做派很容易强化失意者的反感情绪，导致他们拆台行为的产生。因此，领导一定不要有意炫耀，不要滥施权威，而要克己让人，虚怀若谷。否定别人的意见，一定要以理服人，不能挟威自重；拒绝别人的要求，哪怕是不合理的要求，也要尽量做到婉转温和；尤其是对于竞争领导职务的失利者，更要谦和对待，充分尊重，诚恳地向他们请教一些自己不擅长的问题，发挥他们的积极作用。

3. 真心诚意地加以抚慰

职场失意，或因职务升迁受挫，或因真知灼见不被采纳，或因良苦用心被枉费，或因充满期待的利益要求被轻易否定，等等，这些都会给失意者造成精神上的打击、利益上的损失、心理上的挫折和尊严上的损伤，其痛苦是别人难以体会的。如果领导对其缺少真诚细致的关心和抚慰，失意者在产生消极情绪的同时，也极有可能做出针对领导的拆台行为。因此，领导对于失意者切莫显露心理优越感，而要有恻隐之心，付出真情，伸出援手，帮助失意者从失意的阴影里走出来，这样做也有利于消除潜藏的不和谐因素。

4. 多给失意者工作机会和发展机会

人们对于雪中送炭的感怀要远比锦上添花来得强烈。据心理学家研究，一个失意者更需要得到心灵上的安慰，更渴求有人能填补他心灵上的空白，治疗他心理上的疾病。因此，当一个独具慧眼的领导向他们抛出橄榄枝并予以重用的时候，他们更能激发自己的潜能，努力工作。《战国策》中有这样一个故事：齐国人冯谖由于贫困潦倒，几乎没有办法维持生计了，失意非常。无奈之下，冯谖前去投靠孟尝君。孟尝君问他有什么才能没有，他说没有，但是礼贤下士的孟尝君还是把他收留了下来。后来，冯谖两次三番地对待遇感到不满，于是弹剑而歌。孟尝君闻知后，一一满足冯谖的要求，让其在心理上也有了满足感和安全感。后来，冯谖自愿去薛地收债，通过巧妙的办法，让薛地百姓对孟尝君感恩戴德，为孟尝君开辟了一条后路。冯谖之所以绞尽脑汁、竭尽全力地为孟尝君做事，就在于报孟尝君的知遇之恩。

第38讲
面对“小人”下属时怎么办

你要勤于给花草施肥浇水，如果它们茁壮成长，你会有一个美丽的花园；如果它们不成材，就把它们剪掉，这就是管理需要做的事情。

——杰克·韦尔奇

所谓“小人”，就是心胸狭窄，为达目的不择手段、反复无常又没有原则的人。提到小人，人们往往都嗤之以鼻，唯恐躲之不及。然而，小人又随处可见。在工作中，领导也难免会遇到品格低下、心理阴暗、工于心计、唯恐天下不乱之辈，他们虽为数不多，但往往负能量极大，危害不容小觑。领导在忙碌工作的同时，不得不耗费很多精力提防小人的侵扰，这无疑会给领导的工作带来诸多影响。

领导水平是执政能力的重要体现，而防范小人与选贤任能一样，考验着每一位领导的领导艺术和领导水平。特别是在现行的人事管理体制下，绝大多数领导不仅无法选择同事，也无法决定下属的去留。就是说，不管你如何厌恶小人，都必须和他们共事，承受可能带来的烦恼。但这并不意味着对其卑劣行为的无能为力。

小人的人格有缺陷，是一种一切以自我为中心、缺乏公德的人。小人爱惹是生非，常捕风捉影，说三道四，颠倒黑白，造谣惑众，歪曲事实真相；小人惯用骗术，曲意奉承，欺上瞒下，两面三刀，狐假虎威，讨好上级；小人喜欢挑拨离间，借机发难，暗箭伤人，使该亲近的人疏远，该疏远的人反而亲近，造成人际关系的扭曲；小人性情多变，其绝招是眼观六路，耳听八方，为了私欲，随机应变，看风使舵，是地地道道的变色龙；小人善于拉帮结伙，常常收买人心，称兄道弟，为谋取私利而纠结成一帮势力，唯利是图是他们的处事原则；小人诡计多端，用冠冕堂皇的词句常陷害能人。小人很注意他人不可避免的错误，并借机发难，大做文章，故意夸大其词，捏造事实，制造流言蜚语，打击别人。特别是当小人看到领导对他人不满意时，不会轻易放过机会。他们会趁机激化他人矛盾，以满足自己升职、加薪的愿望。

唐玄宗李隆是个有雄才大略的皇帝。在开元盛世后，本来完全可以领导大唐高居“荣誉之巅”，甚至于“更上一层楼”，可他偏宠爱贵妃杨玉环，重用小人杨国忠，致使自己再无建树，还使唐王朝从此走上下坡路，每况愈下。领导近小人，便伺机提携小人；如此反复，居高位的小人越来越多，以致渐成气候，扰乱大局。

人很复杂，有君子的一面，也有小人的一面。实际上，我们每个人都是小人与君子的混合体。小时候看动画片，总是能很明确地分辨出好人和坏人。长大了才发现，这个社会上的人不仅仅是由好人和坏人组成的，还有不好不坏的人、半好半坏的人、时好时坏的人、好中带坏和坏中带好的人。

在大师眼里无所谓小人和君子，关键是看用这些人来干什么。一个领导，如果水平高，可以把小人变成君子；如果水平不够高，很可能会把君子变成小人。有人说，要想成就一件事，往往需要“高人指点，贵人相助，小人监督”。有时候把小人用好了，也会有意想不到的效果。在实践中，要做到以下几点。

1. 洁身自好，苦练内功

古人云：“邪不干正，妖不胜德。”领导必须明白，如果你身边常出现小人，就得反省自己了，问题一定出在你自己身上。为什么你的身边小人层出不穷？所以，要改造小人，要先改变自己。同时，领导想在工作中避免遇见小人，最有效的方式，就是做到洁身自好、正直正派，注重道德修养和品格修炼；胸怀坦荡，心地阳光，崇尚真善美，鄙视假丑恶；一身正气，能固守人格高地；仰视善者，尊重智者，平视强者，提携弱者；对上不逢迎，对下不欺凌。

2. 保持距离，避免纠缠

君子不和小人斗，是因为小人常寡廉鲜耻、罔顾情感，为达目的往往不择手段。因此，如无原则问题和极特殊情况，领导要尽量避免同小人缠斗。领导除因工作需要外，应适当减少和小人接触的频率和交往的深度。尤其对那些品格极低下，专爱没事找碴儿者，更是如此。和小人交流时，内容应尽量以工作为主，要就事论事，最好不要拓展范围。切不可涉及议论和评价他人的话题，更不能提及自己和他人隐私，做到公事公办，不卑不亢。谈及敏感话题时，最好有他人在场。同时，要保持警惕，对小人的诱导性问题，要机智应答，以防掉入语境陷阱。如遇小人蓄意挑衅，尤其在公共场合，只要不涉及原则问题，则可适当示弱，避免和其正面交锋。因为小人最希望利用这种场合发飙，以激怒领导，使其失去理智，从而达到降低领导威信、损害领导形象的目的。

3. 因类施教，关爱感化

在现实生活中，沦为小人的原因非常复杂。有的因仇视社会，有的因看问题偏激，有的因性格偏执，有的则可能因受过某种刺激或不公正待遇，等等。除极少数品德极其恶劣、不可理喻者外，大部分都有转化的可能。领导应视其情况，强化情感渗透，注重关爱传递，努力使小人变为君子。尽管小人某些行为令人生厌，但他们毕竟是自己的同事或下属。因此，领导要消除心理障碍，打破“人以群分”观念的束缚，显示自己过人胸襟和风度，不管是否喜欢，都要与之和平相处。要尊重其人格和生活方式，做到不刺激、不侮辱、不攻击。不能因小人品格有重大缺陷，就随意剥夺其应享有的合法权益。在可能的情况下，领导要为他们排忧解难，在工作、生活、学习等方面予以关心，让其真切感受到领导心之诚、情之真。即便难以改变他们，也有助于弱化他们的对立情绪。

4. 净化风气，铲除滋生土壤

尽管人们对小人深恶痛绝，但在现实生活中，小人总是客观存在的，这是种无法避免的社会现象。作为领导，要想摆脱小人困扰，最好的方式就是主动采取措施，铲除小人赖以生存的土壤。小人之猖獗，源自正气之衰竭。作为领导，要大力倡导真善美，鞭挞假丑恶，让正气形成压倒性优势，使小人成为过街老鼠。领导应做深入调研，准确把握各类小人“病因”，然后再据其特点，对症下药，引导小人变为君子，并逐步分化瓦解小人队伍，争取其中的大多数加入自己，使冥顽不化者势孤力单，难成气候。

第39讲
面对犯过错的下属时怎么办

从来没有犯过错误，也从来没有过失……这种人绝不可以信任，他或者是一个弄虚作假者，或者只做稳妥可靠的琐事。

——彼得·德鲁克

古人说："人非圣贤，孰能无过。"任何人都难免会犯错误，从来没有过失的人是找不到的。因此，每一位领导都面临着如何对待犯过错误的下属的问题。它是衡量一位领导会不会用人、会不会教育人、会不会团结人、会不会调动人的重要标准。

一些领导在下属出现了过失后，常常产生以下几种心理。

(1) 不信任感。对于下属的错误，不论是以前发生的，还是最近出现的，在一些领导心里，总会对其产生某种程度的不信任感。这种不信任感或者是潜在的，或者是显现的，反映在对这类人的任用上，要么是不敢委以重任，要么是委任以后仍放心不下。

(2) 失望感。由于领导希望自己的下属没有过失，或不犯错误，而一旦事实与此相反，势必会产生一定程度的失望感。并且，这种失望不仅表现在对下属的某一具体过错上，甚至表现在对此人的综合评价上。

(3) 距离感。人与人之间难免存在一定的距离。这在领导与犯过错的下属之间尤为明显。就下属而言，常因得不到领导应有的重视和信任而不愿接近领导；就领导而言，因下属某些过错而引起的不信任感，也会在无形中拉大相互间的距离。

上述心理，虽然有其产生的客观原因，但作为领导却不应放任其存在，以致影响正常评价和任用曾犯有过错的下属。对此，领导要先树立“人人都会犯错”的观念，包括领导自己。管理大师彼得·德鲁克曾经说过：“从来没有犯过错误，也从来没有过失……这种人绝不可以信任，他或者是一个弄虚作假者，或者只做稳妥可靠的琐事。”如果我们过多地强调错误的消极性，特别是作为一把手，如果容不得下属犯错误，那么从高层、中层到基层，大家就会合起伙来去掩盖一些问题。是否敢于面对自身的错误，这对一个人和一个组织来说是心理是否健康的标志。如果从上到下都不能正确面对错误，那么错误就一定会一直存在下去，甚至会引发更大的错误，这对一个组织的生存和发展而言是十分可怕的。

当然，我们说允许下属犯错误，并不是说下属犯什么样的错误，以及不管怎样犯都是可以的。实际上，有些错误是允许的，可以原谅的；有些错误是不能允许的，不可以原谅的。哈佛商学院教授埃米·埃德蒙森曾说，公司出现失败的情况可能数不胜数，但这些失败大致可分为三类，其中两类错误，复杂性导致的错误（主要源于“工作本身的不确定性”）和智慧型失败（此类错误完全可以视为“好事”，因为它们提供了宝贵的新知识、新经验）是应当允许和宽容的，甚至有的“错误”应当受到鼓励。但是，还有一类错误，称为“可预防性失败”，这类错误被认为是“坏事”，是不能允许和宽容的。它主要表现为故意违反规定的流程或做法，没有按照要求完成工作。也就是说，那些不知道从错误中吸取教训、重复犯相同错误的行为以及那些明知故犯，违反组织制度、规章、标准而给组织带来损失的行为，是不能轻易原谅和宽容的。如果我们对这样的错误也宽容的话，那实际上是在纵容下属，让下属犯更大的错误。

那么，要如何正确对待犯了错误的下属呢？

1. 要对下属所犯错误做具体分析

处理一个人的错误，必须搞清其所犯错误的历史背景和主客观原因，即弄清他的动机是什么，原因是什么，以及所犯错误的性质、危害程度等各种因素。例如，有政治立场方面的错误，也有思想作风和工作方面的错误；有性质严重的错误，也有一般性的错误。因此，对错误一定要作具体的分析，这样才能对症下药，帮助下属找出犯错误的根源，在今后的实践中加以改正。

2. 坚持“惩前毖后，治病救人”的方针

帮助犯错误的员工，要采取与人为善的态度，不能使用“一棍子打死”的错误方法。同时，要从实际出发，是什么错误就是什么错误，既不能掩盖，也不能夸大。帮助应当说理充分，促使其提高觉悟，改正错误。另外，一个人从认识错误到改正错误总要有个过程，在他暂时想不通的时候，不要硬逼着他检讨，而应耐心地给他时间，等他想通了再检讨。只要把问题讲清楚就可以了，绝不要无限上纲，借以整人。整一人而寒众人心，领导不能做此蠢事。

3. 对犯错误的人要给予尊重和信任

一个人一旦犯了错误，尤其是那些平常兢兢业业工作的人无意中犯了错误，其本身就会产生一种自卑感和压抑感。如果这时失去领导及周围人的尊重和信任，自尊心就会受到伤害，并产生孤独感和被冷落感，进而造成工作无动力，生活无热情，甚至本能地产生一种离心力和强烈的情绪冲动，会沿着错误的道路越走越远。所以，领导要特别注意尊重和信任对方，为他创造一个温暖的环境，这就需要比平时更主动、更热情地接近他、关心他，使他坚定改正错误的决心和信心。同时，还要做好周围人的工作，让大家主动接近他，安慰和劝勉他。这样做，他就会努力改正错误，以不辜负大家的关心和期望。

4. 对犯错误的人要帮助引导

有的人一旦有了失误，出了差错，就会陷入迷途，把自己孤立起来，认为自己一切都完了，从此一蹶不振，垂头丧气。这种情况，需要领导热心帮助、耐心开导才能解决。通过教育引导，使犯错误者懂得这样一个道理：在工作中，谁都难免出现这样或那样的错误。犯错误对于增长才干来说是一种“投资”，一个人犯了错误并不可怕，可怕的是不懂得怎样对待错误，缺少改正错误的信心和勇气。犯错误的人明白了这个道理后，就不仅不会胡思乱想、抬不起头来，而且会产生一种重新振作的愿望和决心。领导应懂得，下属出现失误是一个机会，可以趁机培养他不甘示弱的意识、磨炼出百折不挠的毅力、发扬不怕挫折和失败的精神。

5. 适当的批评

下属犯了错误，批评当然还是要有的，但是一定要适度，并且要讲究批评的技巧。下属没做好，领导一而再、再而三地对一件事做同样的批评，会使下属从内疚不安到不耐烦再到反感讨厌。为避免这种超限效应的出现，领导应坚持对下属“犯一次错，只批评一次”的原则。再次批评也不应简单地重复，而要换个角度、换种说法，这样下属才不会觉得同样的错误被“揪住不放”，厌烦心理会随之降低。即使是批评，也切忌把一些陈坛子烂醋的事都挖出来一一数落，这样最令下属反感。

6. 对犯错误的人不妨放手任用

实践证明，有过错的人往往比有功劳的人更容易接受艰巨的任务。并且由于任用有过错的人本身，对有过错的人来说就是一种强大的激励力量，足以使其一跃而起，创造出令人刮目相看的成绩。特别是当他们因犯了错误而受到社会的歧视和冷落之后，其最大愿望往往就是恢复自己的价值和尊严，重新获得社会的肯定。领导一旦提供这种机会，他们便会迸发出超乎常人的热情和干劲，完成常人难以完成的任务。

当然，“使功不如使过”是就一般情况而言的，它并不能适用于任何人。现实生活中那些有功无过并且觉悟又高的人，当然是做好工作的骨干力量。我们这里分析“使功不如使过”是为了说明有过错的人更需要领导放手任用。只有做到了这一点，错误对许多人来说才不会只是一种沉重的心理负担，而是成为催人自新、奋进的强大动力。

第40讲
下属间的矛盾激化时怎么办

没有带不好的兵，只有带不好兵的将军。

——佚　名

身为领导，最不愿看到的就是下属之间在工作上闹矛盾，一些领导经常为解决下属间的矛盾而苦恼。虽然大多数情况下，员工之间的摩擦或意见分歧能很快烟消云散，但有时也不乏矛盾双方“对簿公堂”让领导来“主持公道”的情况。那么，此时领导如何解决好这一问题呢？

领导的协调艺术，归根结底就是要正确地解决工作中出现的矛盾和冲突，积极引导员工，使他们之间建立良好的互动、协调和合作的关系。把下属协调好，他们才会拥护你、服从你，一心一意地跟着你。

康熙皇帝晚年，儿子们为抢太子之位，钩心斗角、设计陷害，对康熙皇帝的中央集权造成了极大威胁。康熙皇帝甚至一度担心自己也会死于非命，难以善终。最终，太子胤礽两度被废，大阿哥胤禔被终身圈禁，众多大臣受到株连。究其根本原因，可以说就是康熙皇帝未能处理好儿子们之间的矛盾，导致出现了激烈冲突。

善于处理下属间的激烈矛盾应是优秀领导的必备素质。一般而言，领导面对下属之间的矛盾，当如医生诊病疗伤一般，到底采取什么手段，应视“病情”而定。如果下属之间的矛盾似皮下瘀血，领导便没有必要介入，可搁置几日让其自行消解；如果下属之间的矛盾如肌体生疮，领导就要及时点破，然后让他们各自去清洗疗治；如果下属之间的矛盾到了不能自治的地步，领导就要正面介入，或动手术，或开药方，除了诊治，还要复查，不痊愈不罢休。

当然，领导“诊病疗伤”的过程，还需讲究艺术。是重视，还是轻视？是冷冻，还是热敷？是迂回婉转，还是直截了当？不同的矛盾情况，不同的环境，不同的文化氛围，不同的年龄、性格和生活背景，都应当区别对待。

当领导面对下属间的激烈冲突时，最忌退缩回避，那不仅会错失解决问题的最佳时机，而且有时由于下属求“判”心切，他们会把意见反映到上级部门去，使得事态进一步扩大。这种双方剑拔弩张的局面，任何艺术的圆滑与简单的刚硬，都只会加速矛盾的爆发，因此，领导要勇于面对这种激烈的矛盾和冲突，这也是一个领导应该具备的基本素质。作为领导，自信地面对矛盾双方，不仅能赢得下属的信赖，为日后处理问题奠定基础，还能为寻求破解之策赢得时间与回旋的空间，更使得自己牢牢掌握工作的主动权。

处理好矛盾的前提是把握和了解矛盾，如果遇到下属之间的矛盾，不做调查了解，只凭自己的感觉和情感，就判断谁是谁非，很容易激化矛盾，并引火烧身。所以解决下属矛盾，要经过调查，了解清楚下属之间产生矛盾的原因、矛盾发生的过程、矛盾发展的程度、矛盾波及的范围、矛盾的性质等。只有了解矛盾的方方面面后，解决问题才能把握全局，抓住关键，有的放矢。不然，要么解决得不彻底、不到位，要么解决得根本不对，从而导致其他更多的矛盾。

实际工作中，下属间产生矛盾的原因是多方面的，有的是工作引起的，有的是性格引起的，有的是家庭带来的，有的是习惯所致，还有的完全是误会。因此，在解决矛盾时，要先分清矛盾的主次关系，才能在调解时对症下药。为此，要做好以下几点。

1. 区分情况

一是要分清是原则分歧还是无原则纠纷。一般来说，前者最多占

20%，后者最少占 80%。对于前者，应优先集中精力解决；对于后者，则应采取不处理、冷处理或慢解决的态度，使大事化小、小事化了，让矛盾纠纷自行化解。

二是要分清是利益冲突还是认识分歧。认识分歧优先解决，坚持先虚后实原则。思想认识上的分歧冲突是虚的，通过耐心的教育引导、谈心交流，有针对性地做思想工作，一般来说很容易解决；而类似奖金、提拔等这些牵涉切身利益的冲突是实的，解决起来有一定难度，应采取先虚后实的办法，把认识分歧解决了，处理具体的利益冲突就容易得多，效果也更明显。

三是要分清矛盾是新近形成的还是年深日久的。新矛盾优先解决，坚持先新后旧原则。因为新矛盾、新纠纷，容易调查清楚，不必花费很多的时间和精力，就可以有针对性地予以解决；年深日久的矛盾，可能是你还没上任就有的矛盾，应一项一项、一步一步地慢慢解决，因为它一定需要投入更多的时间和精力。

四是要分清矛盾是内部矛盾还是外部矛盾。内部矛盾优先解决，坚持先内后外原则。内部的矛盾你有职权去解决，相对也比较容易，而外部的矛盾牵扯较广，需要同级配合、领导支持，不能太匆忙，或急于求成。所以我们一定要先内后外，分清轻重缓急，一个一个地解决。

五是要分清矛盾是暴露出来的矛盾纠纷还是潜在的矛盾纠纷。明摆着的矛盾优先解决，坚持先明后暗原则。已经暴露且原因也很清楚的矛盾要先解决，因为问题、对象较为明确，怎么处理心中都有底。不管是难是易，是大是小，对原因暂时没暴露出来的，要等调查清楚以后再想办法解决，以免操之过急，适得其反。

2. 掌握原则

作为领导，要想化解矛盾，需要把握好三个基调：一是不偏不倚、公平公正；二是摸清缘由、对症下药；三是就事论事、一事一断。

不偏不倚、公平公正是化解矛盾的基础。本来下属对领导出面处理矛盾就心存疑虑，即使领导不厚此薄彼，有时下属也会怀疑领导不公，引发抵触情绪。如果稍微有偏心、私心，下属肯定能感觉出来。领导如果能做到不偏不倚、公平公正，化解矛盾就成功了一半。

摸清缘由、对症下药是化解矛盾的前提。没有调查就没有发言权。调查了解情况，摸清矛盾的缘由，做出谁重谁轻、谁是谁非的判断之后，才能占有主动权，才能抓住关键。不然，要么矛盾解决得不彻底、不到位，要么就根本不对路，还可能激化矛盾。

就事论事、一事一断是化解矛盾的最佳途径。这是由矛盾的特殊性决定的，因为矛盾的产生有它的原因、过程、时间、范围、性质以及影响。内心的矛盾，是心结，心结易结不易解，必须具体问题具体分析，要因时、因地、因人、因事而采取不同解决办法，而不能用一把钥匙去开所有的锁，也不能与其他事情放在一起来处理。

3. 做好准备

调解矛盾要力争一次成功，如果调解失败，不仅会延误解决问题的时机，还可能导致矛盾进一步激化，同时也会直接影响到领导在下属中的威信。因此，在正式调解矛盾之前，领导要做好准备工作。

一是要区分责任主次。在了解双方矛盾基本情况后，领导要进一步厘清头绪，抽丝剥茧，分清孰是孰非。一个巴掌拍不响，下属间发生矛盾，双方都会有一定责任，但从工作实际来看，不论是何种原因产生的矛盾，通常都会有一方负有主要责任。比如，双方在工作中产生了矛盾，是由于责任心不强、消极怠工，还是缺乏大局意识、推诿扯皮，还是工作能力偏弱、衔接不好？这都需要领导用心研判，正确区分责任主次。

二是要提前与矛盾双方通气。为了提高调解成功率，领导要分别与当事人通气交心，进行耐心疏导与有效沟通，促成双方达成和解意向，从而为矛盾化解创造有利条件。其中做好主要责任方的思想工作尤其关键。教育劝导要刚柔相济，问题要摆明，道理要讲清，使当事人认识到自身的错误。这样，下一步的调解就好做了。

三是要寻找合适的时机。调解矛盾的时机要因人因事而异。对于产生时间不长、双方没有严重过节的矛盾要尽快解决，避免矛盾加深。对那些时间较长、双方积怨较深的矛盾则不能急于求成。在与双方分别沟通后可再缓一缓，让大家心平气和地想一想，除此之外，还要注意观察双方相处情况与工作表现，寻找时机再进行调解，往往可以事半功倍。

4. 掌握火候

时机成熟了，如何选择恰当的调解时间与地点也大有讲究。化解矛盾的总原则是小范围进行调解，范围越小越好，这样可以最大限度顾及双方的面子及心理承受能力，毕竟有矛盾不是什么好事，私下解决最是稳妥。

时间一般是“八小时之外”比较合适，这样扩散面比较小。通常是在下班后，请矛盾双方到自己办公室，领导应开门见山直接表明目的，接下来让双方谈各自的想法，倾诉各自的委屈，让矛盾在倾诉中迎刃而解。当然，有必要的话，领导也可以利用晚上或周末的时间，请双方到自己家里，喝喝茶、聊聊天来化解隔阂。这样做往往会让下属深受感动，充分体谅领导的一番良苦用心。

当然，处理问题的时间也要根据实际情况来选择。在工作中经常会有一些突发性矛盾，事态比较紧急或直接影响到工作开展时，就需要领导出面立即解决。不过，在办公时间内处理问题有两点要特别注意：一是要当机立断，速战速决。领导要先让双方冷静下来，强调以大局为重，不能影响工作，有什么问题以后再说。二是要选择好地点，如果双方不在一起办公，切不可到其中一方的办公室处理，以免让另一方产生怀疑心理而不利于矛盾的解决。

5. 预防为主

下属之间发生了矛盾，无论解决得如何好，都会在他们的心里烙下印记，这就像写错了字，再好的橡皮和再高明的涂改技术都会或多或少留下痕迹一样。因此，作为领导，与其忙于解决下属之间的矛盾，不如千方百计地提高防患于未然的本领，从根本上防止激烈矛盾的发生。

有一次，魏文王问名医扁鹊："你们家兄弟三人，都精于医术，谁的医术最高呢？"扁鹊答道："我大哥最好，二哥次之，我最差。"文王再问："那么为什么你最出名呢？"扁鹊答："我大哥治病，是治病于病情发作之前。由于一般人不知道他事先能铲除病因，所以他的名气无法传出去。我二哥治病，是治病于病情初起时，一般人以为他只能治轻微的小病，所以他的名气只及本乡里。而我是治病于病情严重之时，一般人都看到我做经脉上穿针放血等手术，所以人们都认为我的医术最高明。"

同样，对待下属之间的矛盾，从管理学控制论的角度看，事后控制不如事中控制，事中控制不如事前控制。不让矛盾发生是"防火"工作，矛盾出来后解决是"救火"工作。现实中许多领导忙于各种事务，对待下属之间的矛盾，往往只是事后控制，如果处理矛盾的艺术性不强，矛盾会越处理越多，越多越忙，越忙越乱，越乱越忙。结果是乱作一团，甚至根本无法正常工作。

作为领导，应该对每一名下属的秉性、特点、优缺点都了如指掌，在日常的工作中巧妙安排，尽量做到相互之间的互补和融合。如两个人性格不合，应尽量减少两人工作的交叉重复；两个人工作习惯悖逆，很容易产生矛盾，应尽量少安排两人共同做事；两个人心眼儿都很小，就应避免两人利益的捆绑或让两人自行分割利益。如果实在人手不够，不得不把容易产生矛盾的下属安排在一起工作，既要事先预防，又要事中控制。事先预防就是事先做好思想工作，打预防针。

6. 有时不妨做"和事佬"

下属之间的纠纷和矛盾如果处理不当，工作上的矛盾就会变成私人恩怨，恐怕在日后的工作中会形成难于解开的疙瘩。其实，在有些问题上，本没有必要去追查来龙去脉，只要"睁一只眼，闭一只眼"就可以了。有些事情可能是"公说公有理，婆说婆有理"，作为领导，你所要做的就是把事情终结，告诉双方"一切到此为止"。在处理好这些事情后，就不要在任何人面前提起了。领导只需留意下属的表现，看他们的关系是否有所改善就够了。要是两人都很强硬，那么就要考虑把他们分开。要记住，一个有控制局势能力的领导总是善于在矛盾中寻求平衡；他往往以“和事佬”的姿态来化解矛盾，凝聚人心。

第41讲
下属不敢说真话时怎么办

讲真话实话，要先从领导自身做起。

——佚　名

领导在工作中都或多或少地会遇到下属不敢说真话的情况。在一个工作环境中，当员工不敢说真话这件事从潜规则变成显规则时，很容易导致决策失败、指挥失效、管理失控和组织混乱。如果下属在工作中经常说假话，说言不由衷的话，那自己该怎么办呢？

在现实社会中，有些人感到，讲真话变得越来越难。各级领导也似乎越来越难于听到真话，有些领导甚至从心里就不愿意听到真话，人们对领导的话也越来越不相信了。为什么这么一个做人做事最基本的东西，却引起了人们这么普遍的关注？

假话一般有两种表现形式：一种是巧言令色，一种是言不由衷。巧言令色的假话一般是主动的，或取媚，或诓骗，干的是阿谀奉承、阳奉阴违、欺上瞒下的事，说话的人带着强烈的功利目的。而言不由衷的假话，一般是被动的，或人在权柄下委曲求全，或行走江湖间小心设防，不过是为生活所迫而说的一些违心的话，为保护自己而说的一些谎言，说话的人往往不是出于功利目的，而只是出于无奈。同样是假话，说巧言令色的假话，说话者心底是潜藏恶意的，说言不由衷的假话，说话者心底是潜藏善心的。也就是说，假话也分善意的和恶意的，也分可原谅的和不可原谅的。

下属不愿和不敢讲真话的现象之所以存在，原因是多方面的，主要有以下几个方面。

一是功利心重所致。在这种心态下，只要不涉及自己的利益，这些人就绝不言他人之非，只求明哲保身，奉行好人主义。

二是上级领导不愿听真话。没有讲真话的环境，就会人人自危。在现实生活中，有人如果说漏了嘴，指出了某领导的过失或缺点，很可能会被“穿小鞋”。一些领导好大喜功，不愿意听那些反映问题、介绍负面情况的真话，认为是下属有意抹黑，而对说假话、做假账、报假数字的人非但不去批评处罚，却大力提拔。这就从反面鼓励了某些爱说假话的人，也在某种程度上打击了讲真话的人。

领导处于组织核心，在应对和处理“假话”中往往起着决定性的作用。所以，讲真话实话，要从领导自身做起，从以下几个方面努力。

1. 要营造讲真话的氛围

有人把说真话比作是水龙头的问题。水龙头开大了，那许多真话就会像水一样“哗哗”地流出来；若水龙头开小了，那真话就只能点点滴滴地流出来；若水龙头拧紧了，那真话就没有了。所以，并不是人说不说真话的问题，而是让不让人说真话的问题。其实，说真话不难，但真话未必好听，甚至有可能很刺耳，真话还会暴露出各种现实问题。如果听到真话的人很生气、面子上挂不住，不正视客观存在的问题，反而迁怒于讲真话的人，后果也是极为消极的。一方面，问题可能被掩盖了，造成了矛盾与负影响的不断积聚；另一方面，出于“多一事不如少一事”思维，由于担心受到排挤打压，一些人慢慢不愿讲真话，只说空话、套话、正确的废话。季羡林晚年也曾总结自己的一生：“假话全不说，真话不全说。”德高望重的他尚且如此，不得不让人感叹：鼓励讲真话真的需要环境配合。说到底，问题的关键在于听者，尤其是掌握权力的人。这不光是有没有雅量的问题，更在于倾听者是否能秉承实事求是的态度。从这一角度来看，领导对于鼓励讲真话起着极为关键的作用。

2. 要做好讲真话的表率

一是要勇于听真话。领导要深入一线调查研究，真心倾听群众呼声，不能只停留在办公室里描绘蓝图、构思规划，否则，到头来所讲的话往往都是一些不切合实际的内容，成为空中楼阁或者摆设。二是要善于讲真话。讲真话还要讲究艺术，对人对事要坦诚，有什么意见、有什么批评，要摆在明面上说，既做到直言不讳，又注意方式方法。同时，还要全面准确地看待形势，客观公正地分析问题，不能只要是真话，就可以没有分寸、没有水准、没有修养，甚至是满腹牢骚、乱加评说。三是要鼓励讲真话。真话未必等于真理，在鼓励讲真话的同时，还要正确对待不同的意见与看法，不能随意指责说真话者“居心叵测”，更不能让他们“因言获罪”。领导要有博大的胸怀，只有这样，心底才有正气、有底气、有大气。

3. 要有讲真话的勇气

领导的特殊性，往往导致领导不容易听到真话，不容易听到批评的话，在这一点上领导一定要清醒，要有兼听则明、闻过则喜的胸襟。只有克服了主观主义和官僚主义，正确对待不同意见，“有则改之，无则加勉”，才会营造出一个敢说真话的良好氛围。

4. 抱持一定的戒心

作为一名领导，必须明白，无论职位高低、官阶大小，都必然会听到假话。因此，在任何时候、任何情况下都要保持对假话的戒备，认识到假话的存在具有先天性、复杂性、顽固性和演变性，切不可指望一句“请说真话”就能让所有的汇报和数据都变成真实的。领导须有“怀疑一切”的态度，在任何情况下都不放松、不马虎，特别是对各种数据、信息、分析材料、总结、研究报告，即便是亲眼看到、亲耳听到的，也要多一个心眼儿，让自己不轻易被欺骗，以高度戒备的心态完成对信息的收集、整理和利用。

5. 多听兼听辨真假

任何假话都不会在说话者的脸上注明，也不会轻易被看穿，特别是经过精心包装之后的假话，更有欺骗性、迷惑性。“兼听则明，偏信则暗”，领导要听取不同主体、不同层面、不同渠道乃至不同载体的信息，从而在真假信息碰撞中辨明事实真相。对于一些较为复杂，难于分辨的假话，要先放下，而不要急于表态、判断、决策。等到各种信息在时间长河中露出真实面目后，再做出最切合实际的判断和决定。

直面上下级关系问题

没有带不好的兵，只有带不好兵的将军。几乎没有一个领导不想得到下属的尊重和支持，也没有一个下属不愿意与自己的领导搞好关系。领导如何领导下属，直接关系到下属的积极性、主动性和创造性能否得到充分的发挥。好的领导，犹如乐队指挥一样，不仅能够使不同类型的人分别发挥作用，而且能够协调整个乐队并使他们奏出动人的旋律。成功的领导必定与下属关系融洽，合作愉快，能够在下属中获得威信；相反，领导若与下属关系紧张，则会导致人心涣散，很难开展工作。

上下级之间的关系，是领导活动中的最基本关系。二者相互依存、相互制约，既协调统一又矛盾冲突。它们的互动关系可以从下面两个方面进行理解。一是领导对下属的影响，具体表现在：领导对下属的工作能力和业绩给予认可，并激发他们的工作热情；领导及时了解和掌握下属的需求并对下属的需求予以适当的满足；领导通过经常有效的沟通，与下属分享信息，帮助下属了解工作对员工的要求、明确工作努力的方向。二是下属对领导的影响，具体表现在：领导的决策有赖于下属执行；领导权威的大小取决于下属心理认同的程度；下属在一定程度上决定了领导的命运。

在现实生活中，我们每一个组织成员都面临着领导与下属的关系问题。准确认识领导与下属的辩证关系，对于我们做好工作，实现领导效应，全面推进事业的发展具有重要意义。

其一，领导与下属具有矛盾的统一性。领导与下属，只是一种矛盾的现象，而本质是领导与下属怎样有机地结合起来，去协调好工作，使思想统一、目标一致，并在矛盾的发展中推动工作。作为下属，是领导工作的延伸，是领导意志的体现，是把规划和决策付诸实践的具体操作者和落实者；作为领导，是下属智慧的集中，是把主观能力与客观实际相结合的决策者。这就是领导与下属目标的一致性和矛盾统一性的所在。在实际工作中，领导与下属，每时每刻都在做着两者的调整与适应工作。领导，是矛盾的主要方面，应该使自己的思想、意志适应于环境、适应于工作，团结自己的下属，把工作做好做扎实。

其二，领导与下属具有角色的多样性。在社会生活、工作、学习实践中，无论是领导还是下属，在社会结构的整体框架中，都有自己的一个岗位，对上是下属，对下是领导。作为领导，就是要站在全盘工作的高度，按照分工，认真履行好自己的职责，处事公道，率先垂范，体谅下级，为人师表，团结下属，共同搞好工作。作为下属，就是要立足本职岗位，以主人翁的姿态，创造性地做好本职工作；尊重领导，多一些换位思考、团结员工，多一些互相理解和帮助。总之，无论领导还是下属，在角色的多样性中，处在什么位置，就得在什么位置上寻找自己的意义。只有找准位置，搞好调适，以一变应万变，才能使自己在工作中扮演好自己的角色。

其三，领导与下属的关系具有可变的动态性。随着科技、经济、文化、形势、时间的变化，对领导与下属的个体素质和系统构成的要求是不断更新的，这就决定了领导与下属的关系一直处于可变的动态中。因此我们每一个人的岗位不是一成不变的，今天是下属，明天可能就是领导；今天是领导，由于事业的需要，明天可能成为更高一级的领导，也可能退居二线。我们每一个领导或下属都不应违背这个规律，而应从这一规律中找到适应自己的发展点。

总之，领导与下属只是分工不同，在人格上绝无高低贵贱之分；在人际关系上，应该形成一种相互尊重、相互理解、相互关心、相互支持的浓厚氛围。这是一个组织和单位攻无不克、战无不胜的法宝。

第 42 讲 上下级之间出现矛盾与隔阂时怎么办

处理好上下级关系是领导最大的成功。

——松下幸之助

在正常的上下级关系中，亲近、自然、有序、平等应是题中应有之义。然而，在现实中，上下级的矛盾与隔阂却越来越明显。由权力派生的“职务利益”将上下级清晰地分割开来，泾渭分明。上级秉持职务优越感，可以俯视、蔑视、漠视甚至伤害下级，下级则被上级操纵，被动应对，对上级只能远远观望、羡慕、恐惧甚至仇视，工具感、被剥夺感强烈；上级在资源分配、权力运用、人事调整等方面可以尽情享受“职务红利”，而且理所当然，下级的权益则被无情地推到一边。这种疏离感已经远远超出了由上下级职务差异而产生的距离感，并且导致了双方互相不认同、不认可、不信任，利益分化越来越严重。

笔者结合有关学者的研究，把上下级关系从“肝胆相照”到“貌合神离”再到冲突对抗，依“和合性的递减、差异性的递增”的顺序，分为以下九个层次。

（1）投契式和谐。在此状态中，双方以自然、真诚的态度相待，表达真正的自己；不虚伪、不矫饰、开朗直爽；能自然地分享，却又不批评、不议论对方；相互之间能够适度地关心对方并给予支持，上下级均能感受到尊重、启迪、成长。上下级之间实现这种状态较为难得，它是以上下级在心理上完全平等为前提条件的。在这种状态里，领导的影响完全建立在非正式权力的基础上，下属也彻底摆脱了思想和行为上的拘谨。这种情况多是双方在成为上下级之前就存在较深层次的平等交往，否则一般情况下难以实现。

（2）亲和式和谐。领导与下属在恪守角色本分的同时，有较多超越工作之外的私人交往，彼此存在一定的私人情义。在持续互动中，他们彼此交换“报”与“施”的角色，不会斤斤计较，甚至可能作出原则之外的迁就。在情绪感受上，以亲切、融洽为主要表征。与投契式和谐相比，他们之间在精神世界上的交流和投契程度没有那么深，更多只是情义层面上的互动。

（3）合模式和谐。是指上下级双方对于彼此的责任和义务存有共识，并依照自己的角色去完成一定的责任与义务，相互配合良好，彼此相处融洽。上下级之间存在明确的角色界限。这种和谐状态是最常见的。在两者的角色关系中，明显存在心理上的不平等，领导作为主导，下属成为附从，在主导和附从过程中，也掺杂些许人际情义，使附从者能享受自在自主的感觉，以此润滑上下级关系。与亲和式和谐相比，这种和谐状态人际情义比较少，仅保持在润滑互动的水平上，双方的互动更多基于角色义务。

（4）区隔式和谐。双方互动时，依据领域内的规则谨慎行事，只做分内事，其他部分避不触碰，以确保某部分的和谐。此时的上下级彼此不讲情分，公事公办、小心谨慎、理性戒备。这样关系中的下属只做分内之事，对于额外的要求往往心存抵触。

（5）疏离式和谐。上下级双方相互之间缺乏整体认可，又存在礼仪式行为，双方貌合神离。这种和谐状态较为少见，只存在于下属工作较为独立，与领导的工作联系比较少的情况下。

（6）隐抑式疏离。此时，上下级之间和合性已完全遭受破坏，只是碍于不得已才相处。双方将相互的不满或敌意等负面情绪隐忍强压，代以一般的礼仪式互动。这一关系中，内隐随时可能冲破礼仪面具而外显为冲突。隐抑式和谐一般是下属单方面的感受，与下属接触少的领导也许对此一无所知。

(7) 抗拒型疏离。上下级之间在价值观念、思想认识、行事风格方面的格格不入，即“道不同，不相为谋”，导致双方无法形成健康和谐的上下级关系。此时，如果缺乏科学的决策机制，即便领导与下属原本有着良好的情感契合，也可能因为工作关系上的裂痕无法弥合而使双方渐行渐远。

(8) 涣散型疏离。表面上每一个成员都有“好好先生”的气质，但实际上，正常的上下级关系中所具有的命令与服从、决策与执行、施加与接受等内涵不能内化为组织成员的认知，工作纽带形同虚设，情感纽带彻底断裂。领导对下属抱持“冷眼相待、不理不睬”的姿态，下属对领导则采取“惹不起，躲得起”的抗拒姿态，组织整体上呈现出一盘散沙的格局。

(9) 冲突型疏离。是指上下级之间的情绪冲突、工作冲突的表面化、公开化。此时，领导与下属遇事往往不假思索地选择对抗，既不可能有理性的沟通，更不可能在心理上相互理解。

领导并不应该是凌驾于下属之上的特权阶层，上下级之间仅仅是分工不同，但这种分工不同造成了事实上的身份、地位、利益、心理上的巨大落差，危及甚至瓦解了本应紧密甚至亲密的上下级关系。上下级之间的这种关系鸿沟已然从工作走向生活、从体制走向心理，形成了一种异化的组织生态。它虽然并不被有形的法律、制度所承认，却隐藏在日常的权力运作和资源分配中。

一些组织机构存在着一定程度的上下级之间关系不和谐的现象。从矛盾的主要方面来说，是领导的职务因素、领导方法和个人品质上的欠缺造成的。从矛盾的次要方面来说，是下属对领导行为的消极应对及其内心抗拒而形成的。具体而言，主要表现为领导在处理与下属关系时，存在的若干方面的欠缺。

(1) 心术不正。在实际工作中，有些领导单纯把下属作为完成任务、达到自己目的的工具，招之即来，挥之即去。有的玩弄政治手腕和权术，经常故弄玄虚、故作深沉；有的工于心计，说话模棱两可；有的前后矛盾，朝令夕改。

（2）处事不公。一些领导总是按照亲疏远近处事，存在“老乡观念”或“小团体主义”的狭隘思想，造成下属之间的不团结，将单位内部搞得乌烟瘴气。

（3）刚愎自用。有些领导唯我独尊，我行我素，认为自己做什么都是对的，即使有时明知道自己不对，也“醉死不认酒钱”。同时，还受不得善意的提醒和批评，以自己的标准来衡量工作和评价下属。

（4）生性多疑。多疑型领导一般表现为过度警惕，对下属的一言一行都得琢磨琢磨；不信任下属，凡事都要问个究竟；怀疑下属背着自己说坏话；等等。

（5）刻薄寡恩。在实际工作中，有些领导对上级关怀备至，对基层员工却缺乏关爱之心、体恤之情，要求下属无私奉献和无条件服从，而忽略工作上的关心和支持，对下属的个人利益视而不见，更谈不上鼓励、表扬、培养。久而久之，下属不仅会觉得痛苦，跟此类领导共事没前途，很寒心，还会普遍存在避险趋安，以求自保的心态，事不关己，高高挂起，不求有功，但求无过。

（6）事必躬亲。一些领导喜欢什么事都亲自处理，让人感到他什么事都不愿意放手。

（7）独断专行。有些领导热衷于追逐权力，把权力看作自己树立权威的工具，时时处处摆出领导的姿态，以命令的口吻说话，毫无商量的余地。有的领导研究工作喜欢搞一言堂，听不得不同意见，一切“我说了算”。

（8）心胸狭隘。一些领导心胸不够宽阔，喜欢拉“小圈子”、小团体，见不得下属的能力和威望超过自己，不喜欢下属在某些方面有所建树，不喜欢下属对一些问题发表真知灼见，将强于自己的下属视为威胁，想方设法刁难、排斥，甚至打击、压制。

(9) 自我封闭。有些领导内心十分封闭，在工作中不善或不愿与下属多交流，很少敞开心扉与下属沟通谈心。如果与下属谈话，也是下任务多、批评多、训斥多。

(10) 缺乏涵养。有的领导自身综合素质不高，在出现紧急事件时，缺乏应有的涵养和气度，不从容、不淡定，暴怒失态，情绪失常，做出与领导身份极不相符的举动。

在领导与下属的关系中，领导是主动的，下属是被动的。领导地位能否得到巩固，取决于下属是否支持，其重要性几乎占到70%。历史和现实情况一再证明，只要能得到下属的支持，即使平庸之辈也可能成为出色的领导；而如果失去了下属的支持，很多了不起的人物也从英雄的宝座上跌落下来。所以，克服上下级关系的隔阂疏离，领导要主动一些，宽容一些，多反省自己，并在组织内创造和谐的环境与氛围。具体而言，可采取以下几个方面的措施。

1. 善于和下级交朋友

常沟通、常交流、常交心就不会有距离感，就不会产生隔阂。领导要经常深入倾听下属的心声。在这里，领导要注意以下几点：一是要尊重对方，然后再慢慢了解对方；二是要努力营造一个交流、交谈、交心的氛围；三是要唤起对方谈话的兴趣。只有这样，上下级之间才会无阻碍，才能消除情感上的距离和隔阂，形成友好融洽的人际关系。

2. 多主动听取下属的意见

现实中常常是，矛盾双方因心存芥蒂，往往都有意识地保持距离，谁也不愿搭理谁。这是不对的，对双方都不利。只有接触了，才能找到共同点，才能打破僵局，实现互利互惠。尤其是领导对下属，主动地听取对方的意见，更能缓解彼此的矛盾。

3. 让对方了解更多

许多时候，矛盾是因为双方缺乏了解造成的。了解→理解→谅解→团结，这是一个必经的过程。好多事情都是因为相互不了解造成的。如果你知道是怎么回事，就不会再当成事了。当与下属有了矛盾的时候，让下属多了解一些自己的有关情况，这有利于矛盾的解决。

4. 多多关心员工

美国俄亥俄州立大学教授斯多基尔、沙特尔的领导行为四分图理论认为，领导行为是“抓组织”与“关心人”两者的有机结合，领导在考虑工作的时候，一定要关注员工，要多换位思考，注重建立领导与下属之间的信任关系。包括尊重下属的意见，给下属以较多的工作自主权，了解他们的思想感情，注意满足下属的需要，平易近人，平等待人。

5. 强化自己不同的角色意识

领导应区分场合，强化自己不同的角色意识。正式场合要“像个领导”，办事果断，责任心强，思路清晰，目光深远，顾全大局，坚持原则；非正式场合下，要“像个普通人”，平易近人，善于倾听，灵活处事。一定要记住：永远让你的员工知道你在哪里；在哪个位置上面；什么决定由你做，什么决定可以大家做。既要被下属视为知己，又是他们的精神领袖。

第 43 讲
感到自己不得人心时怎么办

领导的基础不是权力，而是权威，权威是建立在爱、服务和牺牲基础上的。

——罗伯特·格林利夫

作为领导，如果不得人心，没人追随，缺少一个与自身的职权和领导目标相应的团队，那么，无论其职位多高，也难以发挥领导应有的作用。所以，当人心涣散团队变成一盘散沙时，领导该怎么办呢？

管人也是一场心理战，是复杂的脑力活，并非谁的官大、才高，就能管得住、管得好人。不要认为自己有一定的权力和地位就可以让下属更加尊重你。虽然下属不会当面对你进行评价，他们心中都会有一杆秤，而这种评价取决于你对下属的态度和你的能力，以及你是否得人心。

一些领导虽然煞费苦心，极力拉拢下属，但效果往往相反。领导陷入的误区，主要有以下几点。

（1）培植亲信。从人之常情来看，领导潜意识地总想偏向自己有好感的下属，总想拉几个心腹、培养几个“铁杆”，但这样处事很容易亲疏有别、一碗水端不平。这样做在传统专制的背景下也许还有效，但在现代民主的背景下，不仅会显得品位低下，而且很危险、很愚蠢。因为领导处事不公，别人很容易看到或感受到，即使能迎合或讨好少数人、个别人，但失去的必将是多数人。

（2）有求必应。认为笼络人心就是满足下属所有的请求，因而一味迁就、纵容下属。这样做不但无法拢住人心，反而会被轻视。

（3）“耳根子”太软。有的领导对听到的东西，不假思索，不分真假，听风就是雨。有的听到“小报告”后，不动脑筋，便把一些纯系子虚乌有的言辞当成事实，而且马上喜怒于色，很快就会给所谓不忠诚的人以眼色。

（4）搞“小圈子”。对下属有亲有疏，有偏有向，并形成利益小圈子，这样做会失去大多数下属的心。

美国心理学家、行为科学家伦西斯·利克特的领导系统模型提出，支持关系是双向的。领导要考虑下属的处境、想法和希望，帮助下属努力实现其目标，使下属认识到自己的特质和重要性。领导对下属的这种支持能激发下属对领导的合作和信任。想得人心并不是不讲方法、不择手段的，也不是要手腕、要计谋、虚情假意的，而是发自内心、为了员工利益的。要想笼络人心，具体要做到以下几点。

1. 以公平公正得人心

公平是做好领导工作的根本。领导工作在一定程度上就是一种平衡关系、平衡利益的工作。平衡工作关键是要做到公平公正，而公平公正的关键又是领导不能私心过重。有的领导虽然能力强、水平高，但是眼睛尖、手较长，单位内部再小的好处和利益他也看得到，离他再远的好处也能一把抓到自己口袋里，这样的领导根本没有威信可言，更不要指望下属为你好好工作了。作为领导，必须时刻牢记“公平”二字，对下属一视同仁。每个下属心中都有一架天平，时刻掂量着自己的付出和所得。一旦这种平衡被打破，必然影响其心理、影响其积极性。领导一定要给下属一种这样的印象，让他们觉得人人都是平等的，机会也是均等的。只有这样，他们才会奋发努力、才会服从领导的命令、才会钦佩领导的为人，而领导的威信也可以树立起来。

2. 以实力能力得人心

领导品格优秀使人产生敬爱感，才能出众使人产生敬佩感，学识渊博使人产生信赖感，和蔼关怀使人产生亲切感。领导只要被公认为有见识、有水平，自然说话就会有人听，行事会有人从，自然能拢得住人。

3. 以远见卓识得人心

领导的志向反映的是领导的事业心和工作的动力，这决定着本单位事业的发展方向、发展空间，也与下属的发展机会和利益实现程度等息息相关。领导志存高远，就容易制订出宏大的工作目标，对下属产生强大的感召力，下属就会对未来充满希望，愿意追随领导，全心全意地投入到事业中去；领导胸无大志，就会在工作中安于现状，碌碌无为，下属也会因为缺少明确的奋斗目标而感到迷惘，因为缺少施展才干和创造力的机会而懈怠。这时，人心就会涣散，领导自然也很难得人心。

4. 以满足需要得人心

“不知民情难为相，不知地形难为将。”人的行为是靠动机激发的，动机是由需要产生的。领导要拢住人，必须深刻地了解和把握下属的动机，以最恰当的方式最大限度地满足下属不同类别的需要。能满足下属的需要，才有可能得人心。水平越高的人，往往越知道如何与水平低的人打交道。有人经常抱怨：“在一起这么久了，我对他也不错，他怎么就不领情呢?”其实，问题往往出在自己身上。了解一个人，最重要的是了解他的需求，只有这样，他才会感动，才可能死心塌地跟你在一起干。

5. 以增强感情得人心

即扩大“能力距”，缩小“感情距”，每个下属都有与领导处好关系的需要，满足了这种需要他们才会有安全感。因此，一方面，要扩大“能力距”（领导与下属能力素质上的距离），下属才会觉得你像个称职的领导，才愿意敬你服你；另一方面，要缩小“感情距”（领导与下属思想感情上的距离），下属才会觉得你“不像个领导”，没有架子，才愿意亲近你，同你说心里话。既亲又敬，既像领导又不像领导，组织的凝聚力、吸引力才能足够大。

还要注意多和下属联络私人感情，因为人们喜欢那些也喜欢他们的人，决定一个人是否喜欢另一个人的最强有力的因素，就是另一个人是否也喜欢他。一个领导，要使员工真正拥戴自己、追随自己，就必须认真地去爱护每一名员工。作为一名领导，与下属的感情沟通很重要，它直接影响你工作的顺利与否。感情密切，则一呼百应；关系僵持，则成孤家寡人，不会有人为你卖力。多与下属联络私人感情，处理好上下级关系，有来有往，感情就会越来越好。

6. 以表达重视得人心

人人都希望被重视，一旦得到领导的重视，员工就能发挥出巨大的工作热情，所谓“士为知己者死”。《三国演义》中记载了刘备摔阿斗的故事。长坂坡之战是曹操、刘备两军的一次遭遇战，骁将赵云担当保护刘备家小的重任。由于曹军来势凶猛，刘备虽冲出包围，家小却陷入曹军围困之中。赵云拼死相救，七进七出终于寻到刘备之子阿斗。赵云冲破曹军围堵，追上刘备，呈交其子。刘备接子，掷之于地，愠而骂之：“为汝这孺子，几损我一员大将！”赵云抱起阿斗连连泣拜：“云虽肝脑涂地，不能报也。”

7. 以宽容信任得人心

大多数时候领导不得人心，不能抱怨下属素质差，而要先反省自己的心胸是否宽阔，自己的个性是否过于冷峻乖僻，自己是否以宽容和信任对待自己的下属。对一些个性问题、特点问题、枝节问题、面子问题、意气问题、得失问题等要看得开、容得下；对于原则问题、是非问题，则界限要明、章法要严、立场要稳，坚决不可被一种不健康、不正确的倾向所裹挟，丧失了领导的地位和尊严。

8. 恩威并重得人心

作为一个领导，有时必须保持一定的威严。令出法随，说一不二。发现下属在偷奸耍滑就绝不姑息，不允许讨价还价，让下属滋生敬畏之心。

但是，只有威严是不行的，还得有人情味。单是一张严肃的脸、一番严厉的言辞，起到的推动作用是非常有限的。领导还要学会“黑脸”“红脸”适时地转换，才能既有威严，又有亲和力。另外，要针对不同的对象，实施不同的“黑”与“红”策略。对身边的直接下属，要先立威，多唱“黑脸”，因是身边的人，平时接触多，沟通感情容易，但权威难立，所以要先立威。而对于隔级的下属特别是基层下属，因为平时很少接触，沟通感情较难，主要的沟通方式大多是命令，所以权威好立，而感情难产生，因此要先沟通感情。这就叫“远亲近威”“远红近黑”之策。

9. 以高尚道德得人心

在人品这一点上，任何人都无法弄虚作假。一个领导的同事，尤其是他的下属，只要和领导共事几周就会知道，这个领导是否有良好的品德。他们可以原谅别人的无能，但是他们却无法宽恕人品的恶劣。一个人的能力固然非常关键，但要想领导其他人，你就必须了解自己的工作，具备强烈的好奇心和敏锐的判断力，但最终造就一位伟大领导的，却是个人的内在品质。你必须把自己变成一个以德为本的人，否则你就绝不会赢得别人的信任，更谈不上得人心。一个人只有守住“德”字，才能为自己的人生找到立足点。

第44讲
下属产生对立情绪时怎么办

烦恼与欢喜，成功和失败，仅系于一念之间。

——大仲马

领导工作的生机和活力，在相当程度上依赖于全体工作人员人际关系的融洽，以及为实现共同的目标而进行的努力。而人际关系的嫌隙，尤其是下属与领导之间的对立情绪，是领导活动的大忌。尤其是许多下属都对领导产生对立情绪，领导就应认真反思和改进了。

对立情绪通常表现为心理上的抗拒、情绪上的对立、情感上的不满和厌恶、行动上的有意作对等。它与逆反心理是相近的，但程度更为强烈。对立情绪产生的原因是错综复杂的，但既然是对立，就离不开对立的双方。从领导来说，往往是因工作中的某些失误和缺陷，引起了下属的反感、不满甚至愤懑。从下属这一角度看，往往是因受绝对平均主义和虚荣心支配，而过于计较个人得失，并与单位的集体利益、领导的办事原则、组织的纪律要求等相抵触，因而发生思想和利益的冲突。如果这种冲突又未能及时地解决，久而久之，就会逐渐产生对立情绪。

从领导主体方面来说，领导的以下行为易使下属产生对立情绪。

（1）独断专横。有的领导“只许州官放火，不许百姓点灯”，一手遮天，并且好动肝火，待人不能心平气和，对人缺乏关心态度，久而久之，就会使下属对他产生对立情绪。

（2）过分责备。当下属工作中出现失误时，领导不是设法帮助其找原因，而是不问青红皂白，不分事大事小，劈头盖脸地批评、责备，使本来情绪不稳的下属渐生反感。

（3）片面评价。对于下属的言谈举止及优点和缺点，不是依据客观事实进行评价，而是不管对与错，凡不符合他要求的，就抓住一点进行片面评价；即使成绩很突出，领导也视而不见，只对下属的缺点进行评价。

（4）强制实施。认为自己高明，所以不管决策正确与否，也不管下属是否愿意，一味采取自上而下的压制手段。

（5）滥用处罚。对下属的管理本应以思想工作为基础，但有的领导不愿或不会做思想工作，动辄讲处分、搞惩罚，使下属望而生畏，产生对立情绪。

当下属产生对立情绪时，作为领导，应先从自身方面找原因，做到从下属角度反视自己，评估自我，如有工作上的缺陷、失误，要及时予以纠正、调节和改善。除此之外，还要做到下面几点。

1. 克服“上位心理”，与下属建立良好的人际关系

一些自以为是的领导极易形成一种居高临下的心理态势，通常被称作“上位心理”。时间久了，其不正确的领导行为与方式，可能使下属产生对立情绪。高明的领导关心下属，善于运用亲和的艺术，发挥下属的积极性与创造性，善于帮助下属进步与成长。

2. 克服“领导高明”的心理定式，善于吸纳下属的优秀品质

自恃高明的领导，总是把他人看得过低，认为自己本事大，自己的见解总比他人出色，所以，很容易否定他人。须知，任何人都有优点与缺点，再卓越的领导也不可能事事处处比下属高明。因此，领导应多看其长处，全面、正确地认识和评价下属，进而主动地学习下属的优秀品质。

3. 增强“自我调控”意识，胸怀开阔，宽以待人

在日常工作中，领导要增强自我调控意识，做到自我认识、自我评价、自我调节、自我控制、自我监督。若是领导胸怀开阔，严于律己，宽以待人，大事讲原则，小事讲风格，既与意见相同的下属交朋友，也与意见不同的下属交朋友，下属还会产生逆反心理吗？即使下属有了逆反心理，还怕不能化解吗？

4. 公平相待，实现心理平衡

领导面对的下属不是一个人。每做一件不公正的事，领导在下属的心理天平上就会失去一个砝码。若是做了几件不公正的事，威信可能就会一落千丈。因此，领导要想让下属满意，重要的是公平合理地分配物质利益和精神奖励。

5. 信任员工，增加工作中的人情味

长久以来，我们面临着一个难题：是做一个平易近人的领导以博取下属的喜爱，还是如钉子般强硬，以激励下属勤勉工作？强硬的领导经常错误地认为，给员工施加压力会提高他们的效率。而实际上这只会使他们更加紧张。研究显示，过大的压力不仅对员工，也对领导造成很大的损害。那些以热情与诚恳领导团队的团队领导者，比那些以管理技巧与强硬态度领导团队的团队领导者更加高效。为什么？原因之一是信任。因为员工总是更加信任那些更为友好和善的领导。总的来说，建立一种互相信任、互相合作的管理模式可以创造一个更加和谐的工作氛围，能够有效避免和化解下属的对立情绪。长远来说，这能使员工互相帮助，并因此使团队工作效率更高。

第45讲
被下属左右、架空时怎么办

治国之事，不可以心喜执政者任之。

——柏拉图

被下属左右、架空是指领导不能有效驾驭权力，被下属以种种手段“胁迫”，导致上级失权、下级越权，出现权力运行失规失范的现象。现实中，有的领导或因存有私心，或因能力不济，或因缺少主见，在想问题、办事情、做决策时被下属左右了自己的思想，造成了不良后果。轻者，领导在某一时期、某一特定背景下、某一方面的工作上过于依赖某位下属，下属则以这种依赖来反制甚至要挟领导，而领导却一时缺少有效的手段来制约下属，不得不与下属达成某种妥协，迁就和容忍下属一些明显过分的要求和行为。重者，则使领导实质上丧失了工作的主导权，自己只是名义上的领导。

被下属左右的现象概括起来主要有以下几种表现形式。

(1)“恃才索权”型。有些下属在某个工作领域深耕多年，能力突出、业绩突出，其对单位的总体业绩至关重要，且一定时期内无可取代，领导不得不对其格外优待，对其有违单位统一管理规定的行为迁就让步，甚至屈从其一些明显不符合单位利益和领导自身意愿的过分要求。

(2)“仗势侵权”型。某些有背景、有“来头”的下属信奉“显规则不如潜规则”，以“朝中有人好做官”“背靠大树好乘凉”的心态，打着更高级别领导的旗号，仗势侵权。领导或慑于权势，或另有所图，以大胆放权、加强对干部培养锻炼为幌子，做顺水人情，把权力慷慨馈赠。

(3)“以能控权”型。某些下属或具备超过领导的能力和实力，在单位的影响力、号召力较强；或在单位内部搞小集团，形成小圈子，足以影响领导决策和工作的开展，使领导对权力的实际控制力逐步减弱乃至丧失，成为“摆设”或傀儡。

(4)“以计谋权”型。某些下属对领导或投其所好，或采取“钓鱼”方式，搞长线投资，在成功获取领导信任、掌握足以决定领导去留的把柄后，以把柄“胁迫”、反制领导，迫使其出让权力。领导受制于人，不得不忍气吞声。

(5)“各取所需”型。某些领导和下属结为利益共同体，信奉“利益均沾，责任共担”。领导主动“放权”，搞权力寻租，把下属当作利益代言人，以期获得更多利益；下属则与领导形成某种默契，乐于充当代言人角色，把领导出让的权力作为谋取私利的工具，处处筑坝、事事设卡，刻意在单位内外巩固权力，谋取更大利益。

(6)“主动出让”型。某些领导或因担当意识缺乏，或为发泄对职务的不满情绪，置原则和事业发展于不顾，把权力和责任一股脑儿推给下属，以“简政放权”之名行推诿卸责之实，做甩手掌柜，既造成权力运转失效，也给一些下属谋取权力提供了可乘之机。

被下属左右、架空现象的产生固然有下属逐权、谋权因素，但领导本身的素质、能力不够和驭权无术更是关键所在。毋庸置疑，能够成为领导，一般都有过人之处。但不可否认，新情况、新问题的层出不穷，对领导的素质和能力要求也在不断提高，部分领导会遭遇能力危机。

被下属左右和架空的领导一般都有以下几种特点。

(1)素质能力相对优势不明显，难以有效驾驭局面。领导的素质和能力除了其绝对值外，还有两个相对值，一个是相对于自己下属素质而言的，另一个是相对于所面临的新形势、新任务的难易程度而言的。领导的素质和能力与下属相比没有优势，甚至处于劣势，就很难提出令他人信服的主导性意见；即使提出了意见和想法，也容易被人推翻，造成工作被他人所主宰、所左右；素质和能力低于或不符合新形势、新任务的需要，就会被问题牵着鼻子走，难以发挥主导性作用。

(2) 缺乏担当精神。在困难和矛盾面前，领导害怕承担责任。他们不是直面矛盾积极寻求解决办法，而是“踢皮球”，把矛盾和问题推给下属，拉下属“垫背”，在推卸责任的同时必然造成权力的流失。

(3) 缺乏维护权力的胆识和魄力。领导个性柔弱甚至懦弱，面对强势下属明显侵权或索取与其职务不相称的权力时，持“多一事不如少一事”“多栽花，少栽刺”的思想，一味迁就忍让。不仅尊严受损，而且权力也被窃取。

(4) 缺乏必要的非权力影响力。领导赢得下属尊重除依靠法定权威外，人格魅力等非权力影响力同样重要。领导不注重提高自身修养，对自己要求不严格，就会常有荒唐之举，多出雷人之言，授人以柄、贻人口实。非权力影响力严重透支，一旦下属以确凿证据提出非分要求，领导往往束手就范、拱手让权。

就单位而言，被下级左右和架空现象不仅损害了领导的尊严和权威，造成了领导的情绪恶化，更为严重的是破坏了既有的规则，使规则不显、法治不彰、权力运行不畅，极大地挫伤了群众对规章制度的信任，危害了单位和员工的利益，不利于事业的发展。要有效防范，既需要领导自身发力，也需要制度给力。从领导的角度，应注意做好以下几点防范对策。

1. 树立秉公用权意识

防止下属左右自己的思想，最简单有效的方法就是要有一颗为公之心。要集思广益、敢于批评，坚决防止因对下属的错误思想和言论长期不予纠正而在下属脑海里烙下领导“可欺”的印象，特别是对溜须拍马、阿谀奉承、当面一套背后一套等不良风气要敢抓敢管，让存有私心杂念的下属没有机会左右领导的思想。

2. 善于维权和授权

避免被下属左右，很重要的一点就是要努力摆脱弱势地位。首先，要向组织和上级领导争取与自己的职责相应的职权，力避位高权轻、责大权小、责实权虚。其次，要加强与上级的沟通，最大限度地取得上级的信任和支持，从而打消一些下属不合理的想法。再次，要以正确的决策、过硬的素质和表率行为赢得下属的衷心拥护，使个别有不良之心的下属无机可乘，难以兴风作浪。最后，对下级既要敢于授权、放手使用，又要放权有度、控权有方，避免下属各行其是。

3. 不授人以柄

上下级之间的权力博弈是无休无止的，下级对上级的忠诚和拥护也是有条件的。如果领导身上缺陷很多，自身不正，不仅不能号令下级，还会容易被下属要挟。因此，领导一方面要注重自我净化、自我完善、自我革新、自我提高，要公道正派做人、真诚友善待人、以勤政廉政服人，不让心怀叵测的下属有机可乘、有把柄可抓；另一方面要管好“身边人”，防止他们利用自己的职权“拉大旗，作虎皮”，谋利益、做交易，防止因囿于情面、疏于管理而让别有用心的下属有可乘之机。

4. 要善用众智

领导要防止被下属左右和架空，必须要在素质和能力上保持相对的高度，避免被事务缠身、被下属误导，始终保持对大局的主导权、决定权，保持对下属人员的有效指挥调动权。做到这一点，非常关键。要善用众长，集思广益。唯有集中了下属的智慧，才能超越下属，才能比下属看得远，彰显领导的高瞻远瞩；唯有充分发挥下属的专长，知人善任，才能比下属更高明，做到以才制才、以才治事。另外，领导既要重视对稀缺性人才的任用和爱护，也要加紧对稀缺性和高端后备人才的培养，保持稀有和高端人才的可替代性，避免对某个有才能的下属过度依赖，从而防止其恃才傲物。

5. 要明赏严罚

领导的权威既是领导地位和职权赋予的，也是领导严明的赏罚、刚毅的个性维护和巩固的。领导如果畏首畏尾、患得患失，对有功者不敢赏，怕引起其他人的攀比；对有过者不敢罚，怕当事人会记恨，那么，有功者就会怨恨懈怠，有过者就会更加有恃无恐，导致领导权威的彻底丧失。这样的领导，就容易被下属左右。俗话说："山有猛虎，兽不敢窥。"作为领导，既要有仁厚之心、开明之举，也要有威严肃杀之气；赏必重，罚必严，敢于弘扬正气，震慑歪风。

6. 对越权者不必客气

下属的越权行为不可饶恕，如有的先斩后奏，把本不该他定的事定了，然后汇报，迫领导就范；有的设好圈子，片面反映情况，让上级领导往里钻，出了问题和责任则往上推；有的封锁消息，自己说了算；还有的向上级的领导请示，或向多个领导请示，即多头请示。取得领导的支持以后，以"尚方宝剑"迫使直接领导就范。对此，就一定要在权衡利弊的基础上，及时给予必要的有力回击，切莫一味退让。

7. 顺势造势，以势约人，让下属不敢糊弄领导

松下幸之助说："当你领导 10 个人的时候，你要站在前面干；当你领导 100 个人的时候，你要站在中间协调；当你领导 1000 个人的时候，你就要站在后面观察。"一般要下高速公路的时候，都是通过弯路而不是直路下来。世界上高速公路没有直直下来的，为什么？在高速路上车速太快，再怎么提示你减速，再怎么给你画个标识都没有用，总有人抱有侥幸心理。这样一冲而下不知要闯多少祸，所以，设计高速公路的人给你画一个大弯，你想不减速都不行。对待下属的糊弄，也是一样，除了日常的明察秋毫，更主要的是要造成一定的势，否则，讲没有用，骂也没有用，定式永远比人强。会领导的人就是这样，看似不着边际，没有任何警讯，但是，他会造成那个定式，制定出一种制度，让下属心有忌惮，而不得不收敛。所以"顶尖的领导领导员工的思维，普通的领导看管员工的行为"。

第46讲
下属对自己产生审美疲劳时怎么办

一年有两次，我会外出过思考周。在这段时间里，我阅读书籍及其他资料。我的同人相信，我应该瞧瞧这些资料，掌握最新趋势。这些资料通常包括一些研究电脑科学未来开拓领域的博士论文。

——比尔·盖茨

“审美疲劳”用心理学的原理来解释，是说当刺激反复以同样的方式、强度和频率呈现的时候，反应就开始变弱。通俗地说，就是对于一种事物的反复欣赏所产生的一种厌倦心理。心理上的好奇感是心理认知和感知的原动力，如果一件事物或行为长期出现在眼前，就会在心理上失去了好奇感，人就会潜意识地想去发现可以重新唤起好奇感的事物或者行为；这也是人们常说“居芝兰之室，久闻不觉其香，居鲍鱼之肆，久闻不觉其臭”的原因。

领导和下属长期相处，下属对其处世态度、行事风格、工作方法、脾气性格等都了如指掌，这就有可能使下属产生审美疲劳，从而削弱领导的号召力。无论领导自己能力多强，一直以来在员工中的威信多高、形象多好，当在一个地方或单位时间较长后，都必须注意这一点。当你发现你的下属对你不像原来那么敬畏、缺乏主动性的时候，就应该想一想，是不是下属对自己产生了审美疲劳？

那么，领导如何才能避免下属对自己产生“审美疲劳”呢？笔者认为，领导只有对下属心灵、思想和感官保持持续的冲击力，始终以崭新的形象出现在其视野中，才能达到此效果。具体讲要努力做到以下几点。

1. 不断调整领导方式

美国心理学家、权变管理的创始人弗雷德·菲德勒的权变领导模式理论认为，最重要的领导问题是如何将领导的个性与其所处情景相匹配，也即管理上没有放之四海而皆准的普遍领导方式或最佳领导方式。领导是领导者、被领导者、环境条件和工作任务结构 4 个方面因素交互作用的动态过程，不存在普遍适用的一般领导方式。好的领导应根据具体情况进行管理，某种领导风格只在一定的环境中才可能获得最好的效果。一名高明的领导应是一个善变的人，即根据环境的不同而及时变换自己的领导方式。

2. 不断更新理念

只有思想开放、观念超前，不断给下属带来诸多新元素、新思想的领导，才能有效地激活下属探索新领域的欲望和攀登新高度的激情。要做到这一点，领导在思考问题和进行决策时，必须做到“三性”。一是超前性。要能看清大势、看清大局，准确地把握宏观形势的走向和脉络，善于把握机遇，勇于抢占先机；先人一步，快人一拍，思别人之未思，做他人之未做。这样作出的决策，才能使下属产生强烈的兴趣。二是创造性。不因循守旧，不简单重复，做到有胆有识；敢为人先，敢冒风险，敢担风险；使工作富有创意，不断给工作带来活力，对下属思维造成冲击。三是独特性。思考问题要缜密，遇事要有主见，不人云亦云，不生搬硬套、照本宣科；解决问题要能独辟蹊径，方式与众不同，令人耳目一新。

3. 不断创新方法

要不断学习，不断丰富自身内涵，提高自身领导艺术水平和工作水平，创新领导方法，以自己特有的领导方式吸引下属的关注。首先，要有新目标。领导要审时度势，善于根据本单位或本部门的工作情况，适时提出振奋人心、符合实际的新目标，以此来统一下属的思想、激发斗志、提振士气和凝聚力量，唤起下属不断奋发向上、争创一流业绩的激情。其次，要有新举措。要加大工作创新力度，创造性地开展工作，以一流的标准要求，不断出新题、趟新路、出新招，让下属在不断探索、创新和超越中激发潜力、释放激情并获得新鲜感，在不断成功中获得喜悦和成就感，从而增加对领导的钦慕和认同感。最后，要有新动作。领导要科学地把握工作节奏，张弛有度，以合理的节奏来增强下属对工作的关注度。要适时搞些新动作，打破原有工作节奏，以消除下属长期在原节奏下工作产生的惰性和疲倦感。

4. 不断丰富语言

一个口才出众、具有高超的表达技巧和演讲才能的领导，毋庸置疑会对下属产生强烈的感染力和吸引力。因此，作为领导，不断提高自己的语言表达能力非常重要。首先要杜绝陈词滥调。下属最讨厌的莫过于领导板着面孔、居高临下、故作威严地拿腔拿调，也不喜欢长年累月听那些老旧的言论。因此，领导除在特定场合外，讲话要人性化和趣味化，这样才能拉近同下属的距离。其次要有时代感。如今社会开放程度普遍提高、人们思维日趋活跃、价值取向趋于多元，领导要跟上时代的发展，认真选择话题和表达方式。千万不能以不变应万变，固执地以已明显过时的东西去教育别人，用陈腐的方式与人沟通。同时，要不断用新的语汇丰富语库，包括社会上某些流行说法、乡言俚语和网络语言等。再次要增强语言的感染力。领导讲话要有很强的概括性和掌控力，要言简意赅、干净利落、生动传神、幽默风趣、精辟睿智。要把握节奏，收放得当，有时滔滔不绝，如决堤之水；有时惜字如金，像六月降雪；有时声色俱厉，同雷霆霹雳；有时轻声慢语，似春风拂面。

5. 不断改善形象

一个时常以崭新形象出现在社会和下属视野中的领导，必然会不断给下属的心灵和视觉带来冲击力，从而能有效地使其消除“审美疲劳”。我们这里所说的形象，不单纯是指领导的外在形象，而是指领导内在素质和外表形象的和谐统一。首先，要不断充实自己。当今时代，新知识、新观点不断涌现，新情况、新问题层出不穷。领导只有广而博学，一日三省吾身，不断强化现代经济、科学、管理等方面的学习，提高自身抓方向、谋大势、管大局的能力，使自己站得高一点、看得远一点、谋得深一点，才能努力提高未雨绸缪、见微知著的能力和准确把握事物发展规律、科学预测事物发展趋向的本领，才能比下属站得高、看得远，才能赢得尊敬和爱戴。其次，职业形象要充满正能量。一个始终充满活力和激情，具有强烈的事业心和责任感，勤勉踏实、任劳任怨、爱岗敬业、体恤下属的领导，永远也不会令下属感到厌倦。因此，作为领导，应强化职业道德修养，勤政廉政，处处为下属作表率。最后，外貌形象要讲究。领导重视服饰打扮，也是展示自身精神风貌、对下属产生吸引力的一个重要手段。作为领导，虽不必刻意去修饰自己的外观形象，但过分随意也是不可取的。因此，领导衣着打扮一定要得体，最好常变常新，令下属眼睛为之一亮。

第47讲
如何避免对下属造成隐性伤害

只有当领导者不再继续关注自我需要的时候，他们才能够帮助自己身边的人成长。

——比尔·乔治

随着领导“以人为本”意识的树立，自我修养的增强，工作作风的改进，对下属的打击、报复、压制、刁难等显性伤害的现象已不多见。但是，领导在言谈举止里的高高在上，以及待人处事中的居高临下，很可能会给下属带来隐性伤害。在工作和日常生活中有这样几种现象应当引起我们注意。

（1）言过其实的表扬。有的领导自认为表扬是调动下属积极性的“灵丹妙药”，于是当下属做出一点微小成绩时就大肆宣扬，随意拔高。殊不知，这样一来受表扬者不仅感到心里很不自在，就像被嘲弄一般，而且还容易被周围人怀疑。这样做，会使受表扬的人与周围同事产生距离，成为“孤家寡人”。

（2）过分严厉的批评。有的领导对待下属的偶尔失误，采取随意性、简单化的态度来处理。尤其是不分场合、不分对象地到处宣扬，这里说、那里讲，小会提、大会批，不是给下属减轻压力，或者承担一些责任，而是一味地抱怨和斥责，甚至于恶语伤人，对下属自尊心造成极大的伤害。

（3）虚情假意的问候。有的领导为了表示出对下属的关心和爱护，经常找其谈心或者聊天，有时见面也拍拍下属的肩膀以示亲热，但并不真正了解和关心下属，甚至彼此相处很长时间也没有做到深入细致的了解。

（4）以己律人的做法。有的领导喜欢自以为是，以自己的喜好去要求下属，对老实厚道、性格内向、寡言少语的下属弃而远之，其结果是淡化相互间的情感，导致下属对领导的信任度下降。

（5）有辱人格的称呼。有的领导用语粗俗，喜欢用别人的生理缺陷乱取绰号，甚至用影视作品中反面人物的名称来称呼下属。自以为这样很幽默，却使得下属内心很伤感。有时候恰恰是领导的一句不得体的称呼，一句开玩笑的话语，损害了彼此间亲近的感觉和融洽的气氛。

如何减少对下属的隐性伤害，作为领导应该从以下几方面引起重视。

1. 要不断增进与下属的感情

领导对下属的态度问题，不是单纯的方式方法问题。领导和下属的关系，只有工作分工不同，没有高低贵贱之别，应该遵循互相关心、互相爱护、互相帮助的相处原则，把下属的困难和问题时刻放在心上，真心实意地帮助他们。

2. 不断加强自身修养

领导一定要加强道德修养，不断陶冶自己的情操，远离那些低级趣味的东西，以自己的实际行动作出表率。领导要靠个人的品行和能力激励起下属的热情，引导他们的行为，形成巨大的精神感召力。领导要有宽容大度的胸襟，听得进各种各样的话，装得下各种各样的事，容得了各种各样的人。在坚持原则的基础上掌握待人处事的方法，尽力做到处事以公，待人以诚，与人为善，不因自己位高权重而将自己的利益和幸福置于他人的利益和幸福之上。要注意自己的言行，珍惜自己的名誉，塑好自己的形象；既不骄奢跋扈，又不妄自菲薄。

3. 始终保持谦虚谨慎的作风

作为领导，在任何时候、任何情况，都应该虚心学习，真心诚意地同自己的下属交朋友，加强与下属的沟通和联系，多向下属请教，主动与他们交流思想。下属的意见有可取之处，应以宽广的胸怀和诚恳的态度，主动地接受。要摈弃妄自尊大、盛气凌人的坏习惯，营造一个“团结互助、平等友爱、共同进步”的人际氛围给下属一种亲切感。

4. 不说领导最不该说的话

领导的有些话，虽然主观上无恶意，但让人听了非常不舒服，也会对下属造成隐性伤害，比如以下几句就要尽量不说，更别让它们成为你的口头禅。

(1)“不关我的事”：身为领导，只要是单位的事情，事无巨细，都有一份责任。即使是完全在职责之外，态度和蔼地给予一些指引，也能表现出自己的成熟和大度。工作当中很多时候都是说者无心、听者有意，对下属说一句这样的话语，很容易将自己的形象彻底颠覆；对同级说一句这样的话语，会激发矛盾产生误解；对上级说一句这样的话语，可能意味着你将被调整岗位了。

(2)“为什么你们……”：在责问别人时，想一想自己有没有什么过失，尽了多少力、多少心。有时，宽容地对待别人的错误，会使人振作，使人进步。用一连串的“为什么”去向别人发难，得到的也可能只是一连串的“为什么”。反过来问：为什么我没有配合好你们？你们有什么地方需要我？也许事情会解决得更快一些。

(3)“上面怎样骂我，我就怎样骂你们”：作为领导，起的是一个上传下达的桥梁的作用，但绝不是一个简单的传递。对上，要忠诚尽责，完成任务；对下，要想方设法，给予激励、帮助、支持。敢于承受来自上面的压力，担负起责任，敢于缓和下面的紧张，创造和谐的工作环境，才是一个领导最应该做的事情。

(4)“我也没办法”：领导的能力从某种方面来说，是用解决问题的能力来衡量的。只会强调客观原因，不会以积极的心态去调动一切可用的资源，显露出来的肯定是无可奈何。

(5)“我说不行就不行”：以自我为中心的话语、与事实不符合的解释是很难服人的。凡事不能以事实为依据，不能本着商讨的态度来解决，可能会使事态进一步恶化。

（6）“你说怎样就怎样”：听起来像是气话，又像是不负责任的话。在产生一些争议时，当一些意见没有被采纳时，这样的话脱口而出，听者会认为，你的见解一无是处，本来还有可接受的地方，会被全盘否认，而且听者从此将可能不再向你征询看法和建议了。保持冷静的头脑和清晰的思维，说出所有的想法，提供参考，并不因没有被使用而太过激动，是一个领导良好的品质。

（7）“我随时可以怎样”：强势的话语，让人听到了就有一种很不舒服的感觉？以势压人，只会贬损个人的形象，在大家心中埋下抱怨的种子。这种抱怨一旦暴发，其破坏力之大是无可想象的。

（8）“你真的很笨”：奚落、讽刺、挖苦下属的话语是在伤害员工自尊及感情。“哀莫大于心死”，表面上下属是在听你的，按你说的去做，但实际上下属只是在敷衍了事，因为他根本体会不到工作的乐趣，工作质量肯定不高。同时，因为这种话会伤害下属的心灵，长此以往，员工的自尊会被摧毁，自信会被打击，智慧会被扼杀，工作可能干得更不好。

第48讲
下属越级汇报时怎么办

有效的决策人首先要辨明问题的性质，这是一再发生的经常性问题呢，还是偶然的例外？

——彼得·德鲁克

在职场中，越级汇报虽为不可触碰的禁区，是一种非正常情况，但是我们却仍旧能够看到类似情况不断发生。汇报者或者出于晋升、加薪的考虑，想越过直接领导向更高的领导展示个人能力并期望获得赏识以达到自己的目的；或者仅出于解决问题的需要，在特殊情况下寻求一位领导做出决定，以更好地处理突发情况。如果说前者是“情理难容”，那后者应该是“情有可原”，然而实际情况往往是无论汇报者出于何种目的，越级汇报的行为似乎都不被认可。那么，当领导遇到自己的下属越过自己，向更高的领导汇报时怎么办呢？

越级汇报也好，越级管理也好，总归是职场大忌。之所以这么说，是因为层级结构、逐级管理是组织管理的重要特征。根据经典组织设计理论中的“管理幅度原则”，一个人受知识、能力和精力所限，能直接有效地管理下属的人数是有限的。当管理幅度一定时，随着组织规模扩大、人员增加，就需要设置新的层级来增加管理人员，组织结构多呈“金字塔”形。“金字塔”形组织结构具有严格分明的层级，组织中的每一个人，必须明确自己在组织系统中所处的位置。同时，按照“统一指挥原则”，一个下属只能接受一个领导的指挥，即领导不能越级指挥下属，下属不能越级请示汇报，否则就会出现混乱的局面。层级管理具有直线指挥、分层授权、权责明确、标准统一、关系正式等特征。大到一个国家，小到一个企业的管理，都需要遵循一定的层级管理原则，以确保其秩序性和效率性。

下属越级汇报的表现形式主要有以下四种。

（1）更上一级领导因工作需要但一时找不到分管领导而直接找分管领导下属了解工作和业务情况，分管领导下属虽未向分管领导事先汇报，但必须如实向更上一级领导汇报工作和业务情况。此类情况称“被动越级汇报”。此类情况又有两种情形：一种是更上一级领导主动找，另一种是更上一级领导临时深入到该单位视察或调研。

（2）分管领导出差或培训，关闭通信设备无法联系，但工作和业务情况紧急，必须由领导定夺，故而必须越级汇报。此类情况称“被迫越级汇报”。

（3）情况紧急而分管领导委托自己下属向更上一级领导汇报。此类情况称“受命越级汇报”。

（4）分管领导业务水平或领导水平较差，自己又想表现聪明才智，期望尽快获得领导赏识或提拔重用，故而越级汇报。此类情况可以称为“主动越级汇报”。

归纳起来，越级汇报大体可分为被动的、被迫的、受命的、主动的这四种。从上述情况看，日常工作越级汇报几乎不可避免；从工作角度看，除“主动越级报告”外，其余三类都是为了工作和业务的开展而采取的非常措施，本无可厚非，但若处理不好，也会影响领导之间的关系，使领导之间产生误会、误解甚至矛盾。同时，也会影响业务工作的顺利开展，甚至还会使领导对越级报告者的人品产生疑问。可以说，越级报告是把双刃剑，必须正确处理。

越级报告涉及越级报告者、分管领导、更上一级领导三个层次的人员，体现出工作、权力、尊严、前途等多种复杂而微妙的关系。对此，领导在充分重视的同时，必须思考此现象出现的原因及后果，以及如何采取有效措施予以解决。要知道，除非特殊情形，下属一般不会越级报告。遇到下属向自己的领导越级报告时，要先弄清原因，特别是从自身方面找找原因。

建议多从以下几个方面反思：一是上下级信息沟通是否不畅。责权分明的层级结构原本已规定了信息沟通的一个正式渠道，但是信息在层级之间由上至下或由下至上传递的过程中会经过多次过滤，每个人都会根据自己的能力、观点和利益关系对这些信息进行加工，因此，传递到终端的信息往往与真实信息有很大的出入。尤其是当组织机构庞大、层级较多时，信息的失真性就更为明显了。高层领导的一些政策、目标不能准确地传达给员工，而员工的一些问题也不能准确地反映给高层领导，久而久之，就会引发一系列问题与矛盾，在这种情况下，越级沟通的出现就在所难免了。二是自己是否有不作为的问题。当下属向自己的直接领导反映问题时，有的领导出于某种考虑，对问题采用拖、压、敷衍等方式，使得下属对通过正常渠道解决问题失去信心，于是直接越级向上反映。三是下属是否对自己不信任。有些问题可能是与自己有关的，例如涉及工作中的严重失误、其他的一些违纪行为等，此时下属若想反映问题，只能选择越级汇报。

当然，除了上述几条之外，在一些组织内部，越级管理的出现还有着更为微妙的原因。一些下属认为，越级报告会给自己带来某种利益或好处，而一些高层领导也喜欢越级收集信息，以判断和评估直接下属的工作质量。其实，很多高层领导都或多或少地支持或者鼓励越级报告的存在，更多的情况是默认这种情况的发生。

越级汇报是不符合现代管理原则的行为，其害处很多。比如，造成领导偏听偏信、助长领导主观决策、无视逐级领导的作用、制造上下级之间的矛盾、造成步调不一致、形成多头领导等。因此，在管理中一般是不允许越级汇报的，在军队中更是严格禁止。

领导如何对待越级报告，这里从两个角度说明。

1. 从接受越级汇报的更高层领导来说，对越级报告现象应予以重视

出现越级报告意味着组织内部或多或少出现了问题，这些问题自己未必能够直接发现，被越级的领导也未必敢于或愿意向高层领导报告。接待越级报告者，是接受越级汇报的更高层领导了解情况、及时解决问题以保持大局稳定的重要途径，但一定要注意方式方法，要慎重，只能是个例，而不能是常态。

（1）要认真倾听、悉心关怀，使报告者感受到领导的重视，这是解决矛盾、保持稳定的第一步。越级报告者在汇报情况或倾诉心声的过程中，如果能受到高层领导的重视和尊重，内心会得到某种满足，往往不会再做出进一步的越级行动或其他非常态行为。

（2）要区分情况，分别对待。如果是怀着不良目的的越级汇报，要予以批评，并使其向其直接领导汇报。如果确实事出有因，则要认真对待，从中发现带有普遍性的问题。

（3）接受越级汇报的更高层领导也可适当介入。既不能无所作为，也不能亲自插手。如果只是倾听，无所作为，问题就得不到有效解决，矛盾也许会进一步扩大。如果越级处理，又容易引起被越级领导的不满。因此，在倾听完毕之后，要向报告者作适当解释，而后让报告者依旧找其直接领导办理，并予以关注即可。唯有迫不得已时，才能出面亲自解决。

（4）为越级报告者保密。下属越级报告往往是迫不得已并且还要冒一定的风险，一旦被泄密，其处境可能很难堪。所以，要为其保密。

（5）对越级报告要慎之又慎。在现实管理中，很多领导为了了解工作情况，往往喜欢听取来自越级下属的汇报。其实，喜欢听取越级汇报的领导并不是好的领导，究其原因，或者是他们不懂越级汇报的害处，或者是不懂管理的原则，或者是别有用心，或者是不相信直接下属。因此，除非特殊情况，不要鼓励或支持越级报告行为。

2. 作为被越级的领导，在得知下属越级报告时也要认真思量

下属不再与自己沟通，直接找高层领导，除非特殊情况，对自己而言，是对自己威信和领导能力的一种挑战，此时就一定要面对现实，认真想办法解决。

(1) 反省自己，是不是有做得不对的地方。是不是自己态度不好，伤了和气？是不是自己对下属反映的问题敷衍塞责、不予重视？是不是自己与下属有利害冲突？是不是自己也有越级指挥、越级报告的行为？只有找到问题的症结所在，才能真正解决问题。

(2) 要放下姿态，与越级报告者坦诚交流。寻找适当的机会，以谈心的方式与下属沟通，就自身的工作方式、工作态度与其进行平等的交流，虚心倾听意见，有则改之，无则加勉。如果是因为自己与下属的沟通不及时，下属没有向自己汇报工作的机会，则要调整自己的工作方式方法，给下属谏言的机会，平时注意多和下属沟通，并及时将下属的意见汇报给自己的上级，让下属感觉到自己的建议受到重视。如果下属不清楚越级汇报工作的危害性，要及时找下属沟通，让下属知道向领导反映情况有正常的消息渠道，越级汇报是不可取的。当下属与自己愿意沟通、乐于合作时，越级报告的非常态将不复存在。

(3) 与自己的领导进行必要的沟通，就有关问题达成一致。下属越级沟通还有一个原因，可能是下属觉得你对他开展工作所提供的资源和支持不够。所以你多与自己的领导沟通，一方面可以委婉提示目前部门存在的越级情况，因为有时自己的领导不一定会意识到他的越级帮忙会给团队管理带来困扰；另一方面可以寻求更多的授权，同时还要了解下属的需求，及时提供支持和保障。

(4) 对于目的不纯的越级报告者，如果其不听劝告、一意孤行，要申明利害，让下级懂得基本的管理原则。要从爱护下级、帮助下级的角度出发，使越级汇报者知道自己行为的不当。对极个别屡教不改、造成严重后果者，要进行批评教育，用制度和纪律惩处。

总之，在对待和处理越级报告这件事上，领导要有一定的心胸和气度，要以人为本，关注人、尊重人，合理地保障每个人的利益；要保持沟通渠道的畅通，及时理顺成员之间的感情和利益关系。这样才能使组织当中人人各就其位、各安其职，上情下达，渠道畅通，形成同心同德、和谐相处、共同奋斗的工作环境。还要注意的是，在客观看待越级汇报的同时，也要尊重下属的“越级投诉”权利。也就是说，下属不能越级汇报，但可以越级投诉。

第49讲
与下属沟通不畅时怎么办

激发工作热情的最有效方法，就是老板与下属面对面地沟通。

——威廉·戴尔

沟通是领导为了实现组织目标，在履行管理职责、实现管理职能的过程中，通过信号、媒介等渠道，有目的的交流观点、信息和情感的行为过程。但一些领导在与下属的沟通中，常常感到很不通畅，或者下属吞吞吐吐，不愿开口；或者下属不说心里话，只说场面话，应付领导；或者说一些言不由衷的假话，糊弄领导，等等，使领导感到听不到真话实话，上下级沟通往往达不到效果。作为领导，如果感觉与下属沟通不畅，先从自身找原因，寻找解决问题的突破口。以下是几种常见的导致上下级沟通不畅的原因。

（1）高高在上。在与下属沟通时，作为领导，最容易犯的毛病就是高高在上。本来上下级之间就存在地位、身份上的不平等，有些领导还有意无意地扩大这种不平等的效应，导致下属在领导面前唯唯诺诺，有话不敢讲，影响了上下级的顺畅沟通。

（2）自以为是。领导对一个问题已经有了一定的想法和见解，这时候就很容易关上自己的心门，不愿意甚至拒绝接受别人的意见。

（3）先入为主。沟通的一方如果对另一方有成见，顺利沟通就无法实现。比如你对一个下属的能力产生怀疑，即使他有一个很不错的想法，你可能也不会接受。

（4）不善于倾听。一些领导在沟通交谈中总觉得自己比下属高明得多、懂得多，总是高高在上，不愿听取下属的建议和意见，或在对方反映情况时，随意打断其谈话，而自己发一通“高论”，如此便会阻塞了信息渠道，使下属对领导敬而远之。

（5）缺乏反馈。反馈是沟通过程中的一个关键环节，不少人不注意、不重视或者忽略了反馈，结果沟通效果大打折扣。

（6）沟通的位差损耗效应。美国加利福尼亚的一项研究发现：来自领导层的信息只有20％～30％被下属知道并予以正确理解；从下到上反馈的信息不超过10％被知道和被正确理解；平行交流的效率则可达到90％以上。

（7）回避下属，故意保留信息。这样做往往意味着对方不被信任。

（8）随意批评或否定下属。如果下属曾经因说错话而遭受过领导的批评，那么下属在以后往往会小心翼翼，尽量少说话或不说话。

领导沟通的含义是什么？领导学中认为，沟通就是意义的传递和理解。其中包含三个关键词语：意义、传递、理解。

第一个关键词语是意义，就是言之有物，这个“物”包括知识、技能、情绪、情感、态度、愿望、价值观等。在人与人沟通过程中，情和义至关重要。假如说的是言不由衷的大话、虚情假意的套话，即使这些言语再诚恳，用词再考究，要想打动对方几乎是一件不可能的事情。

第二个关键词语是传递。这包括两重含义，传递什么和如何传递。每个人的知识结构可以分成两类，一类知识叫作外显知识，可以用口头言语、书面言语加以外化。另一类知识叫作默会知识，这类知识随着人们阅历的增加所占比例会越来越大，它在很大程度上是只可意会不可言传的。语言是思维的外化，但是语言从来不会外化我们所有的思维。这就要求我们的领导谨言慎行，需要谨慎地选择我们需要传递的信息，进一步考虑借助于哪些渠道、哪些方式来进行信息的传递。

第三个关键词语是理解。很多沟通之所以是沟而不通，就是没有从理解对方的角度来思考问题。没有理解作为保障，沟通就很难达到预期的目标。

常言道："会说的不如会听的。"当你与下属交流时，管住自己的嘴巴，竖起自己的耳朵，少说多听，才是明智之策。其实沟通的基本方法是听，只有听清、听懂对方所讲的话，才能真正理解对方的意思；只有充足地了解了对方，才能取得对方的理解。沟通中，我们真正应该把握的不是自己说了多少，而是对方说了多少，对方的响应有多少。沟通的重点不是"我说了什么"，而是"听到了什么"。做好与他人的沟通，并不是非要你有良好的语言表达能力和良好的思维逻辑能力来判断对方话语的正确性。沟通的真谛在于更多地倾听，只是要求我们做好一名听众而已。

从人性的角度看，你越认真听对方说话，他就越喜欢你，因为人们往往只对那些关注自己的人和事感兴趣。每个人或许都有这样的体会，当自己有一件很自豪或者是很有趣的事情时，很想把这些告知某些人，这些人可能是你的亲戚、朋友、同学跟同事，总之是你内心比较信赖的人。当他们认真倾听你说的事情时，你会很兴奋，心里产生了满足感，悄悄地便拉近了双方的心理距离。

因为听，同样可以满足对方的需要。领导认真聆听下属的谈话，是对下属的一种尊重，给下属以自我表现、自我成就的机会，可使下属产生一定的归属感，配合意识和参与沟通的积极性会明显增强。如果能够耐心地倾听对方的谈话，等于告诉对方"你是一个值得我倾听的人"，在无形中就能加深彼此的感情。反之，对方还没有把话说完，你就听不下去了，这最容易使对方自尊心受挫。

与此同时，听还可以了解对方是否真正理解你刚才所说的话的含义。听，可以获得必要的信息。注意聆听别人的讲话，从他说话的内容、声调、神态可以了解对方的需要、态度、期望和性格，他们会自然地向你靠近。注意倾听别人讲话，还可以同时思考自己所要说的话，整理自己的思想，寻找恰当的词句，以完善地表达自己的意见，给人留下鲜明的印象。

心理学中有一个“同理心”的概念。所谓同理心，就是你要想真正了解别人，就要学会站在别人的角度来看问题。在沟通中，同理心尤其重要。在我们日常工作中，每个领导都希望自己的话能够被下属认真地倾听，同样，每位下属也希望自己能够被自己的领导倾听。倾听不一定代表你认同对方谈话的内容。但是，要想成为优秀的领导，就必须认真积极地听取值得听取的意见和建议。

倾听是领导的责任。学会倾听、主动倾听，体现着领导的领导艺术、领导能力。倾听不是简单地听清楚别人的声音，而是听到并能够理解对方的意思。真正的倾听是有很多学问的。一个真正的倾听者在全神贯注听的同时，会全力调动自己已有的知识、经验储备及感情，使大脑处于高度紧张的状态。当他接受聆听信号后，会马上运用自己已有的经验、知识，进行识别、归类、解码，并做出反应：有时表示反对，有时表示理解，有时表示疑惑，有时表示喜悦，有时表示忧虑，等等。

掌握倾听的艺术并非难事，只要克服心中的障碍，从细节做起，就可以了。现列出一些提高倾听能力的技巧，以供读者参考。

（1）创造有利的倾听环境。尽量选择安静、平和的环境，使下属处于身心放松的状态。领导最好到下属那里，而不要在自己的办公室里。

（2）专注。聆听的时候不要插嘴，尽量把你的语言减到最少，因为说话和聆听是不能同时进行的。

（3）尽量把自己讲话时间缩到最短。

（4）换位思考。了解下属，试着从他的角度看问题，这样才能够更准确地理解下属的想法和心理状态，才能找到沟通的结合点，增强沟通的针对性。领导只强调自己的感受，而不体谅下属的想法，就很难进入下属的内心世界，很难被下属接纳。

（5）摆出有兴趣的样子。这是让下属相信你在注意聆听的最好方式，可以是发问，也可以要求他阐明正在讨论的一些论点。

（6）停顿。当下属讲完话后，你要静静地等待三五秒后再讲，这样一方面可以避免打断他人说话的风险（对方可能只是停下来整理思路），另一方面则是告诉对方，他说的话值得思考一番，因为你认为很重要。

(7) 观察对方。观察对方的脸、嘴和眼睛，尤其要注视眼睛，将注意力集中在下属的外表。这能帮助你聆听，同时，能完全让下属相信你在聆听。

(8) 不要做出分心的举动和手势。尽量避免做出让人感觉你的注意力不集中的举动，这样会使下属觉得自己没有被尊重。

(9) 平和的心态，不要将其他的人或事牵扯进来。

(10) 收起自己的偏见，倾听中只针对信息而不是传递信息的人。

(11) 抑制争论的念头。注意你们只是在交流信息，而非辩论赛，争论对沟通没有好处，只会引起不必要的冲突。学习控制自己，抑制自己争论的冲动，放松心情。

(12) 开放的交流姿态。可以通过面部表情和身体姿势表现出开放的交流姿态，不宜交叉胳膊和腿，必要时上身前倾，面对对方，去掉双方之间的阻隔物。

(13) 保持耐性。让下属讲述完整，不要打断他的谈话，纵然只是内心有些念头，也会造成沟通的阴影。

(14) 不要臆测。臆测几乎总是会引导你远离你的真正目标，所以要尽可能避免臆测。

(15) 不要立即做出判断。人们常会在一件事情还没有搞清楚之前就下结论，所以要保留对下属的很多判断，直到事实清楚、证据确凿。

(16) 做笔记。做笔记不但有助于聆听，而且可以集中话题和取悦对方。

(17) 不要以自我为中心。在沟通中，只有把注意力集中在下属身上，才能够进行倾听。但很多人习惯把注意力集中在自己身上，不太注意别人，这容易造成倾听过程的混乱和矛盾。

(18) 鼓励交流。用眼神、点头或摇头等身体语言鼓励传递信息。

（19）使用“我们”沟通。在沟通中，多使用“我们”，少用“你”。“我们如何解决这个问题?”“我们的这个任务进展到什么程度了?”或者说“我如何才能帮助您?”

（20）反馈。用你自己的话复述刚刚说过的话，可以这样说：“你的意思是……”这表明你刚才在心无旁骛地倾听他说的话，同时，也能确认自己是否已经正确理解了下属表达的意思。

（21）要善于“听话”。一是要善听弦外之音。一些下属说话的弦外之音往往含蓄委婉，但作为领导，必须摆正心态，细听细琢。既不能自以为是，当成耳旁风；也不能小肚鸡肠，怀疑一切。应细细琢磨弦外之音，作为改进工作的动力源和参照系。二是要善听“牢骚话”。不要一味把牢骚话与“无组织、无纪律”联系起来，其实善于听牢骚话，更能反映领导的胸襟、作风、气度和心理素质。如果对牢骚话能认真听取，透析内因，往往能够发现深层次问题。三是要听“无心之语”。对下属无意之中随口讲出的话，要不打棍子，不戴帽子，一笑而过。对那些带有个人情绪的“无心之语”，听了应犯颜不怒、逆耳不惊、顺耳不喜。领导只有善于“听话”，才能真正做到广开言路、集思广益。

（22）让下属把不满说出来。每个领导总会有些事情处理得不公平、不恰当，一些决策制订得不合理。如果再没有一个能让下属顺畅地反馈个人意见和建议的平台，没有解释单位内部决策、工作动机、目的、方法的有效渠道，就会导致怨气越积越重，影响员工积极性。所以一定要想方设法，让下属把不满说出来，这也是一种非常有效的沟通。

第50讲

听到下属说自己的闲话时怎么办

能够把所有的事情都做好的人，通常是一个很平庸的人。

——埃尔贝特·哈伯特

哲人说过，有人群的地方都会有左中右；在一个集体中，总会有人对你议论纷纷。事实上，如何处理好背后的议论也是十分重要的。字典里“闲话”有三种释义，即闲谈、无关紧要的话、背后议论他人是非的话。背后议论一般有三类，一是善意美好的议论。有这种议论是你的福气，善恶总会有报，你的良好德行得到了回报。二是中性的客观议论。这些议论一般比较真实，犹如一面镜子，多听一些这种议论，更有利于明鉴自我。三是恶意诽谤。总有一些别有用心的人，故意制造谣言，恶意中伤他人，以达到其不可告人的目的。领导在听到下属私下里对自己议论时该如何对待呢?

关于领导的议论和闲话，一般集中在以下几类上：男女绯闻，生活作风；以权谋私，公私不清；私心较重，处事不公；高高在上，脱离群众；揽功诿过，好大喜功。这些“闲话”虽然是“地下”的，但有着极大的杀伤力，怎样对待这一类的负面信息，如何正确地看待他人的闲言碎语，是一个应该十分注意的问题，不可等闲视之。

俗话说：“谁人背后无人说，谁人背后不说人。”想把所有事情都做好，想让自己没有缺点，想让别人背后不议论自己，这是非常幼稚和不现实的。对待议论、闲话和闲言碎语，要抱持冷静的态度。这些闲话往往有着一定的参考价值。

（1）有些闲话是献策之言。闲话里蕴含着丰富的信息，不乏解决问题、改善不足、推动工作的良方妙策。领导要用心去倾听、用心去思考、用行去实践，把有用的闲话加工运用到实际工作中，使之成为推动工作的动力。

（2）有些闲话是鞭策之举。领导要听出闲话中的言外之意和弦外之音，紧密联系当前实际，使之成为完善自我、推动工作的鞭策之举。

（3）有些闲话是监督之力。决策是否科学，贯彻落实是否到位，工作成效是否显著，这些在闲话中也有所体现。领导要把闲话作为独特的“监督之力”，把闲话当成监督的重要力量。

《吕氏春秋》上有一句名言：“得言不可以不察，数传而白为黑、黑为白。”意为听到别人说的话之后，必须思索分辨，不能轻易接受。因为同样的话经过多次传递之后，往往白的能变成黑的，黑的能变成白的。其实，作为一名领导，听到一些闲言碎语是常有的事。面对闲话，有些人却不能坦然地对待，一听便暴跳如雷，非要查个水落石出不可，认为是对领导的不尊重，有的还拿出“帽子”乱扣，硬是要压制下属，结果是越压闲话越多，越压上下级关系越紧张。

听话如同看戏，不会听的图热闹，会听的听门道。下属有了意见、情绪激动时，不一定都是好话，免不了用一些过激的闲话发泄心中的怨愤。但闲话，有时是人们真情实感的一种流露。“万两黄金容易得，背后真心最难求”，这并非鼓励闲话，问题是自己背后不说人，却难保背后不被人说，不如收集起来把闲话作为一个渠道，抛掉不对的部分，吸收有益于改进工作的“善方”。当然，对那些别有用心的造谣、诬陷则另当别论。面对别有用心的造谣，不但不能迁就，而且要用适当的方式给予惩罚。

妥善应对下属对自己的议论，笔者认为，领导应从以下几方面做起。

1. 要让闲话进得来

“公说公有理，婆说婆有理。”不同的人对同一件事情的看法难免产生分歧，这是再正常不过的事情了。古话说："防民之口，胜于防川。"事实上，防也是防不住的。对于这种防不住的闲话就不要太过计较，要抱着"有则改之，无则加勉"的心态，平心静气地听进去。否则，久而久之，大家不敢发言了，走向另一个极端，后果可想而知。

2. 要让闲话出得去

对待闲话，要加以分析，认真思考，准确得出结论。如果与事实相违背，就不要去管它，不要去生气、发火，而影响了正常的工作与生活。不要斤斤计较，非要弄个清楚，追究责任什么的。事实胜于雄辩，要相信公道自在人心。

3. 莫解释，莫追查

"闲话"传入自己耳中，领导难免心中不快、愤怒难忍。有的领导一听到关于自己的闲话，特别是明显不实的闲话时，就顿感委屈、气愤，逢人就诉说自己的冤屈，有的甚至在大小各种场合为自己辩解，或动用各种手段去追查闲话的来源。但这样做往往不仅于事无补，反而如抱薪救火，会让闲话越来越多、越传越广。好比说，对男女关系方面的闲话，人们总是有着异乎寻常的兴趣，总是宁愿信其有。你能解释清楚吗？你不解释还有人不知道，你在公开场合解释后，反而让更多的人听到了这些闲话并饶有兴趣地去议论。还有一些闲话大多是说者无意、听者无心的，仅仅是作为饭余的谈资而已。你去追查，反而会引起人们的关注。你追查闲话、议论的行为，可能马上就会成为新的话题，闲话会越来越多。更何况，那些闲话大都是很难追查到来源的，就算是追查到了，也不会有人承认。俗话说："见怪不怪，其怪自败。"如果这些闲话是假的，领导不把它太当回事，这些闲话就会成为无源之水、无本之木，慢慢地就烟消云散了。

4. 用实际的行动来消除闲话

无风不起浪，有果必有因。假如那些闲话、议论确有道理，是真话，那自己就必须认真反思和纠正自己了。比如绯闻方面的闲话，多是因为领导存在不当的行为：对某个异性过于器重，与其接触过于频繁，等等。总之，领导的行为极易引起别人的好奇。再如“揽功诿过”的闲话，如果你确实不是这样的人，那就可能是你经常在各种场合吹嘘自己的成绩，或者无意中贬低了他们，因此他们心生怨恨，就给你戴了这顶帽子。还如“私心较重，处事不公”的闲话，多半是因为你不民主，或者与下属沟通交流较少而引起的。总之，领导只要对照闲话产生的原因进行自查自纠，对症下药，闲话就会逐渐销声匿迹。

5. 平时要严格要求自己

在一个单位，有的领导闲话少，有的领导闲话多。一个领导与一个女性单独在办公室聊天，有的被下属议论和说闲话，有的就没事。为什么？这只能说明闲话多的领导威信不高，大家信不过他，稍微有点什么迹象，大家就会往不好的方面去想。所以，树立好的形象、严格要求自己是减少下属说闲话的基础。“疑心生暗鬼”，闲话都是在暗中萌生、传播的，假如领导平时说话办事光明磊落，言行一致，与下属经常沟通，闲话就没有了萌生的机会和传播的途径。此外，苍蝇不叮无缝的蛋，要别人不说自己的闲话，不议论自己，自己必须先让别人无闲话可说；慎始慎独，不让别人抓到你的“小辫子”。

最后，心中无愧，即使有人说自己的闲话，那也没有什么了不起的，走自己的路，让别人说去吧。你不理他，他自然就会无趣地消失。

第51讲
被下属孤立时怎么办

上下同欲者胜。

——《孙子兵法》

俗话说："鱼儿离不开水。"领导一旦被属下"束之高阁"，其处境可想而知。但是，面对被孤立的现实，领导也不能听之任之，而应该采取有效的措施尽快扭转这一被动局面。

领导被孤立的原因尽管千差万别，但归纳起来无外乎内、外两种因素，即一个是源于自己的不足，另一个是外在因素作用。

自身的原因主要表现在：一是工作急于求成，在某些方面脱离了本部门实际情况；二是个性太强，又过于突出自己，结果与同级和与下属有了隔阂；三是办事一意孤行，既缺乏与他人的沟通，又不善于征求下属的意见；四是下属对领导的某些言行产生了误解。

外在因素主要包括：一是领导思想活跃、能力过人，从而引起他人妒忌；二是个别人有意诋毁，使下属受到蒙蔽；三是所在领导班子风气不正，有意排挤外来领导或'圈外'成员。领导除了这种被下属明显地孤立外，实际工作中还存在另一种被孤立方式，那就是间接地遭到下属孤立。表面上看领导与下属的关系并无异样，但实质上真正能够与领导直言不讳地交流问题者却很少或者根本没有，这对领导来讲其实也是一种被孤立。

作为一名领导，有时自己的想法得不到大家的支持很正常，毕竟每个人的成长环境不同，想法也就不同，而且你是站在一个领导的高度考虑问题，认识想法都要站在更高的角度，你唯一要做的就是相信自己。在平时工作中，也难免有被孤立的感觉，工作就是在矛盾和烦恼中开展的，只要你不断地努力，相信自己，就不怕被孤立，在这个时候你可能就会觉得所谓的“被孤立”只是自己的一种感觉而已，别人也并非要真的孤立你。

要破解被孤立的现状，可以从以下几方面努力。

1. 以平常心来看待

当发现自己被孤立后，领导一定要镇定自若，以一种平常的心态接受这一事实。领导对所面临的处境要有一个正确的认识，应认真分析当前的形势和掌握的情况，弄清楚这种孤立是来自大多数人还是少数人，以及下属的真实目的所在。一般情况下，下属孤立领导的目的有三个：一是让领导对以前不良的工作作风和方法有所醒悟，促其改正错误；二是对领导的行为产生了不满情绪，但又不能通过正常的渠道进行交流，只有用孤立的方式来发泄；三是个别人心术不正，采取不正当手段唆使不明真相的下属孤立领导。对这一切，领导本人应该胸中有数，并能够对事态的发展趋势有正确的认识和判断。

2. 积极沉着应对

被孤立并不可怕，而真正可怕的是在被孤立后不知所措，或者消极对待。领导应该经得住各种考验，包括被孤立的考验。越是处于逆境，越要显示出领导的风格和水平。因此，领导不能因为被孤立而一蹶不振，怨天尤人，而要有足够的信心和勇气面对孤立，并把良好的精神面貌和高昂的斗志展现在下属面前。这就是说，要想摆脱孤立，要先战胜自己，要沉着、冷静地去面对眼前的困难和挑战。另外，要相信下属的思想觉悟和分析能力，要理解多数人做出孤立领导的行为并无恶意，个别人的险恶用心迟早会被识破。这样，随着时间的推移，领导被下属孤立的状态也一定会改变。

3. 要善于沟通

这里的“善于”，就是指进行思想交流时，要有策略、讲艺术、论方法，不能使对方加深误解。具体包括两方面：一是善于寻求和利用与对方接触的时机，表现出自然、随和、诚恳的态度；二是沟通的内容、措辞、语气等尽可能保持含蓄，同时又要有感染力。通过含蓄而友善的言行打破被孤立的僵局，重建融洽的人际关系。

4. 必要时要勇借“东风”

要客观地向上级领导讲明实情，争取上级领导的理解、支持，使上级领导愿意和敢于为自己说公道话。但是，借“东风”不是利用上级的权力大棒压制别人，更不是将其作为遮人耳目、掩饰错误的保护伞，而是借助领导的影响力，消除一些人为的阻碍因素。

第 52 讲
面对下属的软对抗时怎么办

领导的唯一定义就是其后面有追随者，一些人是思想家，一些人是预言家，这些人都很重要，而且也很急需，但如果没有追随者，就不会有领导。

——彼得·德鲁克

所谓软对抗，是指组织中的个体或群体因价值理念差异、利益分配不均、未来预期不一致等，对领导进行各种非理性对抗方式方法的总称。从理论上来说，领导可“号令天下”、指挥全局，但从实践来看，也有可能因下属软对抗而遇到令不行禁不止、指挥不动的情况.

软对抗有多种类型。一是从形式上来分，软对抗可以分为正式软对抗和非正式软对抗。前者以书面形式或正式渠道向领导表达不符合组织整体利益的意见；后者采取私下的、不上台面的、磨洋工式的对抗方式。二是从人数上来分，可以分为个体软对抗和群体软对抗。前者是因个人原因而采取的软对抗，后者是组织中两个或两个以上人数参与的对抗行为。三是从时间选择上来分，可以分为前置性软对抗、执行中软对抗和事后软对抗。前两者是在决策酝酿时的对抗，是在任务的执行中，被动应付、敷衍塞责、推而不动的对抗，后者是对执行后出现的新情况、新问题不总结、不分析甚至不管不问的软对抗。四是从目标选择上来分，可以分为对人软对抗和对事软对抗。前者是对抗者对领导不满意、看不顺眼，对其一举一动、一言一行都不配合的软对抗，后者是对抗者对某一决策不支持、不配合、不执行的软对抗。五是从程度上来分，可以分为显性软对抗和潜在软对抗。前者是对抗者直接、正面提出反对意见甚至是威胁性建议的软对抗，后者是对抗者背地采取的非直接性的对抗方式，如发牢骚、不积极工作等。六是从频率上来分，可以分为连续性软对抗和一次性软对抗。前者是对抗者在特定的时间段进行连续的对抗，后者是对抗者偶尔的对抗。

领导遭遇软对抗，对一个单位的发展有以下几点危害。

(1) 失去对组织信息的掌控。领导对组织的领导和掌控，要靠对相关信息资源的掌握。对抗者常常采取信息筛选、信息选择甚至屏蔽信息来进行软对抗，这样就让领导难以掌握组织的必需信息。

(2) 失去对组织的科学指挥。领导是组织的指挥者，如果下属的软对抗得逞，就有可能让领导的指挥出不了会议室，出不了领导层，让领导指挥不动下属、控制不了组织。

(3) 失去对组织的应有权威。权威是领导掌控组织的重要保证。如果某一群体通过软对抗实现了意图，就会形成“破窗效应”，其他群体通常也会效仿，在各种软对抗不断出现的情况下，领导的权威就会受到挑战。

(4) 决策执行的低效。软对抗的一种方式就是对领导决策的选择性执行。比如说，一项决策需要在A时间点完成，由于软对抗的存在，会在A＋1时间点完成，这种决策的滞后性执行，不仅影响单个项目，还会影响整体项目。

(5) 软对抗变为硬对抗。如果领导长期放任软对抗，等到软对抗群体或者势力拥有一定实力后，就会由潜在对抗变成显性对抗、个体对抗变为群体对抗、非正式对抗变成正式对抗、软对抗变成硬对抗，让领导无法继续领导组织。

领导应对软对抗可以采取以下一些方法。

1. 巧察软对抗之实情

作为领导，不论是内部提拔的，还是外部调入的，上任伊始，都要有被软对抗的心理准备，用心、用眼、用思维来体会软对抗是否存在，存在于哪个群体、哪个领域。要通过深入细致的调查和交谈，了解下属的思想实际、工作实际、价值预期、心理诉求，观察组织软对抗的存在状况。可以通过日常观察，了解下属的一贯思维、一贯行为是否与组织的整体利益、整体步调一致，如果不一致则存在软对抗。在了解软对抗时，要避免把正确的意见和建议错误地归为软对抗，造成软对抗的扩大化。

2. 巧寻软对抗的根源

软对抗形式不同，其原因也不同。有的软对抗是针对领导行为方式的，比如领导工作作风简单粗暴、不尊重下属等容易引起软对抗，对此，领导要适当对自己的行为方式做出调整，确保不因个人的不恰当行为而导致不必要的软对抗。有的软对抗是因为组织成员对组织目标的不理解造成的，为此，领导要利用各种场合和各种方式对组织的战略和目标进行宣传，让更多的人了解组织目标，从而变对抗者为忠实执行者。有的软对抗是因为组织成员对组织制度不满意造成的，对此，领导要在广泛调研的基础上，修改或者废止有关制度，从而消除不合理的制度导致的软对抗。有的软对抗是由利益冲突导致的，比如有的部门因承担过多改革成本而进行软对抗，对此，领导要通过利益统筹、方案调整使之变成全局共同受益、共同承担改革成本的方案，从而让对抗者变成改革的拥护者、参与者。

3. 巧抓软对抗的时间点

解决软对抗，当然是在发现问题的第一时间最好。但在现实中，各种各样的软对抗不仅有潜伏期，而且非常复杂，领导不可能在第一时间解决。这时，就需要根据不同类型、不同层级的对抗选择相应的时间点加以解决。下属的软对抗，其危害性和影响面比较大，一经发现，就要及时处理，通过进行思想沟通、健全制度、分工调整、利益整合来解决问题。对于群体性软对抗，必须始终高度警惕，一旦察觉，就要集中最得力的人手，最可控的资源，进行最根本性的解决，要从速从快，绝不拖延。对于正式软对抗，也要尽早、尽快处理，否则，就会对自己的领导力产生根本性影响。对于那些冲突不剧烈的软对抗，可以先急后缓，该及时处理的及时处理，需要冷处理的冷处理，千万不能眉毛胡子一把抓，更不能主次颠倒。

4. 巧抓软对抗之重点

领导必须把重点之事、重点之人、重点环节的软对抗作为解决软对抗的重中之重。重点之人也就是通常所指的“带头的人”，对其要重点研究、重点分析，采取针对性的措施，属于顽固不化、无法转化型甚至违规违纪的，要调整其现有岗位，让其失去软对抗的基础；属于正当利益长期没有得到解决的，要给予其必要的利益，使其不要再对抗。决策环节的软对抗是重点环节的软对抗，决策方案表决前，要在充分考虑各方利益的基础上，通过艰苦细致的沟通协调工作，争取决策群体的最大化支持。

5. 建立解决软对抗的制度

软对抗的产生，一个重要的原因就是制度的缺失。比如，信息披露制度的缺乏会让小道消息满天飞，为一些人利用对消息的解读和筛选来实现对抗目标提供了便利，如果建立起科学合理的信息披露和通报制度，就会让依靠小道消息来进行的软对抗失去基础；奖惩制度的缺失会产生执行上的软对抗，在干多干少一个样的情况下，大家只会选择少干而不是多干、慢干而不是快干，而奖勤罚懒制度的建立和实施，则能提高执行效率。因此，领导既要着眼于软对抗个案的解决，更要着手制度建设，通过制度体系的完善来减少软对抗的产生并消减已经产生的软对抗。要建立健全人事制度，通过人事选拔、任免制度的建立健全，做到一个标准选人、一个程序用人，减少用人上的软对抗。要建立决策制度，通过决策程序和体系的完善来减少决策上的随意性，以制度保障合理的决策能够通过、不合理的决策被及时否定。

6. 立化解软对抗之本

说到底，下属对领导的软对抗必定事出有因，毕竟软对抗是下属也不愿意看到的局面。对此，领导必须要从自身进行反省，经常从以下几个方面多问问自己。如决策是否科学、民主？是否能与下属打成一片？是否廉洁自律、以身作则？是否关心下属？是否能把握全局、抓住机遇、锐意进取、开拓创新？在同行业中，是否有自己鲜明的管理特色？对本单位的一些重大事项是否有自己独到的见解，让下属佩服？是否能容纳持不同意见者？是否有深入实际、调查研究的习惯？对某些关键性的重大问题，能否大胆决策，是否有决断力？是否有驾驭全局的素养？在工作、生活中是否坚持读书学习？是否经得起困难、挫折、失败的考验？是否经得住金钱、名誉、地位、待遇等的诱惑？若是对以上的回答都是“是”，就能树立起自己的威信和良好形象，下属的软对抗就没有了市场。

第53讲
中层领导时常受到“夹板气”时怎么办

假如把企业的高层领导比作“脑袋”，那么中层领导就是“腰”，腰不好，领导头就大。假如把员工队伍比作球队，中层领导就相当于二传手，一个好的“二传手”，死球可变成活球，“二传手”不到位，好球也会变成死球。

——佚　名

中层领导的位置非常特殊，属于“兵头将尾”，因此有人戏称其“位置不高不低，权力不大不小，方向不左不右，工资不多不少”，但正是由于这种承上启下的位置，决定了他们在工作中的作用非常重要，仅从“中”字就可见一斑。“中”字，既说明他们处于领导和下属的中间位置，还说明他们是单位的中坚力量，是上级开展工作的“推进器”，是下属做好工作的“领头羊”。同时，这种承上启下的作用，也给他们的工作带来了不小的困扰。许多时候，中层夹在上级领导与下级员工之间，陷入左右为难的境地，对此，应该怎么破解呢？

有人说：“领导赖，同事坏，下属懒。”还有人说：“上讨不了巧，下讨不了好，中间有人下套。”许多中层领导都有同感。的确，要做好中层领导，不是一件简单的事。在这个群体中，有的如鱼得水、游刃有余，而有的却吃不好、睡不好，就像风箱里的老鼠，两头受气还提心吊胆。

在中层领导前进的道路上，到处都有封锁线，要想事事顺、步步高，还得闯三关：上级关，如果上级不赏识、不支持，甚至是投反对票，中层领导纵有齐天大圣的本领，也是英雄无用武之地；同事关，如果同事不配合、不给力，中层领导就是累死也做不出成绩，更有甚者，一旦对同事利益构成威胁，同事就会群起而攻之；下属关，如果下属不争气、不尽力，总是在关键时刻偷懒取巧，中层领导就是使出浑身解数，也难以取得理想的成绩。正是在这样的生存环境里，中层领导容易怪上级不支持、恨同级不配合、怨下属不争气，搞得上下不讨好、左右不逢源、事事不如意、处处不称心。

面对诸如此类困扰，中层领导若能轻松应付、游刃有余地游走于上级领导与下属的夹缝中，则能将大事做得轰轰烈烈，小事做得可圈可点，难事做得举重若轻；反之，就会在领导与下属的夹缝中遭受令人苦恼的“夹板气”，导致工作处处受制、寸步难行。

处在上级领导和下属的夹缝中，中层领导只要措施得当，就能够破除令人苦恼的“夹板气”，变成使人享受的“夹板爱”。

1. 善于借势借力

中层领导要善于借力打力，将压力均衡传导至下属，带领下属圆满完成工作任务，使下属在工作中成长。一是要提高表达力，增进与领导、下属的沟通。二是要提高学习力，增进领会领导意图的准确性。三是要提高创新力，增进战略决策的执行力。

李某是车间主任，有一天总经理把他叫过去对他说：“李主任，去年我们旁边那个公司因为一场大火而烧得光光，损失巨大，咱们公司一定不能失火。”李某一听，回答说：“总经理，我知道了。”回来就对部门员工说：“各位，听清楚，总经理刚才讲了，去年旁边那个公司就因为一场大火而烧得光光，损失很大，我们公司不能失火。”谁知道就在李某讲完两天以后，公司真的烧起了一场大火，总经理气得把李某叫到办公室：“李主任，两天前我跟你讲了不要失火，两天后公司就着火了，你什么意思?”李某一听很委屈地说：“总经理，你那天跟我讲不要失火，我马上就跟下面的人讲了，不相信你去调查，我跟他们讲得很清楚，谁知道还是失火了，我也没办法。”杨主任同样是车间主任，总经理对他说：“杨主任，去年我们邻居公司一场大火损失很大，我们要吸取教训，千万不能失火。”杨主任一听，回答说：“总经理，我知道了。”回来后，他对部门员工说：“张三，你去检查一下，我们的灭火器械是否需要更新；李四，你跟我一起联系消防部门一下，请他们今天晚上和明天晚上来做两场消防培训；赵六，据说市场上有一种新型智能喷水系统，赶紧去买一套回来；小王，针对我们公司的现状，仔细排查我们公司的火灾隐患究竟在哪里，然后拿出一套预案，这套预案要立即启动。”由案例可见，杨主任才真正起到了大胆创新、一流执行的作用。

2. 善于容人容事

圆融豁达是一门艺术，是一种境界，要达到这种境界，要有博爱的心、博大的胸怀，还要有一份坦荡、一种气概，具体要做到容人之言、容人之失。

要容人之言。当听到批评意见或是飞短流长和讥讽之词时，中层领导一定要克制住自己的情绪，要以退一步天地自宽的精神，以有则改之、无则加勉的态度，冷静对待，泰然处之。该坚持的事，要坚定地表达自己的想法；可以妥协的事，要做出适当的妥协，甚至放弃原有的主张。

要容人之失。世上没有谁愿意犯错，也没有人能够不犯错。当下属办错事、说错话时，只要不是原则性的错误，就要以宽大为怀，勿去计较。必要时，还应顾全大局、忍辱负重。

3. 善于体贴体谅

当上级领导和下属的想法不合拍时，不会处理问题的中层领导往往顾此失彼，支持了上级领导却得罪了下属，或者将下属的不同意见说给上级领导听，造成更大的矛盾，而自己受的“夹板气”也更大。因此，工作遇到障碍时，中层领导要习惯换位思考，既要从上级领导的角度出发思考问题，树立大局意识，自觉地服从上级领导安排以实现单位整体和谐发展的大局，还要从下属的角度出发考虑问题，体谅下属的难处。

4. 善于承上启下

中层领导夹在上级领导和下级员工中间免不了要遭到上下层的挤压。有的人夹板气受多了就开始明哲保身，不但做不到承上启下，上传下达也做得不理想，甚至欺上瞒下或者欺下瞒上。举一个案例说明，王某是车间主任，公司规定员工不允许在车间里抽烟。有一天，公司总经理从王某的车间门口经过，发现员工张三在车间里抽烟，于是非常生气地把王某叫到办公室，说："王主任，公司三令五申车间里不允许抽烟，三分钟前我从你的车间门口经过，发现张三在里面抽烟，这样的事情怎么得了？我的意见是让张三下午 5 点钟之前离开公司，杀一儆百，这种事情一定要采用高压政策，让大家明白在车间里面是不允许抽烟的，你看呢?"作为下属的王某一听，也就不好多讲，赶紧应道："总经理，好，我来办。"王某离开总经理办公室，回到车间把张三找来："张三，有个事情要跟你沟通一下，你在什么地方抽烟不行，非到车间里来抽烟？你什么时间在车间里抽烟不行，非要在总经理来的时候抽烟？总经理说叫你下午 5 点钟之前离开公司，我也没有什么办法。"张三一听，恨不得拎把菜刀去找总经理拼命，心想：总经理太坏了，看到我抽支烟就要把我开除，车间里面抽烟的人那么多，为什么就要开除我？作为车间主任的王某还逍遥自在。案例中王某的行为就是没有发挥承上启下的作用，而是有意无意地借助非工作因素出卖了领导，在实际工作中，很多中层领导都因为犯了类似的错误而破坏了和谐的工作氛围。

发挥不好承上启下的作用就不是合格的中层领导，这样的人，上级领导不喜欢，下属不待见，受夹板气也就在所难免了。

第54讲
下属向自己进谗言、打“小报告”时怎么办

子张问明。子曰：浸润之谮，肤受之愬，不行焉，可谓明也已矣。浸润之谮，肤受之愬，不行焉，可谓远也已矣。

——《论语》

所谓谗言、小报告，就是指毁谤别人或挑拨离间的话。由于谗言是背着当事人说给领导听的，久而久之，就难免使领导的耳朵根子发软。面对小报告，一些领导往往良莠不分，被谗言所惑，由此而造成忠奸不分、好坏难辨、是非不清，被人牵着鼻子走，最后伤了下属的心，弄得人们离心离德、怨声载道。那么，面对谗言，领导应如何分辨和应对呢？

宋人林逋就在《省心录》中提出了“谗言巧，佞言甘，忠言直，信言寡”的识别方法。这里的“谗言巧”中的“巧”，是花言巧语之巧、投机取巧之巧，这种“巧”里有阴谋，也有破绽，只要仔细辨析，并不难看穿。战国时的大诗人屈原，就是由于楚怀王、顷襄王听信令尹子兰和靳尚的谗言而被革职放逐的。春秋末期的吴国老臣伍子胥，也是由于直谏被伯嚭钻了空子，最终为其谗言所杀。古往今来，有多少纵横政坛的当权者为谗言所误，跌入小人设计的政治陷阱；有多少叱咤风云的英雄豪杰为谗言所伤，倒在小人的冷箭之下。这方面的教训殷鉴不远。

无论何时何地，谗言和小报告都与阴暗、鬼祟、不道德紧紧连在一起。深谙此道的人热衷于以游移不定的目光八方窥探，用灵敏的鼻子四处搜寻，把思想、言论、行为举止异于某种标准的人一个个锁定在他们的视

线内，把种种“异象”点点滴滴记录下来，拿到需要这些“情报”的地方去，或者等待时机。而领导是他们最愿意亲近的人。所以，领导面前谗言多。不为谗言所动，是领导基本的道德素质反映，是成事立业的保证。

也可能有领导认为，通过下属的谗言和小报告，可以了解到一些真实情况，可以了解下属间的人际关系状况，可以反映下属中的一些思想倾向，所以下属相互告状、相互打小报告没关系。这么说也不是一点儿没道理，但问题是有些领导往往良莠不分、难辨是非，以至于被人牵着鼻子走，被扰乱了心智，最后落得个左也不是，右也不对，并带坏了单位的风气，使下属间相互猜忌甚至攻击，最终必然影响工作积极性。所以，如果领导没有两把刷子的话，还是不要纵容甚至鼓励那些谗言、小报告。

小人的厉害处，往往是在小的地方，找到一点点小事，轻轻地一拨，情势就转变了。每个人的心理，具有先天性的缺点，最喜欢听信谗言。尤其是作为一个领导，大道理、大话听多了，厌烦了，谗言往往乘虚而入。即所谓“来说是非者，便是是非人”。

举个例子。驴耕田回来，躺在栏里，疲惫不堪地喘着粗气，狗跑过来看它。“唉，老朋友，我实在太累了。”驴诉着苦，“明儿个我真想歇一天。”狗告别后，在墙角遇到了猫，狗说：“伙计，我刚才去看了驴，这位大哥实在太累了，它说它想歇一天。也难怪，主人给它的活儿太多太重了。”猫转身对羊说：“驴抱怨主人给它的活儿太多太重，它想歇一天，明天不干活儿了。”羊对鸡说：“驴不想给主人干活儿了，它抱怨它的活儿太多太重。唉，也不知道别的主人对他的驴是不是好一点儿。”鸡对猪说：“驴不准备给主人干活儿了，它想去别的主人家看看。也真是，主人对驴一点儿也不心疼，让它干那么多又重又脏的活儿，还用鞭子粗暴地抽打它。”晚饭前，主妇给猪喂食，猪向前一步，说：“主妇，我向你反映一件事。驴的思想最近很有问题，你得好好教育它。它不愿再给主人干活儿了，它嫌主人给它的活儿太重了。它还说它要离开主人，到别的主人那里去。”得到猪的报告，晚饭桌上，主妇对主人说：“驴想背叛你，它想换一个主人。”“对待背叛者，杀无赦!”主人咬牙切齿地说道。可怜，一头勤劳而实在的驴，就这样被传言特别是猪的谗言“杀”死了。

笑话归笑话，但谗言、小报告作为一种不健康的话语形态，集谄媚、虚妄、中伤、诽谤和挑拨离间于一体，确实是潜伏在单位话语活动中的一股浊流。谗言的表现形态各异，通常有以下几种。

一是“添油加醋型”。即抓住陷害对象的一个缺点，无限放大。二是“打击报复型”。行馋者耿耿于怀于个人恩怨，心有报复之念，但因为自身位卑言轻、力不能及，于是便借助打小报告等方式，对政敌和私怨者暗中使坏，假领导之手打击对手，狐假虎威，排除异己，以售其奸。三是“颠倒黑白型”。混淆是非，中伤他人，从中取利。四是“联想发挥型”。充分展示其想象、夸大才能，借题发挥。五是“职场妒妇型”。行馋者天生一副“望人穷”的心态，容不得别人比自己强，胸襟狭窄，妒火攻心，为了打压对手，常常捕风捉影，甚至编造谎言，败坏对手名声，抹黑对手形象。六是“制造事端型”。行馋者唯恐天下不乱，热心小道消息，留意张家长李家短，对组织成员间的矛盾和分歧，不是息事宁人，而是平地扬沙，搅浑水、看笑话。

《论语》中有句话：“子张问明。子曰：浸润之谮，肤受之愬，不行焉，可谓明也已矣。”子张问怎样才算明智。孔子说：“如果像水一样不经意间传来的谗言和让你有切肤之痛的诽谤，在你那里都不起作用，就说明你是一个明智的人了。”孔子这里强调的两点，一是提醒我们要能随时注意区别各种无所不在的谗言；二是提醒我们要善于克制自己，不要被那些恶意的诽谤所激怒，不要在被诽谤激怒的状态下做出错误的判断或决定。

这里的“浸润”就是“渗透”，“谮”是讲人家的坏话，“肤受”就是皮肤表面上的一点点伤害，“愬”是心理上的埋怨、攻击。许多人攻击的手段非常高明，一点一滴地来，有时讲一句毫不相干的话，而使人对被攻击者的印象大大改变。而身受攻击的人，只觉得好像皮肤上轻轻被抓了一下而已。自己千万不要这样对人，同时自己也不要听这些话，尤其是领导，对于这些谗言不听信，才是真正的明白人。

在一个单位里，如果小人得志、谗言横行，其管理环境必然是乱象丛生，因此必须从源头和根本上加强对谗言现象的综合整治。

1. 多了解实情

在管理工作中要想不被谗言所骗，那么最有效的办法就是尽可能多地了解真实情况，不要只坐在办公室里听汇报，尤其不要只听小圈子里面人的汇报。另外，要在业余时间尽量避免谈论公事，尤其是议论人事，因为这个时候往往是人容易放松警惕的时候，也是谗言最容易发挥作用的时候。最有效的谗言往往来自最信任、最亲近的人，所以要通过多种渠道收集信息，多观察、多比较、多调查、多核实，这是避免被谗言欺骗的最有效方法。

2. 要明辨进言

领导要做到不听信谗言，就要明辨进言，决不能以顺不顺耳作为标准。而且对于顺耳的话，要进行客观的分析和理性的思考，并多听听他人的意见，做到不被谗言所迷惑。任何一个来说是非的人，其背后一定有他自己的动机和目的。在现实生活中，一般之人畏果，圣贤之人畏因。所以，领导们在听到谗言的时候，一定要站在这个背景下去分析。“言不取苟合，行不取苟容”，意思就是言行应有自己的观点、立场，不随便附和别人。有的人为了维护集体利益，或是出于对组织和个人认真负责的态度，所进之言真实可信。而有的人则以个人利益为目的，利用进言之机，进行挑拨离间，可信度大打折扣。因此，作为领导，对下属的进言，一定要持一份清醒，留一份谨慎，对什么是可信的，什么是不可信的，要通过客观的分析和理性的思辨来辨别，并多听他人的建议，才能明白事情的全貌。

3. 不信不理不辩

“听言之道，必以其事观之，则言者莫敢妄言。”意思是听取意见的方法，必须以事实考察它是否真实，这样提意见的人，就不敢胡言乱语了。

摒弃谗言，就要以事实说话，对进谗言者严惩不贷，要让居心叵测者无地自容，在事实面前抬不起头。远离谗言，就要远离溜须拍马、拉拉扯扯，不搞小圈子，不拉帮结派，让谗言者无任何“浑水摸鱼”的机会。另外，看破谗言者的伎俩后，作为领导，不便当即道破的，起码要胸中有数，做到不相信、不理睬，不可听风就是雨，为谗言所蒙蔽。明朝冯梦龙先生曾提醒过我们：“不可以一时之誉，断其为君子；不可以一时之谤，断其为小人。”对所有谗佞之言，一定要冷静分析判断，万万不可轻信之。

4. 公之于众法

诗人艾青说：“猫向你献媚，它瞅着你碗里的鱼。”可谓一针见血！古语云：“醉翁之意不在酒。”凡是在领导面前无端诽谤他人、挑拨离间者，大都有抬高自己或谋求个人私利的企图，如果这个企图已经赤裸裸暴露，就要及时指出并严肃批评；而对其目的性尚不能看出的，则要耐心等待，不可操之过急。更多的时候，领导可把事情的原委公之于众，让小报告变成公开材料，小报告的作用便被限制了。总之，不要轻易让谗言献媚之人钻了空子，得了便宜。

5. 谗言止于智者

谗言往往止于智者。这里列举两位智者，一位是战国时的齐威王。齐国的即墨大夫是位政绩显著的官员，但齐威王不时听到毁谤即墨大夫的谗言。齐威王经过调查，发现原因是即墨大夫没有贿赂讨好齐威王身边的官员。齐威王了解情况后，排除了谗言的干扰，对即墨大夫进行了表彰。还有一位是唐太宗。唐太宗问许敬宗：“朕观群臣之中惟卿最贤，有言非者，何也?”敬宗回答说：“春雨如膏，农夫喜其润泽，行人恶其泥泞；秋月如镜，佳人喜其玩赏，盗贼恨其光辉。天地之大，犹有叹焉，何况臣乎？臣无肥羊美酒以调众人之口，故是非不可听，听之不可说……人生七尺躯，谨防三寸舌，舌上有龙泉，杀人不见血。”唐太宗是个智者，他头脑非常清醒地说：“卿言甚善，朕当识之。”在智者面前，谗言往往被很快识破，更难以得逞，这也是在明智的领导面前谗言很少的原因。

第 55 讲
与下属发生直接冲突时怎么办

有三种处理冲突的方法：压制、妥协和利益结合。而只有后者才是唯一具有积极作用的方法。

——玛丽·福莱特

领导难免与下属产生一些摩擦和碰撞，甚至发生直接冲突。若不及时加以沟通，还有可能闹得双方都不愉快，甚至造成下属的当面冲撞，使领导难堪、下不了台。遇到这种情况，作为领导，该如何面对呢?

领导与下属的直接冲突是一种比较特殊的冲突。有的领导可能直接与下属发生争吵，甚至产生肢体冲突；有的领导选择暂时忍让，不和下属发生争吵，而是回头伺机报复；有的领导则是在与下属冲突后坦诚相待，与下属成为不打不相识的好友；有的领导则力避与下属的争吵，回头找机会与下属单独沟通，消除彼此间的误会。

领导与下属发生矛盾冲突的原因可以说是多方面的，从领导方面来说，有领导自身素质的缺陷，有思想方法和工作方法的不当，有交换、协调、沟通的不及时，有在利益处理上不公正，等等。每个领导都可能遇到这样的情况：本来一件正常的工作，却因为下属的抵触而无法安排，甚至发生冲突。这时候，领导如果处理不当，就会加深鸿沟，陷入困境，甚至导致双方的关系彻底破裂。从下属方面来说，一般来讲有四种：一是性格孤僻、个性强硬的人，容不得半点委屈；二是心胸狭窄、对领导有成见的人，往往借工作或生活中的小事当面顶撞领导，使领导难堪；三是自以为是、居功自傲的人，自以为有才能、有功绩而不服管理；四是遭受不公正待遇的人，因怨而“怒发冲冠”，当面顶撞。

从冲突产生根源上看，有三种情况。一是因工作方法或对问题解决方案的认知差异而产生的冲突。这类冲突是良性冲突，有利于找到更为妥当的解决方案，甚至能够弥补领导思考中的不足和失误。之所以产生冲突，更多的是由于下属没有掌握好向领导提建议的方式或方法，所以，领导不应将这种冲突看成是下属对自己权威的挑战，要大度、宽容地对待这类冲突，赞赏下属这种不畏权威、对工作认真负责的态度，感谢其对领导工作的支持。领导越是表现得宽容大度，下属对领导也越是认可和欣赏。二是因下属的冲动而产生的冲突。这类下属他不是有意冒犯领导。这时领导应多一分理解。冲动的人往往冲动之后就一切烟消云散，恢复对领导应有的尊重。领导只要真诚地对待这类下属，即使和他发生冲突，过后也会形成良好的关系。三是因藐视领导权威而产生的冲突。这类冲突的产生是由于下属对领导本身认可度较低，故意对领导的权威进行挑战。处于副职的领导往往面临这类冲突较多。对这类下属，最佳的处理方式是与其进行交流沟通。

应该说，出现以上这些问题是很正常的，重要的是怎么解决问题。笔者提出以下几项建议。

1. 查明原因，对症施策

面对顶撞你的下属，必须弄清他们顶撞你的原因，看是个人性格所致，还是思想有疙瘩，故意找碴儿；看是领导处理不当、用人不妥，还是待遇不公、分配不均等问题。要因“病”下“药”，采取相应的措施及时补救。属个人性格问题的，要让其把话说完，然后再晓之以理，使其自觉服从大局；属于个人恩怨问题的，平时要多交流、多沟通，加强了解，消除误会，增进友谊；属待遇分配不公问题的，要尽可能地满足其正当要求；属领导自身问题的，领导要认真地检查自己，摸清根源，及时纠正，并想方设法尽快提高自己的思想素质和业务水平，以出色的领导才能和人格魅力融洽彼此的关系。

2. 以静制动，避其锋芒

对于冲撞你的人，当领导的千万不能以权压人、简单行事，更不能仗势欺人、凌辱对方，与其对吵对骂。当下属冲撞你时，要耐心地听其把话说完，坚持以理服人、以诚待人、以情感人的原则，明事理、析利弊、道缘由，让其明白领导做此决策的道理，以达成共识；气不顺的多交流、多沟通，努力从其他方面为其解决一些实际困难，分担一些忧愁。只要当领导的以诚相待、以心换心，最终会化解双方冲突。

3. 放下架子，主动搭腔

不少人都有这样的体验，即当与下属吵架之后，有时候谁见了谁也不先开口，实际上双方内心却都在期待对方先开口。所以，作为领导遇到下属特别是有隔阂的下属时，就应及时主动打招呼，以消除冲突所造成的阴影，这样就能给下属留下领导不计前嫌、大度处事的印象了。切忌抹不开面子，憋着一股犟劲儿，不搭腔、不理睬，昂首而过。这样长期下去，就会让矛盾像滚雪球般越滚越大，势必形成更大的隔阂。

4. 请人斡旋，从中化解

找一些对下属有影响力的“和平使者”，带去自己的歉意，以及做一些调解说服工作，不失为一种行之有效的策略。尤其是当事人自己碍于情面不能说、不便说的一些话语，通过调解者之口一说，效果极明显。调解人从中斡旋，就等于在上下级之间架起了一座沟通的桥梁。但是，调解人一般情况下只能起到穿针引线的作用，能否真的和解，起决定性作用的还是当事人自己。

5. 避免尴尬，电话沟通

打电话解释可以避免双方面对面的交谈可能带来的尴尬和别扭。打电话时要注意语言应亲切自然，不管是由于自己方法不当造成的碰撞，还是由于彼此心情不好引发的冲突；不管是下属的傲慢而引起的“战争”，还是由于自己思虑不周造成的隔阂，都可利用这个现代化的工具去化解；也可以利用书信去谈心，把话说开，求得理解，形成共识，为恢复关系初步营造了一个良好的开端，为下一步的和好面谈铺开了道路。这里需要说明的是此法要因人而异，不可滥用，若下属平时就讨厌这种表达方式的话，用了反而更糟糕。

6. 加强学习，自我提高

其实，下属的顶撞大多与领导自身有关系。可以说，领导的自身问题是导致下属顶撞的一个重要因素。这就要求领导在工作实践中，多站在下属的角度进行思考，注重与下属进行思想沟通，及时发现问题、解决问题，努力使一些矛盾在萌芽状态下就得到妥善解决，做到防患于未然。这样，一些矛盾冲突自然就会避免。当下属顶撞你时，作为领导，要多做自我批评，少指责他人，不推卸责任，认真进行自我反思，检查自己是不是能力不及下属，是不是办事不公、处事武断，是不是思想工作不到位，引起了下属的误会，等等。同时，领导必须有一套使下属信服的本领，靠个人素质、人格魅力、领导艺术等综合能力来管理人。试想，下属如果对你的领导才能佩服得五体投地，还会来顶撞你吗？

第56讲
下属越权时怎么办

越权既损害了直接上级领导的威信，又容易使工作脱离既定的轨道。

——佚　名

“越权”主要是指下属说了不该说的，管了不该管的，做了不该做的，实际权力超越其职位权力，甚至行使了领导的职权。下属越权的表现主要有以下几点。

（1）插手管理非自己权限内的事情，什么事都想管。

（2）设好圈子，片面反映情况，让上级领导往里钻，出了问题责任由上级承担。这是一种巧妙的“越权术”，当然也是一种心术不正的越权术。

（3）向领导的上级领导请示，或向多个领导请示，即多头请示。利用其他领导了解下层情况周期长及信息获得的“时滞性”的局限，取得其他领导的支持，以“尚方宝剑”迫使直接领导就范。

（4）先斩后奏，把本不该自己决定的事决定了，然后汇报，迫领导就范，认为反正“木已成舟”。

（5）斩而不奏，封锁消息，自己说了算。

下属的越权一般有三种不同情况：有的是由于职责范围不清、不顺，因而在工作中无意地、不自觉地越权；有的是由于对上级有成见，或为了显示个人才能而有意地、不正当地越权；有的是在非正常情况下的越权，如来不及请示等。

越权就是架空领导，那些本属上级领导职权范围的权责，下属设法以某种手段行使了，而下属又不具备上级领导的职务，因此他不能负责。所以说，越权的危害是明显的。下属越权既损害了直接上级领导的威信，又容易使工作脱离既定的轨道，产生失误。如果不对越权现象加以控制，就会出现混乱的局面。

领导如何有效防止越权呢？

1. 有区别、有针对地处理

作为领导，首先，要自省工作是否已做到位，有没有因为某些疏忽给下属可乘之机。其次，应找准下属越权的动机所在，是利欲熏心、恣意妄为，还是出于公心，这两者应区别对待。对前者要加强管理力度，根据越权造成的危害程度，让下属承担相应的责任。对于那种由于正当动机而越权的下属，应该先表扬后批评，肯定其工作积极性，同时给出不越权而又能把事情办得更好的方法。有的要维持现状，下不为例。

2. 授权要能做到收放自如、运筹帷幄

把握控制权首先要选对下属，选人得当才能委托权力。其次要把握调整权，当发现下属素质差、经常越权，或发现下属已背离工作目标、原则，给工作带来了损失时，虽不能做到立即免职，也要做到立即指出，严肃批评，并削弱其权力，调整其授权，做到能放权、能收权。最后要严格控制权限范围，除特殊情况外，一般不准越权，不准“先斩后奏”，更不允许有“斩而不奏”的行为。

3. 注意把握监督环节

防止权力失控的关键在于监督，监督可防止被下属牵着鼻子走。权力授出后，领导的具体事务减少了，但指导、检查、督促的使命却相对增加了。领导要密切关注下属的工作动向、状况，及时地发现问题、解决问题，但不能到处“指手画脚”。下属也有责任和义务向领导汇报工作情况，不能把领导的监督、管理视为干预。因为多一个人的智慧就多一分力量，何况上级领导把握全局、经验丰富，而这些经验对下属的指导作用往往是举足轻重的。

4. 授权不能失衡

在自己领导的范围内，对多个下属授权时，权力要分配得合理，避免分配不均。如果对某个下属授权较多，则必须考虑他的威望及能力，能否为其他下属所接受。无根据的偏重授权，以个人感情搞亲疏性授权是万万不可取的。

5. 防止“弃权”的现象，把握必要的权力

领导授出责任和权力后，必须保留自己必要的责任和权力。总的来说，领导要握有指导权、检查权、监督权和修改权。这几方面的权力是广义上讲的，是广泛适用的。但具体来说，对于不同性质的任务、不同形势的环境和不同的授权对象，领导保留的权力内容不尽相同。第一，领导应该保留对该工作最后的决策权，即当该工作最后目标达成，发生意见分歧的时候，领导要能够正确综合全局，权衡利弊，当机立断，做最后决策。第二，领导要把握对直接下属和关键部门的人事任免权，即组织人事权。有了这一点，就能保留对直接下属之间相互关系的协调权。协调理顺下属之间关系是非常重要的，也是其他下属所不能替代的。

6. 因事择人、视能授权

授权时，领导要以下属的才能和知识水平为依据，切不可因人设事，或以自己的亲疏好恶授权，那样一定会贻误大事，不但不能帮助领导成事，反而会把事情弄糟，领导必须吸取古今中外历史教训，引以为戒。

第57讲
下属认为领导对自己工作的评价不公正时怎么办

一公则万事通，一私则万事闲。

——《袁子正论》

对下属的工作业绩进行客观公正的评价，以起到激励下属继续努力工作的作用，是每一位领导应有的工作职责，也是领导必备的工作方法。领导的言行带有很强的导向作用，如能客观、正确地评价下属的工作，就会起到激励下属积极工作、奋发向上的作用。如果在这种评价中过多地掺杂领导自己的主观意识，甚至带着很深的成见，必然会挫伤下属的工作积极性，同时也会损害领导在下属心目中的形象，最终影响工作的大局。

领导的工作主要就是做人的工作，目标的实现要靠领导与下属共同去完成。因此，调动下属的工作积极性，就成为领导必须高度重视和努力实现的课题。评价下属的工作是领导实施领导、调动下属工作积极性的重要手段。因此，领导必须把客观公正放在第一位，最大限度地减少其中的主观因素，最大限度地减少不公平的成分。千万不要像有人调侃的那样："某人谨小慎微，想用他，就说此人办事沉稳；不想用他，就说此人过于保守。某人大大咧咧，想用他，就说此人作风泼辣；不想用他，就说此人涵养不深。某人作风霸道，想用他，就说此人很有魄力；不想用他，就说此人专断独行。某人嘻嘻哈哈，想用他，就说此人平易近人；不想用他，就说此人品位不高……"

必须承认，领导在具体业务上应当是"眼高手低"的。作为一个下属，你需要"手高"，而作为领导则更需要"眼高"，领导必须学会鉴别和欣赏下属的工作。有一门课程，叫作“从技术到管理”，但事实上不仅是从技术跨越到管理，即使是领导的岗位提升，都存在一个复杂的管理提升过程。有的人能做好一项具体工作，但是未必能做好领导。当下属认为领导对自己工作的评价不公正时，对其积极性将是一个非常大的打击。对此，领导一定要特别注意以下问题。

1. 不要事事都把自己的意愿和习惯强加于下属

有的领导喜欢把下属不符合自己意愿、习惯的做法看成是错误的，不是从最终结果上去总结、评价一项工作，而是从形式上、根据自己的意愿上去判断是非。当然，不同的工作方式有时会对工作效率、工作结果产生一定程度的影响。在日常工作中，在涉及下属与领导的关系时，我们总是要求下属应主动地适应领导的工作方法，而且采用领导熟悉的工作方法去完成领导所交办的工作，以便取得领导的支持与指导，从而较为顺利地完成工作任务。但这不是也不应该成为领导评价下属工作好坏的一个依据。俗话说：“条条大路通罗马。”对完成一项工作而言，领导有领导的方法，下属有下属的习惯，无论采用哪种方法，只要能高效地完成任务目标，领导就不必苛求形式。领导应当允许并鼓励下属采取多种形式去完成自己的工作，只有这样，才会激发下属的工作热情和创造力，使工作充满生机、充满乐趣。如果领导总是认为只有自己习惯的做法才是正确的，而对采用其他方法去完成任务的下属大加申斥，势必会抑制下属的工作积极性。同时，让下属采用其不熟悉的方式方法去完成工作任务，也会影响工作效率和效果。

2. 不要把下属因客观条件所限而导致的失误视为缺乏责任心

责任心是指自觉做好分内事的意识。实际上，绝大多数下属都想把工作做好，但因受各种因素的制约，有时会出现这样或那样的失误。出现失误以后，下属的心情总是极为沉重的，希望能得到领导和大家善意的指点与帮助，同时也愿意接受领导就事论事的批评以及必要的处分。对此，如果领导不是具体问题具体分析，而是不分青红皂白地乱批一通，将其归结为下属的责任心不强，这样一来，就完全改变了问题的性质，必然会引起下属的不满和抵触情绪。领导应该清楚，责任心问题不仅仅是一个工作动机的问题，也是一个人的思想素质和业务素质的综合反映。领导若动辄以“责任心不强”去评价下属的某些失误，很容易伤害下属的自尊和感情，打击下属的工作积极性。

3. 不要把关系亲疏作为评价下属工作的依据

人与人之间由于志趣相投、性格相近，或由于是同学、老乡，或由于长期在一起工作，会产生感情上的趋近性，这是人之常情。领导与下属之间也是如此，且有时表现得更为突出。正因如此，一些领导在处理与下属的关系时，往往被一种莫名的情绪所左右，在工作中自觉或不自觉地表现出来。当他认为某个同事或下属与自己关系较近、观点经常一致时，在工作中常常会对这些人的错误、失误表现出宽容甚至竭力为其遮掩，而对他们一般性的工作表现则大加赞扬，似乎是取得了多么了不起的成绩。与此相反，对关系较疏远的下属的同类错误或失误，则往往是及时指出、严厉批评，有时还会将过去的一些失误翻出来，以证明其错误的一贯性。此时，他们往往打着对工作负责的旗号，理由是堂而皇之的，让被批评的下属有苦说不出。虽然说苛求绝对公平是不现实的，但如果连基本的公平都不讲，就实在说不过去了。这样的事如果一而再、再而三地发生，不仅会挫伤受批评下属的工作积极性，而且会影响不明真相的员工对受批评员工的印象，而这种印象极有可能会影响评奖评级的公正性，使受批评的下属失去搞好工作的信心和希望。

4. 不要在自己对下属的评价与民意测验结果不完全相符时急于下结论

就目前来说，决定一个下属任用与否的权力主要掌握在领导的手中，但毕竟民意在其中所占的分量越来越重，民主程度也越来越高，民意测验、民主测评等形式已被广泛运用。这样，在对某个下属进行评价时，可能会出现民意测验的结果与领导评价不一致的情况。对此，有些领导可能会感到很丢面子，甚至会很气恼，其实大可不必。由于领导与下属所处的位置不同，对大局和政策掌握的程度不同，看问题的角度不同，在对人的评价上出现差异是正常的。如果自己对下属的评价与群众公论不完全一致或明显不一致，领导应先扪心自问：为什么会出现这样的结果？自己在评价这个人时是不是出于公心？如果确实是因自己的偏见所致，则要调整自己的思路，与大多数群众的思路统一起来；如因民意测验有其偏颇和失真的一面，领导则应坚持自己的见解，并注意做好说服工作。现实中，有些领导在处理这类问题时，或置群众公论于不顾，一意孤行；或不加分析地以得票为准，屈从众意。实际上这两种态度都不正确。民意与领导意见二者高度一致当然最好，如果不完全一致甚至相悖，领导也不必急于下结论。这时，领导除了要进一步做好调查研究工作和群众的思想工作外，更重要的是要认真反思，寻求自己与群众在双方意愿上的最佳结合点，最大限度地减少不公平的成分，充分调动广大干部群众的工作积极性，高效地实现工作目标。

第58讲
下属“反授权”时怎么办

反授权的问题不解决，下属找领导的时间会越来越多，领导的时间会越来越少，事务越来越多。这最终会使领导应接不暇，顾此失彼，变成不折不扣的救火队长。

——佚　名

“反授权”是指下属把自己职权范围内的工作问题、矛盾推给领导，“授权”领导为自己工作。这样，便使理应授权的领导反被下属牵着鼻子走，处理一些本应由下属处理的问题，使领导在某种程度上“沦落”为下属的下属。对此，如果不警惕，不仅会使领导工作陷于被动，忙于应付下属的请示、汇报，而且还会养成下属的依赖心理，从而使上下级都有可能失职。那么，遇到下属的反授权时，领导应该怎么办呢?

曾经遇到过很多这样的领导，当他们把一项工作交给下属去做的时候，下属很高兴地去处理了，结果过几天下属回来的时候，他就告诉领导：“你安排的事情我做了，但难度很大，挑战很大，我实在做不好，你看怎么办?”当他反过来问你怎么办的时候，他实际上是在干一件事——反授权。如果你同意了，就是接受反授权，你就成了下属免费的助理。这也是领导为什么累的一个重要原因。

反授权的结果就是领导做的都是下属做的事情，而下属做的都是领导的事情。反授权的现象不解决，下属找领导的时间会越来越多，领导的时间会越来越少，事务越来越多，让领导应接不暇，顾此失彼，变成不折不扣的救火队长，后果只会越来越严重。要解决这个问题，要先明白为什么会产生反授权。一般来说，有两种原因，一是领导的原因，二是下属的原因。

（1）领导的原因及表现形式。

一是官僚思想型。有的领导喜欢端着架子做人、处事，好发布指示，显示权力，让下属处处请示、事事汇报。二是经验主义型。有的领导凭借多年丰富经验，不自觉地在工作中指手画脚，主动替下属工作。三是授人不力型。有的领导不能完全做到“任人唯贤”，常常用人不当，结果往往只得自己接着做。四是事必躬亲型。有的领导，凡事喜欢深入实际，对下属不放心，嘴上授权，自己去干，费力不讨好。五是威信不够型。有的领导资历浅，经验不足，威信不够，没有自己的特点，关系处得不好，受到下属愚弄。

（2）下属的原因及表现形式。

一是请示型反授权。有的领导一上班，办公室的门就关不上，下属向“走马灯”似的请示汇报工作，许多领导还乐此不疲。有的下属在已授权的工作中，经常向领导请示汇报，求得领导指示。

二是问题型反授权。有的下属在已授权的工作中，经常向领导提出许多问题，请领导给予解决。这不是向领导“虚心求教”，而是无故占用领导的时间。有的领导还非常喜欢解答问题。

三是选择型反授权。有的下属在已授权的工作中，常常提出数个方案，请领导做出选择，把矛盾上交。

四是事实型反授权。有的下属在已授权的工作中，想证明自己的才能，不愿请示汇报，工作中出现问题后才不得不请领导解决。

五是逃避型反授权。有的下属在已授权的工作中，不愿承担责任，工作中采取请假、制造工作“撞车”等方法，把工作推给领导。

如何防止被反授权呢？这关键取决于领导。只有完成了真正的授权才能消除反授权的顽症。领导的思想水平、文化素质、业务和技术能力往往决定着授权质量的高低。总的来说，要处理好以下几方面的关系。

1. 处理好授权与沟通的关系

权限是完成工作必要的资源，没有权力资源，做起事来自然受到诸多制约。授权不够，一是可能领导舍不得放权，不把工作交给具体做事的人，自然他们会反过来要领导去做，这怨不得别人，是领导自己要陷于这些具体事务中的。二是不知道该放什么权。在布置授权前要进行双向沟通，确认执行者需要哪些权限，讨论后确认是否予其授权。

2. 处理好授权与人选的关系

这个问题实际就是把权力资源交给会使用的人，古语说的“工欲善其事，必先利其器”就是这个道理。如果把工具交给不会使用工具的人，把枪交给一个不会使用枪的人，使用不当反可能伤到自己，结果得不偿失。解决方法就是教会他使用或者重新找会使用的人，这就是“授人以渔”。

3. 处理好授权与范围的关系

所需权限可能超出了你的工作范围，或者超出了执行人的工作范围，属于无效授权。

4. 处理好授权与责任的关系

有的领导授权时最喜欢说的一句话就是：你放心大胆地干，干错了我担着。其实这样的话是不可取的。单有授权而没有相应的责与利，调动不起执行者的积极性来，做不好没责任与做好了没功劳一样，都是违背现代管理科学的。没有责任就无须负责，就会导致做与不做的结果都一样，多一事不如少一事；无利可图可能就会消极怠工，做了也白做，或者有意反授权，把球踢回给授权者。

5. 处理好授权与监督的关系

要按照“用人不疑，疑人不用”的原则进行放权，但也要随时监督，可根据形势的变化及时给予指导或收回、变更权限，授权而不可控是存在后患的。授权而不可控，相当于脱缰之马，收不回来，也就背离了初衷，损害了整体利益。